Anthropologie politique

Georges
Balandier

Anthropologie politique

QUADRIGE

PUF

DU MÊME AUTEUR

L'Anthropologie appliquée aux problèmes des pays sous-développés, Paris, Les Cours de Droit, 1955 *(épuisé)*.
Sociologie des Brazzavilles noires, Paris, A. Colin, 1955 ; 2ᵉ éd., Presses de la Fondation des Sciences politiques, 1985.
Sociologie actuelle de l'Afrique noire, Paris, PUF, 1955 ; 4ᵉ éd., 1982 (coll. « Quadrige », 39).
Afrique ambiguë, Paris, Plon, « Terre humaine », 1957, 1995 ; Presses Pocket, 1983, 1988, 1996.
Les Pays sous-développés : aspects et perspectives, Paris, Les Cours de Droit, 1959 *(épuisé)*.
Les Pays en voie de développement : analyse sociologique et politique, Paris, Les Cours de Droit, 1961 *(épuisé)*.
La Vie quotidienne au royaume de Kongo, du XVIᵉ au XVIIIᵉ siècle, Paris, Hachette, 1965 ; nouv. éd., 1992.
Sens et puissance. Les dynamiques sociales, Paris, PUF, 1971 ; 3ᵉ éd., 1986 (coll. « Quadrige », 7).
Georges Gurvitch, sa vie, son œuvre, Paris, PUF, 1972.
Anthropo-logiques, Paris, PUF, 1974 ; 2ᵉ éd., Livre de Poche, « Biblio-Essais », 1985.
Histoire d'autres, Paris, Stock, 1977.
Le Pouvoir sur scènes, Paris, Balland, 1980, éd. revue et élargie, 1992.
Autour de Georges Balandier, Fondation d'Hautvillers, 1981.
Le Détour, pouvoir et modernité, Paris, Fayard, 1985, 1997.
Le Désordre, éloge du mouvement, Paris, Fayard, 1988.
Le Dédale. Pour en finir avec le XXᵉ siècle, Paris, Fayard, 1994.
Conjugaisons, Paris, Fayard, 1997.

– Roman :

Tous comptes faits, Paris, Éd. du Pavois, 1947 *(épuisé)*.

– Multimédia :

Une anthropologie des moments critiques, vidéo et texte, Paris, Association pour la recherche, EHESS, 1996.

– Ouvrages dirigés :

Le Tiers Monde : sous-développement et développement, Paris, INED-PUF, 1957 ; 2ᵉ éd., 1961 *(épuisé)*.
Dictionnaire des civilisations africaines, Paris, F. Hazan, 1968.
Perspectives de la sociologie contemporaine, Paris, PUF, 1968.
Sociologie des mutations, Paris, Anthropos, 1970 ; 2ᵉ éd., 1973.

– Ouvrages en collaboration :

Particularisme et évolution : les pêcheurs lebou, Saint-Louis, IFAN-Sénégal, 1952.
Les Villages gabonais, Brazzaville, Institut d'Études centrafricaines, 1952.

ISBN 978-2-13-062060-0
ISSN 0291-0489

Dépôt légal — 1ʳᵉ édition : 1967
6ᵉ édition « Quadrige » : 2013, septembre

© Presses Universitaires de France, 1967
« Le Sociologue »
6, avenue Reille, 75014 Paris

PRÉFACE

Depuis la première publication de cette *Anthropologie politique*, et sous son impulsion, l'intérêt scientifique s'est porté sur le domaine de recherche et la démarche qu'elle tente de définir. La controverse, directe ou allusive, a suivi dans le sillage de la curiosité – d'autant plus vive que le livre prenait une signification actuelle, surajoutée à celle que les spécialistes lui attribuaient. J.-F. Revel a manifesté clairement l'enjeu du débat, en soulignant « le caractère subversif du titre apparemment anodin » de l'ouvrage. Il a montré que la généralisation du politique, sa manifestation dans toutes les formations sociales, y compris les plus « primitives », nourrit une exigence critique à l'encontre des positions doctrinales tenues par certains des anthropologues. Il a récusé la « dépolitisation infligée à distance aux sociétés archaïques » ; conséquence d'un dogme qui nie leur qualité historique, privilégie leurs situations d'équilibre, accentue leur apparente immobilité résultant d'une réciprocité qui doit régir les rapports sociaux, et réduit enfin leurs structures à l'état de réalité mentale. Le risque n'est pas seulement celui d'une fausse mise en perspective scientifique, il recèle la menace d'une dégradation idéologique. Le refus du politique glisse, de proche en proche, vers les sociétés dites modernes à État vigoureux : l'analyse purement formelle masque alors les dynamismes sous-jacents aux structures, et convertit les effets des rapports de pouvoirs en problèmes d'organisation, relevant de solutions purement techniques.

Dans un texte vif, préface à l'édition française du célèbre livre d'Evans-Pritchard : *Les Nuer*, L. Dumont relance la polémique en se faisant le porte-parole du structuralisme orthodoxe. Il manifeste sa surprise du succès que « la considération politique » semble trouver auprès « de tant d'anthropologues », il hasarde une hypothèse d'explication de ce mouvement : « la mentalité de l'anthropologue en tant qu'homme moderne » le conduirait à souligner la « dimension politique », et d'autant plus qu'il souhaiterait trouver en celle-ci le lieu de rapprochement des diverses formes de civilisations et de cultures. En l'occurrence, les bonnes intentions renforceraient le socio-centrisme, et l'« individualisme moderne » ne pourrait plus appréhender la totalité sociale que « sous la catégorie du politique ». Pour L. Dumont, le doute n'est pas permis : Evans-Pritchard, qui a ouvert la voie en montrant la possibilité d'existence d'une anarchie ordonnée (celle des Nuer) et fait surgir le politique du sein des sociétés dites primitives, récuserait « une grande partie des travaux subséquents ». Les anthropologues politistes se trouveraient ainsi abandonnés par leurs initiateurs [1].

C'est une seconde hypothèse, caution d'un rejet plus catégorique : « la perspective véritablement structurale n'a que faire d'une surestimation du politique ». Ces affirmations et exclusions exigent quelques commen-

---

1. L. DUMONT, « Préface » à E. E. EVANS-PRITCHARD, *Les Nuer*, trad. franç., Paris, 1969.

taires. Il n'est pas apparent que la surestimation du politique soit la caractéristique d'une pensée moderne préfigurée par une singulière trinité de précurseurs associant Hobbes, Rousseau et Hegel. Les thèses annonçant la dépolitisation – le transfert du pouvoir aux organisateurs – et la fin des idéologies ont trouvé, et trouvent encore, une large complaisance au sein des sociétés industrielles avancées. Quant au domaine relevant de l'entreprise des anthropologues – constitué par les sociétés dites primitives ou traditionnelles –, il a plutôt souffert d'une sous-estimation du politique, malgré les présupposés philosophiques que L. Dumont attribue à ses collègues. Et cela pour des raisons multiples : les enquêtes de terrain ont généralement considéré des sociétés dépendantes (en situation coloniale) victimes, par là même, d'un véritable gel politique ; l'attention des chercheurs a d'abord été sollicitée par les aspects dépaysants, par les différences culturelles qui manifestent la distance à l'égard de leur propre société ; par ailleurs, l'enseignement des philosophes et des spécialistes du politique ne préparait guère à l'identification de ce dernier dès lors qu'il ne revêt pas la forme de l'État. La curiosité était si peu sollicitée que la publication des premiers ouvrages préfigurant l'anthropologie politique – en 1940 – est apparue comme un événement scientifique.

Cette discipline est donc neuve et, en conséquence, prétexte à malentendus. Pour les uns, nous venons de le constater, elle résulte d'un privilège excessif accordé à l'instance politique par la pensée moderne, qui rapporte toute considération du social au point de vue de l'individu. Ce qui conduit à oublier qu'Aristote peut être retenu comme le premier responsable de la « surestimation » du politique. Pour d'autres, à l'inverse, l'anthropologie politique contribue efficacement à la dissolution des « concepts ethnocentriques de la sociologie européenne » ; J. Ziegler accentue cette constatation et la portée du renversement qui incite à partir des sociétés « différentes », situées hors de la province « occidentale », pour conduire l'étude comparative des « modes d'être et des types d'organisation politique dans le monde d'aujourd'hui ». Ce qui est visé, c'est la mise en place des fondements d'une théorie générale du politique. Projet qui vient de retrouver toute son actualité, ainsi qu'en témoignent des travaux récents consacrés à « l'essence du politique » (J. Freund) et au « fondement du pouvoir » (J.-W. Lapierre) ; ainsi que le révèlent les réactions à cette *Anthropologie politique* : celles qui soulignent l'utilité immédiate d'une démarche permettant *une nouvelle lecture politique de nos propres sociétés*.

Les occasions de débat restent nombreuses. Elles viennent, pour une part, d'anciennes habitudes qui incitent à admettre (sans inquiétude scientifique excessive) l'existence de sociétés extérieures à l'histoire et aux contraintes du politique. Mais la principale réside dans la détermination et la définition de l'instance politique. Dès l'instant où cette dernière est définie par des institutions, des organisations et des agents bien différenciés, il n'y a pas d'issue ; l'État, ou ses équivalents « inférieurs », deviennent la référence indispensable, et il faut bien reconnaître l'existence de sociétés qui ne disposent pas de ces moyens de gouvernement. Elles sont alors dites « sans pouvoir politique » ou parfois, d'une manière plus insolite, « non politifiées ».

Tout change, dès le moment où le politique n'est plus envisagé comme une catégorie restrictive, mais comme une propriété de toutes les formations sociales. Déjà, les politicologues reconnaissent l'existence de structures politiques spécifiques des sociétés dites sans État, ils les montrent sous l'aspect de structures discrètes et intermittentes – appelées à se manifester en des circonstances, ou *situations*, bien précises. Certains d'entre eux vont plus avant : ils admettent que les systèmes politiques estimés primitifs donnent à leur entreprise théorique des bases plus objectives, plus universelles – car ils présentent un ensemble étendu et varié de possibilités humaines. Telle est la position de V. Lemieux qui forme le projet de contribuer à « la construction d'une théorie générale des systèmes politiques qui soit *vraiment anthropologique* ». Et qui élabore une notion opératoire du pouvoir fondée sur la théorie des jeux[1] – référant ainsi à des pratiques sociales envisagées en cet ouvrage sous l'aspect des stratégies. Le politique se trouve situé sur son véritable terrain, non plus celui des institutions formelles, mais celui des actions qui visent le maintien ou la modification de l'ordre établi. C'est d'ailleurs sous cette double figure que J.-W. Lapierre considère le pouvoir : ce dernier « procède de l'innovation sociale », mais est nécessairement « régisseur d'ordre »[2]. L'instance politique est le lieu d'émergence des dynamismes sociaux confrontés et affrontés.

La constatation ne suffit pas. Les nouveaux modes d'appréhension de la réalité politique conduisent à une nouvelle représentation scientifique des sociétés, y compris celles que l'on qualifie de primitives. D. Sperber, dans une analyse critique consacrée à cette *Anthropologie politique*[3], met en évidence deux de ses implications théoriques. D'une part, le caractère *synthétique* du politique qui est « défini par son rapport aux autres systèmes », qui utilise et manipule ceux-ci tout autant que ses propres institutions. D'autre part, son caractère *dynamique* qui résulte du fait que le déséquilibre et la

1. V. LEMIEUX, L'anthropologie politique et l'étude des relations de pouvoir, in *L'Homme*, VII, 4, 1967.

2. J.-W. LAPIERRE, *Essai sur le fondement du pouvoir politique*, Aix, 1968.

3. D. SPERBER, L'État entre la tradition et la modernité, in *La Quinzaine littéraire*, I, 1, 1968.

contestation sont inscrits dans son essence même. Ainsi peut-on comprendre que les recherches conduites par les anthropologues politistes appellent une anthropologie sociale, et une sociologie comparative, différemment orientées.

Dans un enseignement, consacré dès 1967 aux « formes et moyens de la contestation », nous avons tenté de manifester les propriétés de *tout* système social, de déterminer le terrain sur lequel les études comparatistes trouvent une unité qui ne doit rien à l'artifice. La première des caractéristiques est évidemment l'obligation de satisfaire aux exigences de tout système. Ce dernier implique la différenciation et la mise en relation des éléments différenciés, qui impose à son tour que ces éléments ne soient pas traités comme équivalents, mais hiérarchisés. L'ordre résulte de cette hiérarchie, des rapports dissymétriques qu'elle instaure, mais en raison de ceux-ci il est porteur de tensions, donc vulnérable. Ce qui le constitue est, *en même temps*, ce qui le menace : la dynamique est inhérente au système, tout autant que les principes déterminant ses conditions de formation et de reproduction. Puisque l'anthropologie structurale en appelle volontiers à la linguistique de même qualification, on peut utilement préciser que les recherches visant maintenant à la dynamisation des structures linguistiques font apparaître des caractéristiques semblables à celles qui viennent d'être considérées. Elles envisagent la langue sous un aspect cinétique[1].

Dans le cas du système social, un second ensemble de propriétés – moins générales – requiert l'attention. Il comporte des sous-systèmes plus ou moins compatibles ; il lie des éléments qui ne sont pas de même âge et témoignent de l'histoire de la formation sociale qu'il

---

1. Parmi les travaux récents, retenons : A. JACOB, *Temps et langage*, Paris, 1967.

régit – et cette hétérogénéité crée des incompatibilités partielles d'une autre nature. Ces deux caractéristiques se résolvent en une troisième ; elles font que toute société ne peut être qu'un système *approximatif* tendant à sa pleine réalisation (ce qui manifeste le politique comme créateur d'ordre) ; mais l'approximation permet, par ailleurs, la contestation, la mise en mouvement des forces contraires au maintien du système (ce qui révèle le politique comme négateur de l'ordre établi). Ordre et désordre sont donnés en même temps, le changement a ses racines dans le système lui-même.

Enfin, et c'est une troisième propriété du système social, ce dernier est toujours soumis, en raison de son caractère approximatif, à l'épreuve des pratiques sociales. Par référence aux principes, normes et règles qui le définissent, ces pratiques peuvent être envisagées sous l'aspect de la *conformité*, ou de la *stratégie* et de la *manipulation* (individus et groupes maximisent à leur profit le recours, réel ou apparent, aux règles déterminant le jeu social), ou de la *contestation* (mise en cause partielle ou totale du système). À ce niveau aussi la dynamique du système social apparaît comme résultant de sa nature même. Elle est inséparable, sans une mutilation qui risque de miner l'entreprise scientifique [1].

Conçu à partir d'une telle exigence, le présent ouvrage a pu être placé sous le signe de la démarche dynamiste (qu'il montre et démontre) et situé parmi les tentatives actuelles de « réhabilitation de l'histoire ». Dynamique interne, instance politique et mouvement historique y paraissent nécessairement liés ; ce qui conduit à mettre en évidence des systèmes de relations, et une dialectique des rapports sociaux, que l'anthropologie structurale a ignorés ou abolis. Sans pour autant négliger la relation

---

1. Pour un compte rendu sommaire, se reporter aux *Annuaires* de l'École pratique des hautes études (VIe section), Comptes rendus 1967-1968 et 1968-1969.

d'*expressivité* qui s'établit entre le politique et des instances concurrentes, et qui impose de rechercher les
significations politiques sous les apparences qui les
masquent. L'anthropologie structurale recompose la
société globale à partir des représentations et des catégories, l'anthropologie dynamiste construit la totalité
sociale à partir des pratiques sociales et des situations
qui les manifestent. La seconde rencontre inéluctable-
ment le politique, et en rend compte, la première peut
l'esquiver, et elle se prive rarement de cette possibilité,
discrètement ou avec quelque prétention.

G. B.

Ce livre tente de satisfaire des exigences multiples. Il est consacré à l'*anthropologie politique*, spécialisation tardive de l'anthropologie sociale, dont il présente de manière critique les théories, les méthodes et les résultats. Il propose à cet égard une première synthèse, un premier essai de réflexion générale portant sur les sociétés politiques – étrangères à l'histoire occidentale – révélées par les anthropologues. Cette position malaisée suggère les risques encourus ; ils sont assumés dans la mesure où tout savoir scientifique qui se constitue doit accepter d'être vulnérable et partiellement contesté. Une entreprise de cette nature n'a pu être conduite qu'en raison des progrès acquis, durant les dernières décennies, à la faveur des enquêtes directes, qui ont élargi l'inventaire des systèmes politiques « exotiques », et des recherches théoriques les plus récentes. À cette tâche, les anthropologues et sociologues africanistes ont largement contribué ; ce qui justifie les nombreuses références à leurs travaux.

Cet ouvrage souhaite également mettre en évidence les apports de l'anthropologie politique aux études visant à une meilleure délimitation, et à une meilleure connaissance, du champ politique. Il définit un mode de repérage, et donne ainsi une réponse à la critique des spécialistes reprochant aux anthropologues politistes d'orienter leurs efforts vers un objet mal déterminé. Il envisage le rapport du pouvoir aux structures élémentaires qui lui fournissent sa première assise, aux types de stratification sociale qui le rendent nécessaire, aux rituels qui assurent son enracinement dans le sacré et interviennent dans ses stratégies. Cette démarche ne pouvait éluder le problème de l'État – et elle examine longuement les caractères de l'État traditionnel –, mais elle révèle à quel point il devient urgent de dissocier la théorie politique de la théorie de l'État. Elle montre que les sociétés humaines produisent *toutes* du politique et qu'elles sont *toutes* ouvertes aux vicissitudes de l'histoire. Par là même, les préoccupations de la philosophie politique sont retrouvées et d'une certaine manière renouvelées.

Cette présentation de l'anthropologie politique n'a pas exclu les prises de position théorique. Elle est, bien au contraire, l'occasion de construire une anthropologie dynamique et critique sur l'un des terrains qui paraissent les plus propices à son édification. En ce sens, ce livre reprend, à un plus haut niveau de généralité, les préoccupations définies au cours de nos recherches effectuées dans le domaine africaniste. Il considère les sociétés politiques *non seulement* sous l'aspect des principes qui régissent leur organisation, mais aussi en fonction des pratiques, des stratégies et des manipulations qu'elles provoquent. Il tient compte du décalage existant entre les théories que les sociétés produisent et la réalité sociale, toute approximative et vulnérable, qui résulte de l'action des hommes – de leur politique. Par la nature même de l'objet auquel elle s'applique, par les problèmes qu'elle envisage, l'anthropologie politique a

acquis une incontestable efficacité critique. Nous le rap-
pelons en conclusion : cette discipline possède maintenant une vertu corrosive dont certaines des théories
établies commencent à subir les effets. Elle contribue
ainsi à un renouvellement de la pensée sociologique,
rendu nécessaire par la force des choses autant que par le
devenir des sciences sociales.

Chapitre Premier

Construction
de l'anthropologie politique

L'anthropologie politique apparaît à la fois comme un *projet* – fort ancien, mais toujours actuel –, et comme une *spécialisation* de la recherche anthropologique, de constitution tardive. Sous le premier aspect, elle assure le dépassement des expériences et des doctrines politiques particulières. Elle tend ainsi à fonder une science du politique, envisageant l'homme sous la forme de l'*homo politicus* et recherchant les propriétés communes à toutes les organisations politiques reconnues dans leur diversité historique et géographique. En ce sens, elle est déjà présente dans la *Politique* d'Aristote qui considère l'être humain en tant qu'être naturellement politique et vise la découverte de lois, plutôt que la définition de la meilleure constitution concevable pour tout État possible. Sous le second aspect, l'anthropologie politique délimite un domaine d'étude au sein de l'anthropologie sociale ou de l'ethnologie. Elle s'attache à la description et à l'analyse des systèmes politiques (structures, processus et représentations) propres aux sociétés estimées primitives ou archaïques. Ainsi entendue, elle est une discipline récemment différenciée. R. Lowie a contribué à sa construction tout en déplorant l'insuffisance des travaux anthropologiques en matière politique. Un fait est significatif : les assises tenues aux États-Unis en

1952 – *International Symposium on Anthropology* – ne
lui accordent guère d'attention. À des dates plus rappro-
chées encore, les anthropologues continuent à établir un
procès-verbal de carence : la plupart d'entre eux
reconnaissent qu'ils « ont négligé l'étude comparative
de l'organisation politique des sociétés primitives »
(I. Schapera). De là, les malentendus, les erreurs, les
affirmations trompeuses qui ont conduit à exclure la spécialisation et la pensée politiques d'un grand nombre de
sociétés.

Depuis une vingtaine d'années, la tendance s'inverse.
Les recherches sur le terrain se multiplient, notamment
en Afrique noire où plus d'une centaine de « cas » ont
été observés et peuvent être soumis à un traitement
scientifique. Les élaborations théoriques commencent à
exprimer les résultats acquis grâce à ces enquêtes nouvelles. Ce progrès soudain s'explique autant par l'actualité – la prise en considération des sociétés mutantes
issues de la décolonisation –, que par le devenir interne
de la science anthropologique. Les politicologues
reconnaissent désormais la nécessité d'une anthropologie politique. G. Almond en fait la condition de toute
science politique comparative. R. Aron constate que les
sociétés dites sous-développées « sont en passe de fasci-
ner les politicologues désireux d'échapper au provincialisme occidental ou industriel ». Et C. N. Parkinson « se
prend à penser que l'étude des théories politiques devrait
être confiée aux anthropologues sociaux ».

Ce succès tardif ne va pas sans contestations ni
ambiguïtés. Pour certains philosophes – et notamment
P. Ricœur –, la philosophie politique est *seule* justifiée ;
dans la mesure où *le* politique est fondamentalement le
même d'une société à une autre, où *la* politique est une
« visée » *(télos)* et a pour fin la nature de la cité. C'est
une récusation totale des sciences du phénomène politique ; elle ne peut être réfutée à son tour que par un

examen approfondi de celui-ci. Les incertitudes long-temps manifestées par ces disciplines, quant à leurs domaines, leurs méthodes et leurs buts respectifs, ne sont guère propices à une semblable entreprise. Il faut néanmoins tenter de les réduire.

1. SIGNIFICATION DE L'ANTHROPOLOGIE POLITIQUE

En tant que discipline aspirant à acquérir l'état scien-tifique, l'anthropologie politique s'impose d'abord comme un mode de reconnaissance et de connaissance de l'exotisme politique, des formes politiques « autres ». Elle est un instrument de découverte et d'étude des diverses institutions et pratiques assurant le gouverne-ment des hommes, ainsi que des systèmes de pensée et des symboles qui les fondent. Montesquieu, quand il élabore la notion de *despotisme oriental* (suggérant un type idéal au sens de Max Weber), quand il classe à part les sociétés qu'elle définit et met en évidence des tradi-tions politiques différentes de celles de l'Europe, se situe parmi les premiers fondateurs de l'anthropologie politique. La place accordée à ce modèle de société poli-tique dans la pensée marxiste et néo-marxiste témoigne, par ailleurs, de l'importance de cet apport.

Montesquieu est, en fait, l'initiateur d'une entreprise scientifique qui a défini durant un temps les fonctions de l'anthropologie culturelle et sociale. Il dresse un inven-taire manifestant la diversité des sociétés humaines. Il recourt à cette fin aux données de l'histoire ancienne, aux « descriptions » des voyageurs, aux observations concernant les pays étrangers et étranges. Il ébauche une méthode de comparaison et de classification, une typolo-gie ; ce qui le conduit à valoriser le domaine politique et à identifier, d'une certaine façon, les types de sociétés d'après les modes de gouvernement. Dans une même

perspective, l'anthropologie a d'abord tenté de déterminer les « aires » des cultures et les séquences culturelles
en considérant les critères technico-économiques, les
éléments de civilisation *et* les formes des structures politiques[1]. C'est faire du « politique » un caractère pertinent
pour la différenciation des sociétés globales et des civilisations ; c'est parfois lui accorder un statut scientifique
privilégié. L'anthropologie politique apparaît sous
l'aspect d'une discipline considérant des sociétés
« archaïques » où l'État n'est pas nettement constitué et
des sociétés où l'État existe et présente des configurations très diverses. Elle envisage nécessairement le problème de l'État, de sa genèse et de ses expressions
premières : R. Lowie, en consacrant l'un de ses principaux ouvrages à cette question (*The Origin of the State*,
1927), retrouve ainsi les préoccupations qui étaient
celles des pionniers de la recherche anthropologique.
Elle est aussi confrontée au problème des sociétés
segmentaires, sans pouvoir politique centralisé, qui
font l'objet d'un débat ancien et toujours renaissant.
L'historien F. J. Teggart, souvent cité par les auteurs
britanniques, affirme : « L'organisation politique est
une chose exceptionnelle, seulement caractéristique
de certains groupes... Tous les peuples ont été durant
un temps, ou sont encore, organisés sur une base différente »[2]. À trente ans de distance, le sociologue
américain R. MacIver continue à admettre que « le gouvernement tribal diffère de toutes les autres formes de
gouvernement » *(The Web of Government)*. Par différence essentielle ou par absence du politique, toutes
deux étant postulées plus que démontrées, les sociétés

---

1. J. H. Steward précise à cet égard : « La structure socio-politique
se prête elle-même à la classification et est plus nettement manifeste
que les autres aspects de la culture », *in* A. L. KROEBER (éd.), *Anthropology Today*, 1953, p. 322 A.
2. F. J. TEGGART, *The Process of History*, 1918, p. 79.

relevant de l'étude anthropologique sont situées à part. Des dichotomies sommaires prétendent exprimer cette position : sociétés sans organisation politique/sociétés à organisation politique, sans État/à État, sans histoire ou à histoire répétitive/à histoire cumulative, etc. Ces oppositions sont trompeuses ; elles créent une coupure faussement épistémologique, bien que la vieille distinction entre sociétés primitives et sociétés civilisées ait marqué l'anthropologie politique au moment de sa naissance. Les anthropologues, en différant l'étude méthodique des « systèmes primitifs d'organisation politique », ont rendu possibles les interprétations négatives : celles des théoriciens étrangers à leur discipline qui nient l'existence de tels systèmes.

L'évocation de ces questions suggère les *buts* principaux qui ont pu être visés par l'anthropologie politique, et qui continuent à la définir :

a) Une détermination du politique qui ne lie ce dernier ni aux seules sociétés dites historiques, ni à l'existence d'un appareil étatique.

b) Une élucidation des processus de formation et de transformation des systèmes politiques à la faveur d'une recherche parallèle à celle de l'historien ; si la confusion du « primitif » et du « premier » est généralement évitée, l'examen des témoignages qui reportent au temps des commencements (de « la véritable jeunesse du monde », selon la formule de Rousseau), ou qui rendent compte des transitions, reste privilégié.

c) Une étude comparative, appréhendant les différentes expressions de la réalité politique, non plus dans les limites d'une histoire particulière – celle de l'Europe –, mais dans toute son extension historique et géographique. En ce sens, l'anthropologie politique se veut anthropologie dans la pleine acception du terme. Elle contribue ainsi à réduire le « provincialisme » des politicologues dénoncé par R. Aron, à construire

« l'histoire mondiale de la pensée politique » souhaitée par C. N. Parkinson.

Les mutations, survenues dans les sociétés en voie de développement, donnent un sens supplémentaire aux entreprises conjuguées de l'anthropologie et de la sociologie politiques. Elles permettent l'étude, actuelle et non rétrospective, des processus qui assurent le passage du gouvernement tribal et de l'État traditionnel à l'État moderne, du mythe à la doctrine et à l'idéologie politiques. C'est là un moment propice à l'étude, une de ces époques « charnières » que Saint-Simon recherchait lorsqu'il interprétait la révolution industrielle, la formation d'un nouveau type de société et de civilisation. La situation présente des sociétés politiques exotiques incite à examiner, dans une perspective dynamiste, les rapports entre organisations politiques traditionnelles et organisations politiques modernes, entre tradition et modernisme ; de plus, en soumettant les premières à une véritable épreuve, elle requiert à leur propos une vue nouvelle et plus critique. La confrontation déborde l'étude de la diversité et de la genèse des formes politiques, elle pose aussi le problème de leur mise en relation généralisée, de leurs incompatibilités et de leurs antagonismes, de leurs adaptations et de leurs mutations.

2. ÉLABORATION DE L'ANTHROPOLOGIE POLITIQUE

Si l'anthropologie politique se définit d'abord par la considération de l'exotisme politique, et par l'analyse comparative à laquelle elle conduit, ses origines peuvent être considérées comme lointaines. En dépit des suggestions reprises à diverses époques, elle ne s'est élaborée qu'avec lenteur ; sa naissance retardée a des raisons qui expliquent en partie ses vicissitudes.

a) *Les précurseurs*. – Les anthropologues, en reconstituant l'itinéraire de leur science, redécouvrent souvent les jalons éloignés qui témoignent du caractère permanent (et inéluctable) de leurs préoccupations fondamentales. M. Gluckman invoque Aristote : son « traité du gouvernement », sa recherche des causes qui provoquent la dégradation des gouvernements établis, sa tentative de déterminer les lois du changement politique. D. F. Pocock évoque l'attention déjà accordée par Francis Bacon aux témoignages concernant les sociétés différentes ou « sauvages ». Lloyd Fallers rappelle que Machiavel – dans *Le Prince* – distingue deux sortes de gouvernement préfigurant deux des types idéaux différenciés par Max Weber dans sa sociologie politique : le « patrimonialisme » et le « sultanisme ».

C'est cependant parmi les créateurs de la pensée politique du XVIIIᵉ siècle qu'il convient de rechercher les initiateurs de la démarche anthropologique. Le précurseur privilégié reste Montesquieu. D. F. Pocock le souligne en se reportant à *De l'esprit des lois* : « C'est la première tentative sérieuse d'inventaire de la diversité des sociétés humaines, afin de classer et de comparer ces dernières, afin d'étudier au sein de la société le fonctionnement solidaire des institutions »[1]. Parce que les sociétés sont définies selon leurs modes de gouvernement, cet apport prépare l'avènement de la sociologie et de l'anthropologie politiques. Mais il y a plus à trouver que cette préfiguration et plus à retenir que la définition d'une forme politique appelée à un succès scientifique différé : le « despotisme oriental ». Montesquieu, selon la formule de L. Althusser, provoque « une révolution dans la méthode » ; il part des faits : « les lois, les coutumes et les divers usages des peuples de la terre » ; il élabore les notions de types et de lois ; il propose une

1. D. F. Pocock, *Social Anthropology*, Londres, 1961, p. 9.

classification morphologique et historique des sociétés
– vues surtout, il importe de le rappeler, comme sociétés
politiques.

Rousseau est le plus souvent qualifié en tant que phi-
losophe politique, par référence au *Discours sur l'inégalité* et au *Contrat social*. Sa contribution n'a pas toujours
été correctement évaluée par les spécialistes de la sociologie et de l'anthropologie politiques. Elle ne se réduit
cependant pas au contrat hypothétique par lequel le
genre humain sort de l'état « primitif » et change sa
manière d'être, à cette argumentation que C. N. Parkinson traite de « rhétorique du XVIIIe siècle » et de « séni-
lité ». Rousseau – tout en poursuivant l'impossible
recherche des origines – considère scientifiquement les
usages des « peuples sauvages » et a l'intuition de leurs
dimensions historiques et culturelles. Il reprend à son
compte le relativisme de *De l'esprit des lois* et reconnaît
que l'étude comparative des sociétés permet de mieux
comprendre chacune d'elles. Il élabore une interprétation en termes de genèse : l'inégalité et les rapports de
production sont les moteurs de l'histoire. Il reconnaît, à
la fois, la spécificité et le déséquilibre de tout système
social, le débat permanent entre la « force des choses »
et la « force de la législation ». Les thèmes du *Discours*
préfigurent parfois l'analyse de F. Engels élucidant
« l'origine de la famille, de la propriété privée et de
l'État ».

C'est d'ailleurs avec Marx et Engels que certains
courants de la pensée politique du XVIIIe siècle viennent
en résurgence. Leur œuvre comporte l'ébauche d'une
anthropologie économique – avec la mise en évidence
d'un « mode de production asiatique » – et d'une
anthropologie politique – notamment avec la reprise en
considération du « despotisme oriental » et de ses manifestations historiques. Ils organisent cette réflexion à
partir d'une documentation exotique : récits de voya-

geurs et « descriptions », écrits considérant les communautés villageoises et les États des Indes au cours du XIXe siècle, travaux des historiens et des ethnographes. Leur entreprise (ébauchée plus qu'achevée) obéit à une double exigence : rechercher le processus de formation des classes sociales et de l'État par dissolution des communautés primitives ; déterminer les caractéristiques d'une société « asiatique » qui paraît particulière. La démarche comporte une certaine contradiction interne, surtout si l'on envisage la contribution de F. Engels. Ce dernier traite l'histoire occidentale comme représentative du développement général de l'humanité, introduisant ainsi une vision unitaire du devenir des sociétés et des civilisations. Par ailleurs, dans la mesure même où la société « asiatique » et l'État qui peut la régir sont considérés à part, elle se trouve en quelque sorte tirée hors de l'histoire – condamnée à la stagnation relative, à l'immutabilité. Cette difficulté subsiste au sein des premières recherches anthropologiques : d'une part, elles visent l'étude des genèses, des processus de formation et de transformation, tout en admettant qu'il est quasi impossible de « découvrir l'origine des institutions primitives » (Fortes et Evans-Pritchard) ; d'autre part, elles s'attachent aux formes les plus spécifiques des sociétés et des civilisations, au détriment souvent de l'examen des caractères communs et des processus généraux qui ont contribué à leur formation.

b) *Les premiers anthropologues*. – C'est surtout sous l'aspect de leur genèse qu'ils ont considéré les phénomènes politiques. Avec une discrétion si évidente qu'on a pu nier leur intérêt pour ce domaine. Max Gluckman dénonce une carence totale : « Aucun des premiers anthropologues, pas même Maine, si nous le revendiquons en tant qu'ancêtre, n'a envisagé le problème politique ; peut-être parce que les recherches initiales en

anthropologie furent consacrées aux sociétés à petite
échelle de l'Amérique, de l'Australie, de l'Océanie et de
l'Inde » [1].

La référence aux pionniers reste néanmoins fréquente. À Sir Henry Maine, à l'instant évoqué et souvent négligé, qui est l'auteur du célèbre ouvrage :
Ancient Law (1861). Cette étude comparative des institutions indo-européennes décèle deux « révolutions »
dans le devenir des sociétés : le passage des sociétés
fondées sur le *status* aux sociétés établies sur le contrat ;
le passage des organisations sociales centrées sur la
parenté aux organisations relevant d'un autre principe
– notamment celui de la « contiguïté locale » qui définit
« l'assise de l'action politique commune ». Cette double
distinction est à l'origine d'un débat toujours ouvert. La
référence la plus fréquemment citée reste cependant
l'*Ancient Society* (1877) de L. H. Morgan, inspirateur
de F. Engels et père révéré de la plupart des anthropologues modernes. Il reconnaît deux sortes de gouvernement « fondamentalement distinctes » et significatives
de l'évolution ancienne des sociétés : « La première,
dans l'ordre du temps, est fondée sur les personnes et
sur les relations purement personnelles ; elle peut être
considérée comme une société *(societas)*… La seconde
est fondée sur le territoire et sur la propriété ; elle peut
être considérée comme un État *(civitas)*… La société
politique est organisée sur des structures territoriales,
elle tient compte des rapports de propriété aussi bien
que des relations que le territoire établit entre les personnes » [2]. Ce mode d'interprétation conduit pratiquement l'anthropologie à priver du politique un vaste
ensemble de sociétés. Morgan a été victime de son
propre système théorique, emprunté en ce cas pour une

---

1. M. GLUCKMAN, *Order and Rebellion in Tribal Africa*, 1963, p. 4.
2. L. H. MORGAN, *Ancient Society*, 1877, p. 6 *sq.*, p. 61.

part aux travaux de Henry Maine. Il a consacré plusieurs chapitres de son grand ouvrage à l'« idée de gouvernement », mais il n'en a pas moins nié la compatibilité du système des clans (société primitive) avec certaines formes d'organisation qui sont essentiellement politiques (aristocratie, monarchie). Il a ainsi suscité une controverse sans cesse renaissante au sein de la théorie anthropologique. En 1956, I. Schapera la reprend une nouvelle fois dans son livre : *Government and Politics in Tribal Societies*.

c) *Les anthropologues politistes*. – C'est après 1920 que s'élabore une anthropologie politique différenciée, explicite et non plus implicite. Elle part de la problématique ancienne, mais elle exploite les matériaux neufs résultant de la recherche ethnographique. Elle discute à nouveau de l'État, de son origine et de ses expressions primitives, question déjà reprise par Franz Oppenheimer au début du siècle (*Der Staat*, 1907).

À quelques années d'intervalle, deux études importantes qui répondent à une même préoccupation sont publiées. Celle de W. C. MacLeod qui utilise la documentation rassemblée par les ethnographes américanistes : *The Origin of the State Reconsidered in the Light of the Data of Aboriginal North America* (1924). Celle de R. H. Lowie – *The Origin of the State* (1927) – qui détermine le rôle respectif des facteurs internes (ceux provoquant la différenciation sociale) et des facteurs externes (ceux résultant de la conquête) dans la formation des États. Ce sont les produits de démarches qui se veulent scientifiques, fondées sur les faits, et nettement distinctes des entreprises de la philosophie politique. Le problème des origines est aussi celui que considère Sir James G. Frazer ; il envisage les rapports entre magie, religion et royauté ; il devient ainsi l'initiateur des travaux élucidant la relation du pouvoir au sacré. De nouveaux domaines de recherche sont ouverts ; certains débouchent sur la reconnaissance et l'interprétation des théories exotiques du gouvernement : Beni Prasad publie sa *Theory of Government in India* en 1927[1]. Les ouvrages généraux des politicologues commencent à pratiquer de brèves incursions anthropologiques ; ainsi, l'*History of Political Theories* (1924) de A. A. Goldenweiser fait notamment allusion au système politique des Iroquois de l'Amérique du Nord.

Les premiers traités d'anthropologie concèdent une place fort limitée aux faits politiques ; celui de F. Boas *(General Anthropology)* réserve un chapitre aux problèmes du gouvernement ; celui de R. Lowie *(Primitive Society)* systématise les thèses de l'auteur et apporte un inventaire sommaire des principaux résultats. Mais la révolution anthropologique déterminante est celle des années 1930, époque à laquelle se multiplient les études sur le terrain et les élaborations théoriques ou méthodologiques qui en résultent. Les recherches consacrées aux sociétés segmentaires (dites « sans État »), aux structures de la parenté et aux modèles de relations qui régissent ces dernières, conduisent à une meilleure délimitation du champ politique et à une meilleure appréhension de la diversité de ses aspects.

C'est dans le domaine africaniste que s'accomplissent les progrès les plus rapides ; les sociétés soumises à l'investigation sont organisées à plus grande échelle ; la différenciation des relations de parenté et des rapports proprement politiques s'y manifeste plus nettement que dans les microsociétés « archaïques ». En 1940, trois ouvrages maintenant classiques sont publiés. Deux d'entre eux, dus à E. E. Evans-Pritchard, expriment les résultats d'enquêtes directes et comportent des implica-

1. Au cours des années 1920, les études consacrées à la pensée politique des Hindous se multiplient ; évoquons celles de U. Ghostal (1923), Ajir Kumar Sen (1926) et N. C. Bandyopadhaya (1927).

tions théoriques nouvelles. *The Nuer*, livre présentant les traits généraux d'une société nilotique, révèle en même temps les relations et les institutions politiques d'un peuple en apparence dépourvu de gouvernement ; il démontre la possibilité d'existence d'une « anarchie ordonnée ». *The Political System of the Anuak* est exclusivement une étude d'anthropologie politique portant sur un peuple soudanais, voisin des Nuer, qui a élaboré deux formes contrastées et concurrentes de gouvernement des hommes. Le troisième ouvrage est un recueil collectif dirigé par E. E. Evans-Pritchard et M. Fortes : *African Political Systems*. Il obéit à une exigence comparatiste en présentant des « cas » nettement différenciés ; il est précédé d'une introduction théorique et propose l'ébauche d'une typologie ; il est apprécié par M. Gluckman comme la première contribution visant à donner un statut scientifique à l'anthropologie politique. Il est vrai que les responsables de l'ouvrage marquent leurs distances à l'égard des « philosophes du politique », moins soucieux de « décrire » que de « dire quel gouvernement les hommes *devraient* se donner ». Cette affirmation suscite évidemment des réserves, mais il n'est guère de spécialiste qui ne manifeste sa dette à l'égard de ces deux grands anthropologues.

Après 1945, le nombre des africanistes politistes augmente rapidement. Leurs études sont d'abord le produit d'un travail intense accompli sur le terrain. Elles considèrent à la fois les sociétés segmentaires (Fortes, Middleton et Tait, Southall, Balandier) et les sociétés étatiques (Nadel, Smith, Maquet, Mercier, Apter, Beattie). Elles induisent des recherches théoriques et des synthèses régionales confrontant des systèmes parents ; ainsi, pour les sociétés lignagères, *Tribes without Rulers*, publié en 1958 sous la direction de Middleton et Tait ; et pour les États de la région orientale interlacustre, *Primitive Government*, publié en 1962 par L. Mair. Le livre de I. Schapera, *Government and Politics in Tribal Societies* (1956), a une portée générale, ainsi que son titre le suggère, bien qu'il soit exclusivement fondé sur des exemples empruntés à l'Afrique méridionale. Il examine les mécanismes assurant le fonctionnement des gouvernements primitifs et élucide certains problèmes de terminologie. Quant aux recherches plus récentes, orientées par les situations conséquentes à l'indépendance, elles établissent une jonction entre l'anthropologie politique et la science politique (Apter, Coleman, Hodgkin, Potekhin, Ziegler). Elles montrent la nécessité d'une coopération interdisciplinaire.

Hors du domaine africaniste, un ouvrage domine la littérature spécialisée ; celui que E. R. Leach a consacré aux structures et aux organisations politiques des Kachin de Birmanie : *Political Systems of Highland Burma* (1954). Cette étude valorise l'aspect politique des phénomènes sociaux. À la suite de Nadel (et de ses prédécesseurs), la société globale et l'« unité politique » sont identifiées, cependant que les structures sociales sont elles-mêmes envisagées par référence aux « idées concernant la distribution du pouvoir entre les personnes et les groupes de personnes ». E. R. Leach élabore – et c'est son apport majeur – un structuralisme dynamique, riche de suggestions utiles à l'anthropologie politique. Il manifeste l'instabilité relative des équilibres sociopolitiques (ce sont des « équilibres mouvants », selon la formule de Pareto), l'incidence des « contradictions », le décalage entre le système des relations sociales et politiques et le système d'idées associé à ces dernières. Il impose d'examiner avec une rigueur plus constante les questions de méthode.

3. MÉTHODES ET TENDANCES
DE L'ANTHROPOLOGIE POLITIQUE

Les méthodes ne se différencient pas, au départ, de celles qui caractérisent l'ensemble de la démarche anthropologique. Elles deviennent plus spécifiques lorsque l'anthropologie politique, encore implicite, aborde des problèmes qui lui sont propres : le processus de formation des sociétés étatiques, la nature de l'État primitif, les formes du pouvoir politique dans les sociétés à gouvernement minimal, etc. Elles acquièrent leur pleine originalité dès l'instant où l'anthropologie politique devient un projet scientifique visant un objet et des buts bien déterminés. Elles subissent alors l'influence des sociologies politiques établies – celle de Max Weber ou, plus rarement, celle de Marx et Engels (par exemple, dans le cas de Leslie White). Elles bénéficient néanmoins des progrès réalisés par l'anthropologie générale.

Ces méthodes se caractérisent par les instruments auxquels elles recourent, par les problèmes auxquels elles sont appliquées. On ne les définit pas suffisamment en opposant les travaux théoriques, qui construisent leur domaine d'étude en se fondant sur l'apport des recherches de terrain, et les travaux qui se limitent à l'élaboration immédiate des données résultant de l'enquête directe. Il convient d'établir un inventaire sommaire de ces méthodes, avant d'évaluer leur efficacité scientifique dans la reconnaissance du champ politique.

a) *La démarche génétique.* – Elle est, à la fois, la première dans l'histoire de la discipline et la plus ambitieuse. Elle se pose les problèmes d'origine et d'« évolution » à long terme : origine magique ou/et religieuse de la royauté, procès de constitution de l'État primitif,

passage des sociétés construites sur la « parenté » aux
sociétés politiques, etc. Elle est illustrée par une série
d'ouvrages – depuis ceux des pionniers jusqu'à l'étude
historique de W. C. MacLeod : *The Origin and History
of Politics* (1931). Elle trouve d'une certaine manière
son aboutissement dans les recherches ethnologiques
qui, inspirées par le marxisme, lui associent une conception dialectique de l'histoire des sociétés.

b) *La démarche fonctionnaliste.* – Elle identifie les
institutions politiques, dans les sociétés dites primitives,
à partir des fonctions assumées. Selon l'expression de
Radcliffe-Brown, elle conduit à envisager l'« organisation politique » comme un *aspect* de l'« organisation
totale de la société ». En fait, l'analyse met en présence
d'institutions proprement politiques (ainsi, l'appareil de
la royauté) et d'institutions multifonctionnelles utilisées
dans certaines circonstances à des fins politiques (ainsi,
les « alliances » instaurées entre les clans ou les
lignages). Ce type de démarche permet de définir les
relations politiques, les organisations et les systèmes
qu'elles constituent, mais il a peu contribué à élucider la
nature du phénomène politique. Celui-ci est généralement caractérisé par deux groupes de fonctions : celles
qui fondent ou maintiennent l'ordre social en aménageant la coopération interne (Radcliffe-Brown) ; celles
qui garantissent la sécurité en assurant la défense de
l'unité politique.

c) *La démarche typologique.* – Elle prolonge la précédente. Elle vise la détermination des *types* de systèmes
politiques, la classification des formes d'organisation de
la vie politique. L'existence ou la non-existence de l'État
primitif semble fournir un premier critère de différenciation : c'est celui qui prévaut dans *African Political
Systems*. Cette interprétation dichotomique est mainte-

nant contestée. En fait, il est possible de construire une série de types s'étendant des systèmes à gouvernement minimal jusqu'aux systèmes à État nettement constitué ; en progressant d'un type vers les autres, le pouvoir politique se différencie davantage, s'organise de manière plus complexe et se centralise. La simple opposition des *sociétés segmentaires* et des *sociétés étatiques centralisées* paraît d'autant plus contestable que l'africaniste A. Southall a montré la nécessité d'introduire au moins une troisième catégorie : celle des *États segmentaires*.

Au-delà de cette critique, la méthode elle-même est mise en doute ; à tel point que la typologie est parfois assimilée à une vaine « tautologie » (E. R. Leach). Il conviendrait au moins de ne pas confondre et mêler les typologies « descriptives » et les typologies « déductives » (D. Easton). Il importerait de ne pas éluder la difficulté majeure : les types définis sont « figés » ; et, selon la vigoureuse formule de Leach, « nous ne pouvons nous satisfaire plus longtemps des tentatives établissant une typologie de systèmes fixés ».

d) *La démarche terminologique.* – Un premier repérage et un premier classement des phénomènes, et des systèmes politiques, débouchent nécessairement sur une tentative d'élaboration des catégories fondamentales. C'est une tâche difficile qui requiert, au préalable, une délimitation précise du champ politique[1]. Elle reste très inachevée : le politicologue D. Easton, dans un essai portant sur l'anthropologie politique, affirme que l'objet de cette discipline demeure mal défini parce que « de nombreux problèmes conceptuels n'ont pas été résolus ». Une des initiatives les plus poussées est celle de M. G. Smith ; elle tente d'établir avec rigueur les notions de base : action politique, compétition, pouvoir, autorité,

---

1. Se reporter au chapitre II : « Domaine du politique ».

administration, office, etc. ; elle est d'autant plus utile
(par ses résultats) qu'elle envisage l'« action politique »
de manière analytique, afin de repérer la part commune
à tous les systèmes. Le lexique des concepts-clés reste
néanmoins plus facile à dresser qu'à charger de contenu.

L'élaboration de ces concepts doit être complétée par
une étude systématique des catégories et des théories
politiques indigènes, que ces dernières soient explicites
ou implicites, et quelles que soient les difficultés opposées à leur traduction. La linguistique est ainsi l'un des
instruments nécessaires à l'anthropologie et à la sociologie politiques. On ne saurait méconnaître le fait que les
sociétés relevant de la première de ces deux disciplines
imposent l'élucidation des théories qui les expliquent et
des idéologies qui les justifient. A. Southall, J. Beattie
et G. Balandier ont suggéré les moyens à utiliser afin de
construire ces systèmes manifestant la pensée politique
indigène.

e) *La démarche structuraliste.* – Elle substitue à
l'étude génétique ou fonctionnaliste une étude du politique effectuée à partir de modèles structurels. Le politique est vu sous l'aspect des relations *formelles* qui
rendent compte des rapports de pouvoir instaurés réellement entre les individus et entre les groupes. Si l'on s'en
tient à l'interprétation la plus simple, les structures politiques – comme toute structure sociale – sont les systèmes abstraits manifestant les principes qui unissent les
éléments constitutifs des sociétés politiques concrètes.
Dans un stimulant article consacré à « la structure du
pouvoir chez les Hadjeraï »[1], groupe de populations
tchadiennes, J. Pouillon précise et illustre une des possibilités de la méthode structuraliste appliquée au domaine

1. J. POUILLON, La structure du pouvoir chez les Hadjeraï (Tchad),
in *L'Homme*, V, 4, 1964.

de l'anthropologie politique. L'application porte sur un ensemble de micro-sociétés présentant à la fois des parentés (le nom général – Hadjeraï – les évoque) et des variantes significatives, notamment dans le traitement du «pouvoir». Une double condition, présence d'éléments communs et différenciation dans l'agencement de ceux-ci, est nécessaire à la démarche ; elle permet de construire, à deux degrés, des «systèmes» correspondant à l'ensemble des modalités d'organisation socio-politique *et* un «système des systèmes» – celui qui est censé définir le pouvoir hadjeraï. De là, les deux moments de l'étude : premier temps, repérage des «relations structurelles internes de chaque organisation considérée comme un système» ; deuxième temps, interprétation de l'ensemble des organisations étudiées comme «s'il était le produit d'une combinatoire». Dans le cas envisagé, la méthode met surtout en évidence les combinaisons différentes (équivalence, différenciation partielle, accentuation variable) des pouvoirs religieux et politique, le jeu d'une logique qui se réalise sous des formes diverses à l'intérieur d'une même structure globale. Les variantes peuvent ainsi montrer les «états» d'une même structure.

La démarche structuraliste, appliquée à l'étude des systèmes politiques, suscite des difficultés qui lui sont propres à un niveau plus général. Et notamment celles que considère E. R. Leach, structuraliste tempéré, dans son étude de la société politique kachin. Il part du fait évident que les structures élaborées par l'anthropologue sont des modèles existant seulement en tant que «constructions logiques». Ce qui entraîne une première question : comment avoir la certitude que le modèle formel est le plus adéquat ? Par ailleurs, Leach examine une difficulté plus essentielle. «Les systèmes structuraux tels que les anthropologues les décrivent sont toujours des systèmes statiques» ; ce sont des modèles de la réalité sociale qui présentent un état de cohérence et d'équilibre accentué, alors que cette réalité n'a pas le caractère d'un tout cohérent ; elle recèle des contradictions, elle manifeste des variations *et* des modifications de structures. Dans le cas particulier de l'organisation politique kachin, Leach repère le phénomène d'oscillation entre deux pôles – le type « démocratique » *gumlao* [1] et le type « aristocratique » *shan* –, l'instabilité du système et les ajustements variables de la culture, de la structure socio-politique et du milieu écologique. La rigueur de plusieurs des analyses structuralistes est apparente et trompeuse. Elle s'explique par une condition nécessaire, mais souvent masquée : « La description de certains types de situation irréels, à savoir, la structure de systèmes d'équilibres » (E. R. Leach).

f) *La démarche dynamiste.* – Elle complète pour une part la démarche précédente, en la corrigeant en quelques points. Elle entend saisir la dynamique des structures tout autant que le système des relations qui les constituent : c'est-à-dire prendre en considération les incompatibilités, les contradictions, les tensions *et* le mouvement inhérent à toute société. Elle s'impose d'autant plus en anthropologie politique que le domaine politique est celui où ces dernières se saisissent le mieux et où l'histoire imprime le plus nettement sa marque.

E. R. Leach a contribué directement à l'élaboration de cette démarche, après avoir recherché les raisons de son apparition tardive. Il met en cause l'influence dominante de Durkheim – au détriment de celle de Pareto ou de Max Weber – qui aurait permis une conception accentuant les équilibres structurels, les uniformités culturelles, les formes de solidarité ; si bien que les sociétés

---

1. Tous les termes empruntés aux langues vernaculaires sont transcrits selon un système très simplifié : une lettre représente toujours un son ; u = ou, ü = u ; le tilde marque la nasalisation : õ = on.

porteuses de conflits apparents et ouvertes aux changements seraient devenues « suspectes d'anomie ». Il
dénonce les « préjugés académiques » et l'ethnocentrisme des anthropologues qui ont fait éliminer certaines
des données de fait pour ne traiter que de sociétés stables,
non menacées par les contradictions internes et isolées à
l'intérieur de leurs frontières. En bref, Leach incite à la
prise en considération du contradictoire, du conflictuel,
de l'approximatif et du relationnel *externe*. Cette orientation s'avère nécessaire au progrès de l'anthropologie
politique, car le politique se définit d'abord par l'affrontement des intérêts et la compétition.

Les anthropologues de l'école de Manchester, sous
l'impulsion de Max Gluckman, orientent leurs
recherches dans le sens d'une interprétation dynamique
des sociétés. Gluckman a examiné la nature des relations
existant entre la « coutume » et le « conflit » (*Custom
and Conflict in Africa*, 1955), l'« ordre » et la « rébellion » (*Order and Rebellion in Tribal Africa*, 1963). Son
apport concerne à la fois la théorie générale des sociétés
traditionnelles et archaïques et la méthode de l'anthropologie politique. Cette dernière trouve des suggestions
dans sa théorie de la rébellion et dans ses études consacrées à certains des États africains. La rébellion est vue
comme un processus permanent qui affecte d'une
manière constante les relations politiques, cependant
que le rituel est, pour une part, envisagé comme un
moyen d'exprimer les conflits et de les dépasser en affirmant l'unité de la société. L'État africain traditionnel
apparaît instable et porteur d'une contestation organisée
– ritualisée – qui contribue plus au maintien du système
qu'à sa modification ; l'instabilité relative et la rébellion
contrôlée seraient ainsi les manifestations normales de
processus politiques propres à ce type d'État. On le voit,
la novation théorique est réelle ; mais elle n'est pas
conduite jusqu'à son terme. Max Gluckman reconnaît

bien la dynamique interne comme *constitutive* de toute société, mais il réduit sa portée modificatrice. Elle est prise en compte – de même que les effets résultant des « conditions externes » –, mais elle s'inscrit dans une conception de l'histoire qui lie les sociétés relevant de l'anthropologie à une histoire estimée *répétitive*.

Cette interprétation provoque un débat qui ne peut être esquivé, et dont l'importance se manifeste d'ailleurs par l'intérêt croissant accordé aux analyses anthropologiques d'esprit historique et par la multiplication des essais théoriques qui l'évaluent. Après une longue période de discrédit, qui s'explique par les ambitions démesurées de l'école évolutionniste, les naïvetés de l'école diffusionniste et le parti pris négatif de l'école fonctionnaliste, ces questions retrouvent une première place dans le champ de la recherche anthropologique. Un petit ouvrage de E. E. Evans-Pritchard (*Anthropology and History*, 1961) contribue à cette réhabilitation de l'histoire. Le débat ne trouvera son issue que si l'on commence par distinguer sans risques de confusion : les moyens de la connaissance historique, les formes prises par le devenir historique et les expressions idéologiques recouvrant l'histoire réelle. Pour l'anthropologie politique, l'élucidation des relations existant entre ces trois registres est une condition nécessaire.

Dans un domaine longtemps estimé extérieur à l'histoire – celui des sociétés et des civilisations négro-africaines –, les travaux récents commencent à démontrer la fausseté des interprétations trop statiques. La réalité de l'histoire africaine, manifestée par ses incidences sur la vie et la mort des sociétés politiques et des civilisations noires, ne peut plus être ignorée. Les recherches, tenant compte de ces dimensions, révèlent que la conscience historique n'est pas apparue par accident, à la suite des épreuves de la colonisation et des transformations modernes ; elles montrent – en infirmant le point de vue de J.-P. Sartre – que ce n'est pas seulement une histoire étrangère qui fut « intériorisée ». S. F. Nadel, dans son étude du Nupe (Nigeria), distingue deux niveaux d'expression de l'histoire (celui de l'histoire idéologique et celui de l'histoire objective) et constate que les Nupe ont une conscience historique (il les dit *historically minded*) opérant sur chacun de ces deux registres [1]. Des recherches nouvelles ont confirmé cette dualité de l'expression historique et de la connaissance qu'elle régit : une histoire *publique* (fixée dans ses traits généraux et concernant une entité ethnique tout entière) coexiste avec une histoire *privée* (définie dans le détail, soumise à des distorsions, se référant à des groupes particuliers et à leurs intérêts spécifiques). Une étude de Ian Cunnison conduite chez les gens de la Luapula, en Afrique centrale, apporte une illustration concrète. Elle définit la situation respective de ces deux modalités de l'histoire africaine : au plan de l'histoire dite impersonnelle, temps et changement sont associés ; au plan de l'histoire dite personnelle, le temps est aboli et les modifications sont tenues pour nulles – les positions et les intérêts des groupes sont en quelque sorte *fixés*. Cette analyse montre, par ailleurs, à quel degré les « Luapula » ont pris conscience du rôle de l'événement dans le devenir de leur société et ont acquis le sens de la causalité historique ; pour eux, cette dernière ne relève pas de l'ordre surnaturel, car les événements sont principalement soumis à la volonté des hommes.

La liaison entre histoire et politique est apparente, même dans le cas des sociétés abandonnées aux disciplines anthropologiques. Dès l'instant où les sociétés ne sont plus vues comme des systèmes figés, la parenté essentielle de leur dynamique sociale et de leur histoire ne peut plus être méconnue. Une autre raison s'impose

1. Se reporter à *A Black Byzantium*, Londres, 1942.

avec plus de force encore : les degrés de la conscience
historique sont en corrélation avec les formes et le degré
de centralisation du pouvoir politique. Dans les sociétés
segmentaires, les seuls gardiens du savoir portant sur le
passé sont généralement détenteurs de pouvoir. Dans les
sociétés étatiques, la conscience historique paraît plus
vive et plus étendue. C'est d'ailleurs au sein de ces dernières que se saisit, avec netteté, l'utilisation de l'histoire
idéologique à des fins de stratégie politique ; J. Vansina
l'a bien révélé à propos du Ruanda ancien. Il reste
encore à rappeler que l'acheminement des pays colo-
nisés vers l'indépendance a mis au service des nationa-
lismes une véritable histoire militante. C'est donc par le
jeu d'une nécessité devenue manifeste que la théorie
dynamique des sociétés, l'anthropologie et la sociologie
politiques et l'histoire ont été conduites à coaliser leurs
efforts. Et cette rencontre donne une vigueur nouvelle à
la prévision de Durkheim : « Nous sommes convain-
cus… qu'un jour viendra où l'esprit historique et l'esprit
sociologique ne différeront plus que par des nuances. »

CHAPITRE II

Domaine du politique

L'anthropologie politique est confrontée, dès le départ, aux débats qui furent si essentiels à l'existence de la philosophie politique qu'ils la mirent en danger ; à tel point que R. Polin, entre autres, montre la nécessité et l'urgence d'en présenter la « définition » moderne et la « défense ». Les deux disciplines, dans leurs ambitions extrêmes, visent à atteindre l'essence même du politique sous la diversité des formes qui le manifestent. Leurs relations paraissent néanmoins marquées par l'ambiguïté. Les premiers anthropologues ont dénoncé l'ethnocentrisme de la plupart des théories politiques : R. Lowie voit en celles-ci une réflexion principalement centrée sur l'État et qui recourt à une conception unilatérale du gouvernement des sociétés humaines. En ce sens, la philosophie politique s'identifie à une philosophie de l'État et elle s'accommode mal des données qui résultent de l'étude des sociétés « primitives ». Les anthropologues modernes opposent le caractère scientifique de leur recherche au caractère normatif des philosophies politiques, la validité de leurs résultats aux conclusions non éprouvées des théoriciens. Si ces critiques n'ont pas suffi à donner à l'anthropologie politique des assises moins vulnérables, elles ont néanmoins servi la cause des politicologues radicaux, telle celle de C. N. Parkinson qui veut tirer ces derniers hors des « sentiers battus » et qui les incite à constituer « une histoire mondiale de la pensée politique ». Son projet retrouve d'une certaine manière l'exigence des spécialistes qui entendent faire de l'anthropologie politique une véritable science comparative du gouvernement. Ce projet commun, d'une connaissance voulue objective, et d'une désoccidentalisation des données, n'élimine pas les considérations initiales à toute philosophie politique. Comment identifier et qualifier le politique ? Comment le « construire » s'il n'est pas une expression manifeste de la réalité sociale ? Comment déterminer ses fonctions spécifiques si l'on admet – avec plusieurs des anthropologues – que certaines sociétés primitives sont dépourvues d'une organisation politique ?

1. MAXIMALISTES ET MINIMALISTES

L'information ethnographique, que fondent des enquêtes directes, révèle une grande diversité de formes politiques « primitives » ; qu'il s'agisse du domaine américain – depuis les bandes des Eskimos jusqu'à l'État impérial des Incas du Pérou –, ou du domaine africain – depuis les bandes des Pygmées et des Négrilles jusqu'aux États traditionnels dont certains, tels l'Empire mossi et le royaume ganda, survivent encore. Si cette variété appelle les classements et les typologies, elle impose avant tout la question préalable du *repérage* et de la *délimitation* du champ politique. À cet égard, s'opposent deux camps : maximalistes, d'un côté ; minimalistes, d'un autre côté. Le premier, dont les références sont anciennes et encore révérées, pourrait avoir pour devise l'affirmation de Bonald : il n'y a pas de société sans gouvernement. Déjà la *Politique* d'Aristote envisage l'homme comme un être « naturellement » politique et identifie l'État au groupement social qui, embrassant tous les autres et les surpassant en capacité, peut en définitive exister par lui-même. Ce mode d'interprétation, à son aboutissement extrême, conduit à assimiler l'unité politique à la société globale. Ainsi, S. F. Nadel écrit dans son étude des fondements de l'anthropologie sociale : « Lorsqu'on envisage une société, on trouve l'unité politique, et lorsqu'on parle de la première, on considère en fait cette dernière » ; si bien que les institutions politiques sont celles qui assurent la direction et le maintien « du plus étendu des groupes en corps, c'est-à-dire la société » [1]. E. R. Leach retient cette assimilation et accepte implicitement cette égalité établie entre la société et l'unité politique définie par sa capacité maxima d'inclusion.

Certaines des analyses fonctionnalistes ne contredisent pas cette acception large du politique. Quand Radcliffe-Brown définit l'organisation politique comme l'« aspect de l'organisation totale qui assure l'établissement et le maintien de la coopération interne et de l'indépendance externe », il apparente, par la deuxième de ces fonctions, sa notion du politique aux précédentes.

Les minimalistes se montrent négatifs ou ambigus à l'égard de l'attribution d'un gouvernement à toutes les sociétés primitives. Nombre d'historiens et de sociologues se retrouvent parmi eux ; sauf Max Weber qui a su rappeler l'antériorité de la politique sur l'État, qui, loin de se confondre avec elle, n'est que l'une de ses manifestations historiques. Des anthropologues, anciens et modernes, se situent également parmi ceux qui contestent l'universalité des phénomènes politiques. Un des « fondateurs », W. C. MacLeod, envisage des peuples qu'il considère – comme les Yurok de Californie – dépourvus d'organisation politique et vivant dans un état d'anarchie (*The Origin and History of Politics*, 1931). B. Malinowski admet que les « groupes

---

1. S. F. NADEL, *The Foundations of Social Anthropology*, 1951, p. 184 et p. 141.

politiques sont absents » chez les Vedda et les Aborigènes australiens et R. Redfield souligne que les institutions politiques peuvent faire entièrement défaut dans
le cas des sociétés « les plus primitives ». Et même
Radcliffe-Brown, dans son étude des Andaman (*The
Andaman Islanders*, 1922), reconnaît que ces insulaires
ne disposent d'aucun « gouvernement organisé ».

En fait, la constatation négative a rarement une valeur
absolue ; elle n'exprime le plus souvent que le manque
d'institutions politiques comparables à celles qui
régissent l'État moderne. En raison de cet ethnocentrisme implicite, elle ne peut satisfaire. De là, les tentatives qui visent à briser une dichotomie trop simpliste,
opposant les sociétés tribales aux sociétés à gouvernement nettement constitué et rationnel. Ces entreprises
opèrent selon des voies différentes. Elles peuvent caractériser le domaine politique moins par ses modes d'organisation que par les fonctions accomplies ; son extension
s'élargit alors. Elles tendent aussi à repérer un *seuil* à
partir duquel le politique se manifeste nettement. L. Mair
le rappelle : « Quelques anthropologues tiendraient pour
acquis que la sphère du politique commence là où finit
celle de la parenté. » Ou bien la difficulté est abordée de
front, et la connaissance du fait politique est recherchée à
partir des sociétés où il est le moins apparent – celles qui
sont dites « segmentaires ». Ainsi, M. G. Smith consacre
un long article[1] aux sociétés à lignages qu'il envisage
sous un triple aspect : en tant que système présentant des
caractéristiques formelles, en tant que mode de relation
distinct de la parenté, et surtout en tant que structure à
contenu politique. Il est conduit à considérer la vie politique comme un *aspect* de toute vie sociale, non comme
le produit d'unités ou de structures spécifiques, et à refu-

1. M. G. SMITH, On Segmentary Lineage Systems, in *Journ. of the
Roy. Anth. Institute*, vol. 86, 2, 1956.

ser la pertinence de la distinction rigide établie entre
« sociétés à État » et « sociétés sans État ». Mais cette
interprétation est aussi contestée, notamment par
D. Easton, dans son article consacré aux problèmes de
l'anthropologie politique : l'analyse théorique de Smith
est – selon lui – effectuée à un niveau si élevé qu'elle ne
permet de saisir par quoi les systèmes politiques se res-
semblent, que parce qu'elle néglige l'examen de ce qui
les fait différer. L'incertitude reste donc entière.

2. CONFRONTATION DES MÉTHODES

L'ambiguïté se trouve, à la fois, dans les faits, les
démarches et le vocabulaire technique des spécialistes.
Au premier abord, le terme « politique » comporte plusieurs acceptions – dont certaines sont suggérées par la
langue anglaise qui différencie *polity*, *policy* et *politics*.
On ne saurait confondre, sans risques scientifiques réels,
ce qui concerne : *a)* les modes d'organisation du gouvernement des sociétés humaines ; *b)* les types d'action qui
concourent à la direction des affaires publiques ; *c)* les
stratégies résultant de la compétition des individus et des
groupes. Distinctions auxquelles il conviendrait d'ajou-
ter une quatrième catégorie : celle de la connaissance
politique ; elle impose de considérer les moyens d'interprétation et de justification auxquels recourt la vie politique. Ces divers aspects ne sont ni toujours différenciés
ni toujours traités de manière égale. L'accentuation portée sur tel ou tel d'entre eux entraîne des définitions
différentes du domaine politique.

a) *Repérage par les modes d'organisation spatiale.* –
Les contributions de Henry Maine et Lewis Morgan
ont donné une importance particulière au critère territorial. Le domaine politique se saisit d'abord en tant que

système d'organisation opérant dans le cadre d'un territoire délimité, d'une unité politique ou espace supportant une communauté politique. Ce critère apparaît
dans la plupart des définitions de l'organisation politique (au sens large) et de l'État. Max Weber caractérise
l'activité politique, en dehors du recours légitime à la
force, par le fait qu'elle se déroule à l'intérieur d'un
territoire aux frontières précises ; elle instaure ainsi une
nette séparation de l'« intérieur » et de l'« extérieur » et
oriente d'une manière significative les comportements.
Radcliffe-Brown retient également le « cadre territorial » parmi les éléments définissant l'organisation politique. Et d'autres anthropologues le font après lui, dont
I. Schapera qui a montré que les sociétés les plus
simples aménagent la solidarité interne à partir du facteur de parenté *et* du facteur territorial. C'est là
reprendre d'ailleurs une affirmation de Lowie quant à
la compatibilité du principe de parenté et du principe
territorial.

À partir d'une étude de cas – celle de la société segmentaire des Nuer du Soudan –, E. E. Evans-Pritchard
met l'accent sur la détermination du champ politique par
référence à l'organisation territoriale. Il précise : « Entre
les groupes locaux, il y a des rapports d'un ordre structural qui peuvent être dits politiques... Le système territorial des Nuer est toujours la variable dominante, en
relation avec les autres systèmes sociaux »[1].

L'accord est donc large. Cette constatation conduit
F. X. Sutton à formuler une question de méthode[2]. Les
représentations territoriales constituent-elles le cœur des
systèmes politiques ? S'il en est bien ainsi, leur étude
deviendrait la première démarche de l'anthropologie et
de la sociologie politiques ; alors que le recours aux

1. E. E. EVANS-PRITCHARD, *The Nuer*, 1940, p. 265.
2. F. X. SUTTON, *Representation and Nature of Political Systems*,
in *Compar. Stud. in Soc. and Hist.*, vol. II, 1, 1959.

notions de pouvoir et d'autorité reste contestable dans la mesure où toute structure sociale les fait apparaître.

b) *Repérage par les fonctions.* – En dehors de cette détermination par le territoire sur lequel il s'impose et qu'il organise, le politique est fréquemment défini par les fonctions qu'il accomplit. Sous leur forme la plus générale, ces dernières sont vues comme assurant la coopération interne et la défense de l'intégrité de la société contre les menaces extérieures. Elles contribuent à la « survie physique » de cette dernière, selon la formule de Nadel, et permettent la régulation ou la résolution des conflits. À ces fonctions de conservation, s'ajoutent en général celles de décision et de direction des affaires publiques, même si, manifestant le gouvernement sous ses aspects formels, elles sont d'une nature différente.

Certaines des études théoriques récentes poussent plus avant l'analyse fonctionnaliste. C'est le cas avec l'introduction de G. A. Almond à l'ouvrage collectif *The Politics of Developing Areas* (1960). Le système politique y est défini comme effectuant, dans toute société indépendante, « les fonctions d'intégration et d'adaptation » par le recours, ou la menace du recours, à l'emploi légitime de la contrainte physique. Cette interprétation large permet de ne pas limiter le domaine politique aux seules organisations et structures spécialisées ; elle vise l'élaboration de catégories applicables à toutes les sociétés, et partant, la construction d'une science politique comparative.

Parmi les caractéristiques communes à tous les systèmes politiques, G. A. Almond souligne deux d'entre elles : l'accomplissement des mêmes fonctions par tous les systèmes politiques ; l'aspect multifonctionnel de toutes les structures politiques – aucune d'entre elles n'étant totalement spécialisée. La comparaison peut être faite si l'on tient compte du degré de spécialisation et des moyens utilisés pour accomplir les « fonctions

politiques ». Quelles sont ces dernières ? Leur identification est d'autant plus nécessaire qu'une étude comparative ne saurait se borner à la seule confrontation des
structures et des organisations ; elle serait, ainsi conçue,
aussi insuffisante « qu'une anatomie comparée sans une
physiologie comparée ». Almond distingue deux grandes
catégories de fonctions : les unes concernent la politique
entendue *lato sensu* – la « socialisation » des individus et
la préparation aux « rôles » politiques, la confrontation et
l'ajustement des « intérêts », la communication des symboles et des « messages » ; les autres concernent le gouvernement – l'élaboration et l'application des « règles ».
Une telle répartition des fonctions permet de retrouver
les divers aspects du champ politique, mais à un niveau
de généralité qui facilite la comparaison en réduisant
l'écart entre sociétés politiques développées et sociétés
politiques « primitives ».

L'interprétation fonctionnelle laisse en suspens des
questions fondamentales. Elle rend mal compte des
dynamismes qui assurent la cohésion de la société globale, tels ceux qu'évoque Max Gluckman quand il
observe que cette cohésion dépend de « la division de la
société en séries de groupes opposés entraînant des
appartenances qui se recoupent », et qu'il interprète certaines formes de « rébellion » comme contribuant au
maintien de l'ordre social. Elle laisse, de plus, subsister
une imprécision, car les fonctions politiques ne sont pas
les seules qui préservent cet ordre. Pour les différencier,
Radcliffe-Brown les caractérise par « l'emploi, ou la possibilité de l'emploi, de la force physique ». Il fait écho à
la théorie de Hobbes et à celle de Max Weber, pour qui la
force est le moyen de la politique, l'*ultima ratio*, car la
domination (Herrschaft) est au cœur du politique.

C'est par la coercition – légitimement employée – que
les fonctions comme les structures politiques sont le plus
souvent qualifiées. Elle est pourtant plus un concept de

repérage qu'un concept de définition ; elle n'épuise pas le champ du politique, pas plus que le critère de la monnaie ne recouvre le champ de l'économique.

c) *Repérage par les modalités de l'action politique.* – Plusieurs études récentes, dues à des anthropologues de la nouvelle génération, ont déplacé le point d'application de l'analyse : des fonctions vers les *aspects* de l'action politique. M. G. Smith, après avoir noté les confusions du vocabulaire technique et les insuffisances de la méthodologie, propose une formulation nouvelle des problèmes. Pour lui, la vie politique est un aspect de la vie sociale, un système d'action, comme en témoigne sa définition générale : « Un système politique est simplement un système d'action politique. » Encore faut-il déterminer le contenu de cette dernière, sinon la formule se réduit à une pure tautologie. L'action sociale est politique quand elle cherche à contrôler ou influencer les *décisions* concernant les affaires publiques – la *policy* au sens des auteurs anglo-saxons. Le contenu de ces décisions varie selon les contextes culturels et les unités sociales au sein desquelles elles sont exprimées, mais les processus dont elles sont l'aboutissement se situent toujours dans le seul cadre de la compétition entre les individus et entre les groupes. Toutes les unités sociales concernées par cette compétition ont, de ce fait, un caractère politique.

Par ailleurs, M. G. Smith oppose l'action politique et l'action administrative malgré leur étroite association dans le gouvernement des sociétés humaines. La première se situe au niveau de la décision et des « programmes » plus ou moins explicitement formulés, la seconde au niveau de l'organisation et de l'exécution. L'une se définit par le pouvoir, l'autre par l'autorité. Smith précise que l'action politique est par nature « segmentaire », puisqu'elle s'exprime par le truchement « de

groupes et de personnes en compétition ». À l'inverse,
l'action administrative est par nature « hiérarchique »,
car elle organise aux divers degrés, et selon des règles
strictes, la direction des affaires publiques. Le gouvernement d'une société implique toujours, et partout, cette
double forme d'action. En conséquence, les systèmes
politiques ne se distinguent que dans la mesure où ils
varient dans le degré de différenciation et le mode
d'association de ces deux ordres d'action. Leur typologie ne doit donc pas être discontinue, à l'instar de celle
qui oppose les sociétés segmentaires aux sociétés centralisées étatiques, mais constituer une série présentant les
types de combinaison de l'action politique et de l'action
administrative[1].

D. Easton formule une double critique à l'égard de
cette démarche analytique : elle comporte un « postulat »
(l'existence de rapports hiérarchiques-administratifs
dans les systèmes lignagers) et elle voile les « différences
significatives » entre les divers systèmes politiques. Il
situe néanmoins sa propre tentative dans un même
contexte. L'action peut être dite politique « quand elle
est plus ou moins directement reliée à la formulation et à
l'exécution de décisions contraignantes pour un système
social donné ». De ce point de vue, les décisions politiques sont prises au sein d'unités sociales très diverses,
telles que familles, groupes de parenté, lignages, associations, entreprises, dont certaines des activités constituent en quelque sorte le « système politique » propre.
Cette interprétation laxiste est dépourvue d'efficacité
scientifique. D. Easton doit d'ailleurs la limiter et réserver à l'ensemble des « activités qui impliquent la prise
de décisions intéressant la société globale, et ses subdivi-
sions majeures », l'appellation de système politique. Il

----

1. Se reporter aux contributions théoriques de M. G. SMITH, On
Segmentary Lineage Systems, *Journ. of the Roy. Anthr. Inst.*, 86, 1956,
et Chapitres généraux de *Government in Zazzau*, Londres, 1960.

définit ainsi le politique par une certaine forme de l'action sociale, celle qui assure la prise et l'exécution des décisions, et par un champ d'application, « le système social le plus inclusif » – c'est-à-dire « la société en tant que tout ». Easton considère ensuite les conditions requises pour que la décision politique puisse opérer : la formulation des demandes et la réduction de leurs contradictions, l'existence d'une coutume ou d'une législation, les moyens administratifs d'exécuter les décisions, les organismes de prise des décisions et les instruments de « soutien » du pouvoir. À partir de ces données initiales, il différencie les systèmes politiques « primitifs » des systèmes « modernes ». Dans le cas des premiers, les « structures de soutien » sont variables, le régime établi est rarement menacé par les conflits qui donnent souvent naissance, cependant, à des communautés politiques nouvelles[1]. Cette démarche remet ainsi l'accent sur des données spécifiquement anthropologiques, au prix de la réintroduction implicite de la dichotomie qu'elle prétendait éliminer.

d) *Repérage par les caractéristiques formelles.* – Chacune des tentatives précédentes essaie de déceler les aspects les plus généraux du champ politique, qu'il s'agisse des frontières qui le délimitent dans l'espace, des fonctions ou des modes d'action qui le manifestent. Il est maintenant reconnu que la méthode comparative, justificatrice de la recherche anthropologique, impose de recourir à des unités et processus abstraits plutôt qu'à des unités et processus réels : Nadel aussi bien que Max Gluckman s'accordent sur cette nécessité.

Les recherches dites structuralistes, qui opèrent à un niveau élevé d'abstraction et de formalisation, ne se

---

1. D. EASTON, Political Anthropology, in B. SIEGEL (éd.), *Biennial Review of Anthropology*, 1959, p. 226, 227, 230.

consacrent guère au système des relations politiques, et cela, pour des raisons qui ne sont pas toutes accidentelles. En effet, elles donnent des structures, qu'elles « fixent » au détriment de leur dynamisme, comme Leach l'a déjà noté, une vision moniste ; ce qui explique leur difficile adaptation à l'étude du niveau politique où la compétition manifeste le pluralisme, où les équilibres restent toujours vulnérables, où le pouvoir crée un véritable champ de forces. Si l'on distingue, comme le fait E. R. Leach, le « système des idées » et le système politique « réel », on doit constater que la méthode structuraliste est mieux appropriée à la saisie du premier qu'à l'analyse du second. Encore faut-il aussitôt remarquer que « la structure idéale de la société », en dépit du fait qu'« elle est à la fois élaborée et rigide », se constitue à partir de catégories dont l'ambiguïté fondamentale permet d'interpréter la vie sociale (et politique) comme toujours conforme au modèle formel. Elle induit par là des distorsions significatives.

Une analyse de J. Pouillon, présentée dans le cadre d'un groupe d'étude consacré à l'anthropologie politique[1], illustre la démarche structuraliste telle qu'elle s'applique à cette dernière. Elle recherche tout d'abord une définition du politique : est-il un domaine de faits ou un aspect des phénomènes sociaux ? Dans la littérature classique, la réponse se fonde sur le recours aux notions de société unifiée (unité politique), d'État (présent ou absent), de pouvoir et de subordination (fondements de l'ordre social), dont J. Pouillon constate l'insuffisance. Il remarque que toute subordination n'est pas nécessairement politique, que toute société et tout groupe ne connaissent pas un seul ordre, mais *des* ordres plus ou moins compatibles, et enfin, qu'en cas de

---

1. « Groupe de Recherches en Anthropologie et Sociologie Politiques » (Sorbonne et École pratique des hautes études).

conflit, un ordre doit l'emporter sur les autres. Ce dernier point détermine, selon J. Pouillon, le repérage du politique : il évoque la *prépondérance* d'une certaine structure sur les autres dans une société unifiée. Cette structure privilégiée varie selon les sociétés, selon leurs caractéristiques d'étendue, de nombre et de genre de vie.

De là, une autre formulation des questions propres à l'anthropologie politique : quels sont les « circuits » qui expliquent que certains hommes puissent en commander d'autres, comment la relation de commandement et d'obéissance s'établit-elle ? Les sociétés non étatiques sont celles où le pouvoir se trouve dans des circuits prépolitiques – ceux que créent la parenté, la religion et l'économie. Les sociétés à État sont celles qui disposent de circuits spécialisés ; ceux-ci sont nouveaux, mais ils n'abolissent pas les circuits préexistants qui subsistent et leur servent de modèle formel. Ainsi, la structure de parenté, même fictive ou oubliée, peut modeler l'État traditionnel. Dans cette perspective, une des tâches de l'anthropologie politique devient la découverte des conditions d'apparition de ces circuits spécialisés.

Un glissement s'est ainsi effectué de l'ordre des structures à l'ordre des genèses. Il s'explique par le passage, au cours de l'argumentation, du domaine des relations formelles (de l'ordre des ordres) à celui des relations réelles (de commandement et de domination). De plus, et cette difficulté paraît fondamentale, affirmer que la structure qui s'impose en dernier ressort est politique, revient à énoncer une pétition de principe.

e) *Évaluation*. – Cet inventaire des démarches est aussi celui des obstacles rencontrés par les anthropologues qui ont abordé le domaine politique. Il révèle que les délimitations demeurent imprécises ou contestables, que chaque École a sa manière propre de les

tracer, tout en utilisant souvent les mêmes instruments.
C'est dans les sociétés dites à « gouvernement minimal » et à « gouvernement diffus » (Lucy Mair) que
l'incertitude est la plus grande ; les mêmes partenaires et
les mêmes groupes peuvent y avoir des fonctions multiples – dont les fonctions politiques – variant selon les
situations, comme dans une pièce de théâtre à un seul
acteur. Les buts politiques ne sont pas uniquement
atteints par le moyen des relations qualifiées de politiques et, à l'inverse, ces dernières peuvent satisfaire des
intérêts d'une nature différente. J. Van Velsen, dans un
ouvrage consacré aux Tonga de l'Afrique orientale (*The
Politics of Kinship*, 1964), le constate à un autre niveau
de généralité : les relations sociales sont plus *instrumen-
tales* que déterminantes des activités collectives. À partir de cette remarque, il conçoit une méthode d'analyse
dite « situationnelle » ; un nouveau moyen d'étude qui
s'impose, selon lui, car « les normes, les règles générales de conduite, sont traduites dans la pratique, [et]
sont en dernier ressort manipulées par des individus
dans des situations particulières afin de servir des fins
particulières ». Dans le cas des Tonga, pour qui le pouvoir n'est lié ni à des positions structurelles ni à des
groupes spécifiques, les comportements politiques ne se
manifestent que dans certaines situations. Et ces derniers s'inscrivent dans un domaine mouvant où les « ali-
gnements sont continuellement en changement » [1].

Les frontières du politique ne doivent pas être tracées
seulement par rapport aux divers ordres de relations
sociales, mais aussi par rapport à la *culture* envisagée en
totalité ou en certains de ses éléments. Dans son étude de
la société kachin (Birmanie), E. R. Leach a mis en évidence une corrélation globale entre les deux systèmes :

1. J. Van Velsen, *The Politics of Kinship*, 1964, p. XXIII, XIV et
313.

moins l'intégration culturelle est poussée, plus l'intégration politique est efficace, au moins par soumission à un seul mode d'action politique. De même, il a montré le mythe et le rituel comme un « langage » fournissant les arguments justifiant les revendications en matière de droits, de statut et de pouvoir. Le mythe comporte, en effet, une part d'idéologie ; il est, selon l'expression de B. Malinowski, une « charte sociale » garantissant « la forme existante de la société avec son système de distribution du pouvoir, du privilège et de la propriété » ; il a une fonction justificatrice dont savent jouer les gardiens de la tradition et les gestionnaires de l'appareil politique. Il se situe donc dans le champ d'étude de l'anthropologie politique, au même titre que le rite, en certaines de ses manifestations, lorsqu'il s'agit de rituels qui sont exclusivement (cas des cultes et procédures relatifs à la royauté) ou inclusivement (cas du culte des ancêtres) les instruments sacrés du pouvoir.

Les difficultés d'identification du politique se retrouvent aussi au niveau des phénomènes économiques, si l'on considère à part la relation très *apparente* qui existe entre les rapports de production régissant la stratification sociale et les rapports de pouvoir. Certains privilèges économiques (droit éminent sur les terres, droit aux prestations de travail, droit sur les marchés, etc.) et certaines contreparties économiques (obligation de générosité et d'assistance) sont associés à l'exercice du pouvoir et de l'autorité. Il est aussi des affrontements économiques, de même nature que le *potlatch* indien, qui mettent en jeu le prestige et la capacité de domination des chefs ou des notables. Des illustrations africaines et mélanésiennes le montrent avec netteté. Une analyse nouvelle des cycles d'échange *kula* étudiés par Malinowski dans les îles Trobriand (Mélanésie) révèle que l'échange réglementé de biens précisément déterminés, et réservés à ce seul usage, y est d'abord « un mode d'organisation

politique ». L'auteur de cette réévaluation, J. P. Singh
Uberoi (*Politics of the Kula Ring*, 1962), rapporte que
les intérêts individuels s'expriment en fonction des biens
kula et que les sous-clans estimés supérieurs se trouvent
situés dans les villages les plus opulents et participent le
plus activement au cycle. Cet exemple permet de mesu-
rer à quel point le phénomène politique peut être
masqué ; il laisse entrevoir que la recherche – pourtant
ancienne – de l'essence du politique reste toujours éloi-
gnée de son terme.

3. POUVOIR POLITIQUE ET NÉCESSITÉ

Les notions de *pouvoir*, de *coercition* et de *légitimité*
s'imposent nécessairement, et d'une manière solidaire,
au cours de cette recherche. En quoi et pourquoi sont-
elles fondamentales ? Selon Hume, le pouvoir n'est
qu'une catégorie subjective ; non une donnée, mais une
hypothèse qui doit être vérifiée. Il n'est pas une qualité
inhérente aux individus, mais apparaît sous un aspect
essentiellement téléologique – sa capacité à produire des
effets, par lui-même, sur les personnes et sur les choses.
C'est d'ailleurs par cette efficacité qu'il est généralement
défini. M. G. Smith précise que le pouvoir est la capacité
d'agir effectivement sur les personnes et sur les choses,
en recourant à une gamme de moyens qui s'étend de la
persuasion jusqu'à la coercition. Pour J. Beattie, le pouvoir est une catégorie particulière des relations sociales ;
il implique la possibilité de contraindre les autres dans
tel ou tel système de rapports entre individus et entre
groupes. Ce qui situe J. Beattie dans le sillage de Max
Weber pour qui le pouvoir est la possibilité donnée à un
acteur, à l'intérieur d'une relation sociale déterminée,
d'être en mesure de la diriger selon son gré.

En fait, le pouvoir – quelles que soient les formes qui conditionnent son emploi – est reconnu dans toute société humaine, même rudimentaire. Dans la mesure où ce sont surtout ses effets qui le révèlent, il convient d'envisager ceux-ci avant de considérer ses aspects et ses attributs. Le pouvoir est toujours au service d'une structure sociale qui ne peut se maintenir par la seule intervention de la « coutume » ou de la loi, par une sorte de conformité automatique aux règles. Lucy Mair l'a utilement rappelé : « Il n'existe aucune société où les règles soient automatiquement respectées. » De plus, toute société réalise un équilibre approximatif, elle est vulnérable. Les anthropologues débarrassés des préjugés fixistes reconnaissent cette instabilité potentielle, même en milieu « archaïque ». Le pouvoir a donc pour fonction de défendre la société contre ses propres faiblesses, de la conserver en « état », pourrait-on dire ; et, si nécessaire, d'aménager les adaptations qui ne sont pas en contradiction avec ses principes fondamentaux. Enfin, dès l'instant où les rapports sociaux débordent les relations de la parenté, il intervient entre les individus et les groupes une *compétition* plus ou moins apparente ; chacun visant à orienter les décisions de la collectivité dans le sens de ses intérêts particuliers. Le pouvoir (politique) apparaît, en conséquence, comme un produit de la compétition et comme un moyen de la contenir.

Ces constatations initiales entraînent une première conclusion. Le pouvoir politique est inhérent à *toute* société : il provoque le respect des règles qui la fondent ; il la défend contre ses propres imperfections ; il limite, en son sein, les effets de la compétition entre les individus et les groupes. Ce sont ces fonctions conservatrices qui sont généralement considérées. En recourant à une formule synthétique, *on définira le pouvoir comme résultant, pour toute société, de la nécessité de lutter contre l'entropie qui la menace de désordre* – comme elle menace tout système. Mais il ne faut pas en conclure que cette défense ne recourt qu'à un seul moyen – la coercition – et ne peut être assurée que par un gouvernement bien différencié. Tous les mécanismes qui contribuent à maintenir ou à recréer la coopération interne sont eux aussi à mettre en cause et à considérer. Les rituels, les cérémonies ou procédures assurant une remise à neuf périodique ou occasionnelle de la société sont, autant que les souverains et leur « bureaucratie », les instruments d'une action politique ainsi entendue.

Si le pouvoir obéit à des déterminismes *internes* qui le révèlent en tant que nécessité à laquelle toute société se trouve soumise, il n'en apparaît pas moins comme résultant d'une nécessité *externe*. Chaque société globale est en relation avec l'extérieur ; elle est, directement ou à distance, en rapport avec d'autres sociétés qu'elle considère comme étrangères ou hostiles, dangereuses pour sa sécurité et sa souveraineté. Par référence à cette menace du dehors, elle est non seulement conduite à organiser sa défense et ses alliances, mais aussi à exalter son unité, sa cohésion et ses traits distinctifs. Le pouvoir, nécessaire pour les raisons d'ordre interne à l'instant considérées, prend forme et se renforce sous la pression des dangers extérieurs – réels et/ou supposés. Le pouvoir et les symboles qui lui sont attachés donnent ainsi à la société les moyens d'affirmer sa cohésion interne et d'exprimer sa « personnalité », les moyens de se situer et de se protéger vis-à-vis de ce qui lui est étranger. F. X. Sutton, dans son étude des « représentations politiques », souligne l'importance des symboles assurant la différenciation par rapport à l'extérieur, ainsi que celle des groupes et des individus « représentatifs ».

Certaines circonstances montrent bien ce double système de rapports, ce double aspect du pouvoir qui est toujours orienté vers le dedans et vers le dehors. Dans nombre de sociétés de type clanique, où le pouvoir reste une sorte d'énergie diffuse, l'ordre des faits politiques se saisit autant par l'examen des relations extérieures que par l'étude des relations internes. Une illustration de ce cas peut être trouvée chez les Nuer du Soudan oriental. Les différents niveaux d'expression du fait politique se définissent d'abord, dans leur société, d'après la nature des rapports externes : opposition contrôlée et arbitrage entre lignages liés par le système généalogique, la parenté ou l'alliance ; opposition et hostilité réglementée (ne visant que le bétail) dans le cadre des rapports entre tribus ; méfiance permanente et guerre recherchant les captifs, le bétail et les stocks des greniers, au détriment des étrangers, des non-Nuer. Dans des sociétés d'un autre type, la double orientation du pouvoir peut s'exprimer par une *double polarisation*. Un exemple (africain, mais il en est bien d'autres ailleurs) concrétise cette constatation. Celui de la chefferie traditionnelle, en pays bamiléké, au Cameroun occidental. Les deux figures dominantes y sont : le chef *(fo)* et le premier dignitaire *(kwipu)* qui joue le rôle d'un chef de guerre. Le premier apparaît comme facteur d'unité, gardien de l'ordre établi, conciliateur et intercesseur auprès des ancêtres et des divinités les plus agissantes. Le second est davantage tourné vers l'extérieur, chargé de veiller aux menaces du dehors et d'assurer l'entretien du potentiel militaire. Ces deux pouvoirs sont d'une certaine manière en compétition, jouant l'un vis-à-vis de l'autre un rôle de contrepoids ; ils constituent les deux centres du système politique. On voit ainsi combien les facteurs internes et externes sont étroitement associés en matière de qualification et d'organisation du pouvoir.

L'analyse resterait incomplète si l'on ne tenait compte d'une troisième condition : le pouvoir – si diffus soit-il – implique une *dissymétrie* au sein des rapports sociaux. Si ces derniers s'instauraient sur la base d'une parfaite réciprocité, l'équilibre social serait automatique et le

pouvoir serait voué au dépérissement. Il n'en est rien ; et
une société parfaitement homogène, où les relations
réciproques entre les individus et les groupes élimine-
raient toute opposition et toute coupure, paraît être une
société impossible. Le pouvoir se renforce avec l'accentuation des inégalités, qui sont la condition de sa manifestation au même titre qu'il est la condition de leur
maintien en état. Ainsi, l'exemple des sociétés « primitives » qui ont pu être qualifiées d'égalitaires révèle, à la
fois, la généralité du fait et sa forme la plus atténuée.
Selon le sexe, l'âge, la situation généalogique, la spécialisation et les qualités personnelles, des prééminences et
des subordinations s'y établissent. Mais c'est dans les
sociétés où les inégalités et les hiérarchies sont apparentes – évoquant des classes rudimentaires (des proto-
classes) ou des castes – que se saisit, en toute clarté, la
relation entre le pouvoir et les dissymétries affectant les
rapports sociaux.

Le pouvoir politique vient d'être envisagé, en tant
que nécessité, par référence à l'ordre interne qu'il maintient et aux relations extérieures qu'il contrôle ; il vient
d'être considéré, aussi, dans sa relation à une des caractéristiques de toutes les structures sociales : leur dissymétrie plus ou moins accentuée, leur potentiel variable
d'inégalité. Il convient maintenant d'examiner ses deux
aspects principaux : sa sacralité et son ambiguïté.

Dans toutes les sociétés, le pouvoir politique n'est
jamais complètement désacralisé ; et s'il s'agit des sociétés dites traditionnelles, le *rapport au sacré* s'impose
avec une sorte d'évidence. Discret ou apparent, le sacré
est toujours présent à l'intérieur du pouvoir. Par l'intermédiaire de ce dernier, la société est saisie en tant
qu'unité – l'organisation politique introduit le véritable
principe totalisant –, ordre et permanence. Elle est appré-
hendée sous une forme idéalisée, comme garante de
sécurité collective et comme pur reflet de la coutume ou

de la loi ; elle est éprouvée sous l'aspect d'une valeur suprême et contraignante ; elle devient ainsi la matérialisation d'une transcendance s'imposant aux individus et aux groupes particuliers. On pourrait reprendre, à propos du pouvoir, l'argumentation utilisée par Durkheim dans son étude des formes élémentaires de la vie religieuse. Le rapport du pouvoir à la société n'est pas *essentiellement* différent du rapport établi, selon lui, entre le « totem » australien et le clan. Et cette relation est évidemment chargée de sacralité. La littérature anthropologique reste, dans une large part et parfois à son insu, une sorte d'illustration de ce fait[1].

L'ambiguïté du pouvoir n'est pas moins manifeste. Il apparaît comme une nécessité inhérente à toute vie en société, exprime la contrainte exercée par celle-ci sur l'individu et est d'autant plus contraignant qu'il recèle en lui une parcelle de sacré. Sa capacité de coercition est donc grande, au point d'être estimée *dangereuse* par ceux qui doivent le subir. Certaines sociétés, en conséquence, disposent d'un pouvoir qui est, à tous moments, désamorcé de ses menaces et de ses risques. P. Clastres, quand il expose la « philosophie de la chefferie indienne », montre ce désamorçage par l'analyse de l'organisation politique de plusieurs sociétés amérindiennes[2]. Trois propositions résument la théorie implicite de ces dernières : le pouvoir est, en son essence, coercition ; sa transcendance constitue pour le groupe un risque mortel ; le chef a donc l'obligation de manifester, à chaque instant, l'innocence de sa fonction.

Le pouvoir est nécessaire, mais tenu à l'intérieur de limites précises. Il requiert le *consentement* et une certaine réciprocité. Cette contrepartie est un ensemble de responsabilités et d'obligations fort diverses selon les

1. Se reporter au chapitre V : « Religion et pouvoir ».
2. P. CLASTRES, Échange et pouvoir : philosophie de la chefferie indienne, in *L'Homme*, II, 1, 1962.

régimes en cause : paix et arbitrage, défense de la coutume et de la loi, générosité, prospérité du pays et des hommes, accord des ancêtres et des dieux, etc. D'une manière plus générale, on peut dire que le pouvoir doit se justifier en entretenant un état de sécurité et de prospérité collectives. C'est le prix à payer par ses détenteurs ; un prix qui n'est jamais intégralement payé.

Quant au consentement, il implique à la fois un principe : la *légitimité*, et des mécanismes : ceux qui contiennent les abus de pouvoir. Max Weber fait de la légitimité une des catégories fondamentales de sa sociologie politique. Il observe qu'aucune domination ne se satisfait de la pure obéissance, mais qu'elle cherche à transformer la discipline en adhésion à la vérité qu'elle représente – ou prétend représenter. Il établit une typologie distinguant les types (idéaux) de domination légitime : la domination légale qui est de caractère rationnel ; la domination traditionnelle qui a pour base la croyance au caractère sacré des traditions et à la légitimité du pouvoir détenu conformément à la coutume ; la domination charismatique qui est de caractère émotionnel et suppose la confiance totale faite à un homme exceptionnel, en raison de sa sainteté, de son héroïsme, ou de son exemplarité. Toute la sociologie politique de Weber est un développement conduit à partir de ces trois modes de légitimation du rapport de commandement et d'obéissance[1]. Elle a inspiré la démarche théorique de plusieurs anthropologues. J. Beattie différencie le pouvoir – au sens absolu du terme – et l'autorité politique. Si cette dernière implique bien la « reconnaissance publique » et l'« acceptation », l'une et l'autre supposent la légitimité qui doit être considérée comme le critère distinctif de l'autorité. De là, une définition qui accentue ces deux

---

1. Se reporter à la présentation qu'en donne J. FREUND dans sa *Sociologie de Max Weber* (1966), publiée dans cette même collection.

aspects : « L'autorité peut être définie comme le droit reconnu à une personne ou à un groupe, par consentement de la société, de prendre des décisions concernant les autres membres de la société »[1].

R. Firth, dans une des études consacrées aux Tikopia de Polynésie, considère avec une grande attention le problème de l'« acquiescement » et des incidences de l'« opinion publique » (*Essays on Social Organization and Values*, 1964). Il rappelle que le pouvoir ne peut être complètement autocratique. Celui-ci recherche et reçoit une part variable d'adhésion des gouvernés : soit par apathie routinière, soit par incapacité à concevoir une alternative, soit par acceptation de quelques valeurs communes estimées inconditionnelles. Mais de toute façon, les gouvernés imposent des limites au pouvoir ; ils tentent de le tenir entre certaines bornes, en recourant aux « institutions formelles » (conseils ou groupes d'anciens désignés par les clans) et aux « mécanismes informels » (rumeurs ou événements manifestant l'opinion publique). Ainsi retrouve-t-on l'ambiguïté déjà évoquée : le pouvoir tend à se développer en tant que rapport de domination, mais le consentement qui le rend légitime tend à réduire son emprise. Ces mouvements contraires expliquent qu'« aucun système politique ne soit équilibré ». R. Firth affirme avec vigueur qu'il s'y trouve, à la fois, « la lutte et l'alliance, le respect du système existant et le désir de le modifier, la soumission à la loi morale et la tentative de la contourner ou de la réinterpréter selon les avantages particuliers »[2]. À l'encontre de l'interprétation hégélienne, le politique ne réalise pas nécessairement le dépassement des particularités et des intérêts particuliers.

L'ambiguïté est donc un attribut fondamental du pouvoir. Dans la mesure où il s'appuie sur une inégalité

---

1. J. BEATTIE, Checks on the Abuse of Political Power in Some African States, in *Sociologus*, 9, 2, 1959.
2. R. FIRTH, *op. cit.*, p. 123 et 143-144.

sociale plus ou moins accentuée, dans la mesure où il
assure des privilèges à ses détenteurs, il est toujours,
bien qu'à des degrés variables, soumis à contestation. Il
est, en même temps, accepté (en tant que garant de
l'ordre et de la sécurité), révéré (en raison de ses
implications sacrées) et contesté (parce qu'il justifie et
entretient l'inégalité). Tous les régimes politiques manifestent cette ambiguïté, qu'ils se conforment à la tradition ou à la rationalité bureaucratique. Dans les sociétés
africaines sans centralisation du pouvoir – par exemple
celles des Fang et des peuples voisins au Gabon et au
Congo –, des mécanismes correcteurs, à action insidieuse, menacent de mort quiconque abuse de son autorité ou de sa richesse. Dans certains des États
traditionnels de l'Afrique noire, les tensions résultant de
l'inégalité des conditions sont libérées en des circonstances déterminées – et il semble alors que les rapports
sociaux se trouvent, d'un coup et provisoirement,
inversés. Mais cette inversion est maîtrisée : elle reste
organisée dans le cadre de rituels appropriés qui
peuvent, sous cet aspect, être dits *rituels de rébellion*
selon l'expression de Max Gluckman. La ruse suprême
du pouvoir est de se contester *rituellement* pour mieux
se consolider effectivement.

4. RELATIONS ET FORMES POLITIQUES

Dans leur ouvrage intitulé *Tribes without Rulers*
(1958), J. Middleton et D. Tait proposent de définir les
« relations politiques » indépendamment des formes de
gouvernement qui les organisent. Ils les qualifient par
les fonctions accomplies : ce sont les relations « par lesquelles des personnes et des groupes exercent le pouvoir,
ou l'autorité, pour le maintien de l'ordre social à l'intérieur d'un cadre territorial ». Ils les différencient selon

leur orientation, interne ou externe ; les unes interviennent au sein de l'unité politique dont elles assurent
la cohésion, le maintien en état ou l'adaptation ; les
autres opèrent entre unités politiques distinctes et sont
essentiellement de type antagoniste. Il n'y a là rien de
bien nouveau. Déjà Radcliffe-Brown identifiait les relations politiques par la régulation de la force, qu'elles
instaurent, et montrait qu'elles peuvent opérer aussi bien
dans les rapports entre groupes qu'au sein des groupes.

Partant de sa propre expérience de recherche – les
sociétés centralisées de l'Afrique orientale – et recourant
à une méthode analytique, J. Maquet distingue trois
ordres de relations qui peuvent se trouver associées dans
le processus politique, et qui ont une caractéristique formelle commune dont l'importance a déjà été manifestée :
elles sont nettement dissymétriques. Maquet construit
trois modèles relationnels constitués de trois éléments
– les acteurs, les rôles et les contenus spécifiques. Il les
présente sous la forme suivante :

	Modèle élémentaire de la relation politique	Modèle élémentaire de la stratification sociale	Modèle élémentaire de la relation féodale
Acteurs	Gouvernants et gouvernés	Supérieur, égal et inférieur selon la position dans l'ordre des strates	Seigneur et dépendant
Rôle	Commander et obéir	Savoir se conduire conformément à son statut	Protection et services
Contenu spécifique	Coercition physique légitimement utilisée	Rang	Accord interpersonnel

J. Maquet précise que ces modèles ont une valeur opératoire, qu'ils visent surtout une classification des faits et une étude comparative seulement réalisable à un certain niveau d'abstraction. Il signale, avec raison, que fonctions et relations ne sont pas liées d'une manière simple et univoque ; on ne saurait donc partir des premières pour différencier et comparer rigoureusement les secondes. Il montre que les États traditionnels considérés – ceux de la région interlacustre de l'Afrique orientale – se différencient par le traitement imposé à chacun de ces modèles et par les combinaisons variables qu'ils réalisent à partir des trois relations fondamentales[1]. La saisie des problèmes reste cependant formelle.

Les difficultés inhérentes à la démarche analytique ont déjà été envisagées ; elle sépare des éléments qui ne prennent leur signification qu'en raison de leur situation dans un ensemble réellement ou logiquement constitué. Les essais qui tentent d'isoler, et de définir, un ordre des relations dites politiques trouvent rapidement leurs limites. Max Weber part bien d'une relation fondamentale, celle de commandement et d'obéissance, mais il construit sa sociologie politique en recherchant les différentes façons possibles de la concevoir et de l'aménager. Pour ne pas laisser à cette relation un contenu pauvre, il l'inscrit dans un champ plus vaste – celui des diverses formes d'organisation et de justification de la « domination légitime ». Les anthropologues modernes ont buté sur les mêmes obstacles. Ils ont considéré des systèmes et des organisations politiques, des aspects, des modes d'action et des processus qualifiés de politiques ; ils n'ont pu déterminer d'une manière rigoureuse, et avec utilité, les relations politiques. M. G. Smith rappelle que cette notion est de caractère substantif, plus que de

---

1. Comptes rendus inédits du « Groupe de Recherches en Anthropologie et Sociologie Politiques » (1965).

caractère formel. La « substance » qui les différencie des
autres catégories de relations sociales ne peut être déce-
lée que par une élucidation de la nature du phénomène
politique. Pour cette raison même, la philosophie politique ne peut être congédiée par l'anthropologie politique aussi commodément qu'ont pu le laisser entendre
E. Evans-Pritchard et M. Fortes dans leur introduction à
African Political Systems.

En passant du niveau analytique au niveau synthétique
– celui des formes de l'organisation politique –, les questions de méthode et de terminologie ne sont pas moins
difficiles, même si l'on considère que le débat opposant
les sociétés « tribales » aux sociétés « politiques » est
dépassé. Les interprétations larges prédominent effectivement, et I. Schapera donne une définition acceptée en
précisant que « le gouvernement, dans ses aspects formels, implique toujours la direction et le contrôle des
affaires publiques par une ou plusieurs personnes dont
c'est la fonction régulière » [1]. *Toutes* les sociétés se
trouvent ainsi concernées, mais la distinction des différentes formes du gouvernement s'impose. La recherche
des critères de classification fait alors retrouver les difficultés rencontrées en déterminant le champ politique.

Le degré de différenciation et de concentration du
pouvoir reste un repère souvent utilisé. Il oriente notamment la distinction faite par Lucy Mair de trois types de
gouvernement. Au niveau inférieur, le *gouvernement
minimal*. Il est ainsi qualifié selon trois sens : étroitesse
de la communauté politique, nombre restreint des détenteurs de pouvoir et d'autorité, faiblesse du pouvoir et de
l'autorité. Dans une position voisine se situe le *gouvernement diffus*. Il relève, en principe, de l'ensemble de la
population adulte mâle, mais certaines institutions

1. I. Schapera, *Government and Politics in Tribal Societies*, 1956,
p. 39.

(comme les classes d'âge) et certains détenteurs de charges (disposant d'une autorité circonstancielle) assurent, en droit et en fait, la gestion des affaires publiques. La forme la plus élaborée, reposant sur un pouvoir nettement différencié et plus centralisé, est celle du *gouvernement étatique*. Cette typologie à trois termes dépasse la répartition contestée (et maintenant rejetée) en sociétés « sans État » et sociétés « à État » ; mais en n'établissant que des catégories grossières, elle requiert la détermination de sous-types qui peuvent être multipliés à l'excès et se révèle sans utilité scientifique. Elle ne se prête pas plus que les typologies antérieures à une classification simple des sociétés politiques concrètes ; parce que ces dernières – comme l'a montré Leach à partir de son étude des Kachin – peuvent osciller entre deux types polaires et présenter une forme hybride ; parce qu'un même ensemble ethnique – celui des Ibo de la Nigeria méridionale, par exemple – peut recourir à des modalités variées de l'organisation politique. De plus, toute typologie rend mal compte des transitions en établissant des types discontinus. Lucy Mair le reconnaît implicitement en considérant « l'expansion du gouvernement » avant d'étudier les États traditionnels bien constitués. Déjà R. Lowie, présentant « quelques aspects de l'organisation politique chez les aborigènes américains », et démontrant la nécessité d'une analyse génétique, avait rappelé que l'État « ne peut s'épanouir d'un seul coup ».

D. Easton, recensant le compte des difficultés propres à toute recherche typologique, suggère d'établir un « continuum de types » ayant un caractère descriptif plus qu'un contenu déductif. Il en fait l'essai en utilisant le critère de la différenciation des rôles politiques : différenciation par rapport aux autres rôles sociaux, entre ces rôles eux-mêmes, et par référence aux fonctions spécifiques ou diffuses qu'ils accomplissent. Il tente ainsi de construire « une échelle de différenciation à trois dimensions ». Mais le progrès obtenu en rétablissant une continuité risque d'être perdu au plan des significations. Easton le reconnaît, en précisant que « cette classification n'a de sens que si l'on trouve des variations d'autres caractéristiques importantes associées à chaque point du continuum »[1]. Ce qui revient à affirmer qu'aucune typologie n'a de signification par elle-même.

Max Weber a établi des types idéaux qui ont servi de repères à certains des chercheurs abordant le domaine de l'anthropologie politique. Le critère de classification a déjà été envisagé : c'est la forme prise par la « domination légitime » qui ne dépend pas nécessairement de l'existence de l'État. Le type de *domination légale* est illustré de la manière la plus adéquate par la *bureaucratie* ; et des anthropologues tels que Lloyd Fallers (dans *Bantu Bureaucracy*, 1956) ont interprété les évolutions modernes des structures politiques traditionnelles, comme assurant le passage d'un système d'autorité dit « patrimonial » à un système bureaucratique. Le type de *domination traditionnelle*, où les relations personnelles servent exclusivement de support à l'autorité politique, prend des formes diverses. Celles de la *gérontocratie* (qui lie le pouvoir à la séniorité), du *patriarcalisme* (qui maintient le pouvoir à l'intérieur d'une famille déterminée), du *patrimonialisme* et du *sultanisme*. L'aspect le plus répandu est celui qualifié de patrimonial. Sa norme est la coutume considérée comme inviolable, son mode d'autorité est essentiellement personnel, son organisation ignore l'administration au sens moderne du terme. Il recourt à des dignitaires plus qu'à des fonctionnaires, il méconnaît la séparation entre le domaine privé et le domaine officiel. C'est la forme de domination traditionnelle que la littérature anthropologique illustre le plus fréquemment. Quant à la *domination*

1. Voir *Political Anthropology*, *op. cit.*

charismatique, elle constitue un type exceptionnel. Elle est une puissance révolutionnaire, un moyen de bouleversement opérant à l'encontre des régimes de caractère traditionnel ou légal. Les mouvements messianiques à prolongements politiques, qui ont proliféré au cours des dernières décennies en Afrique noire et en Mélanésie, illustrent ce pouvoir dissolvant qui attaque l'ordre traditionnel et fait place à la ferveur utopique.

Cette typologie, « idéale » et non descriptive, paraît également vulnérable. Elle doit associer, dans des combinaisons variables, des critères différents : nature du pouvoir, mode de détention du pouvoir, coupure entre relations privées et relations officielles, intensité du dynamisme potentiel, etc. Elle ne peut caractériser les types politiques d'une manière univoque. Par ailleurs, elle établit des oppositions – entre rationnel et traditionnel, entre ces catégories et celle du charisme – qui contredisent les données de fait et altèrent la nature du politique. Les trois éléments sont toujours présents, s'ils sont inégalement accentués, généralité que vérifient les résultats acquis dans le champ de l'anthropologie politique.

Si cette dernière donne les moyens d'entreprendre une étude comparative élargie, elle n'en a pas résolu pour autant le problème de la classification des formes politiques reconnues dans leur diversité historique et géographique. On mesure cette insuffisance dès l'instant où l'on envisage les sociétés à pouvoir centralisé. La frontière entre les systèmes politiques à chefferie et les systèmes monarchiques n'est pas encore rigoureuse. La taille de l'unité politique ne peut suffire pour déterminer son tracé, bien qu'elle ait des incidences directes sur l'organisation du gouvernement : il existe des chefferies de grandes dimensions (au Cameroun, en pays bamiléké, par exemple). La coïncidence de l'espace politique et de l'espace culturel – c'est-à-dire l'existence d'une double structure unitaire – ne constitue pas davantage un critère distinctif ; elle est exceptionnelle aussi bien dans les sociétés à chefferies que dans les royaumes traditionnels. La même incertitude se retrouve en envisageant la complexité de l'appareil politico-administratif : celui des chefferies bamiléké n'est pas moins complexe que celui sur lequel s'appuient les souverains de l'Afrique centrale et orientale. Les éléments de différenciation sont d'une autre nature. Le chef et le roi ne diffèrent pas seulement par l'extension et l'intensité du pouvoir qu'ils exercent, mais aussi par la *nature* de ce pouvoir. R. Lowie le suggère en analysant l'organisation politique des Amérindiens. Il oppose le « chef titulaire » au « chef fort » – dont l'empereur inca est l'illustration. Le premier ne détient pas pleinement l'usage de la force (sa fonction est souvent distincte de celle du chef de guerre), ne légifère pas (mais veille au maintien de la coutume) et n'a pas le monopole du pouvoir exécutif. Il se caractérise par le don oratoire (le pouvoir de persuasion), le talent pacificateur et la générosité. Le second type de chef, par contre, dispose de l'autorité coercitive et de l'entière souveraineté ; il est souverain dans la plénitude du terme. D'autre part, le critère de la stratification sociale est pertinent quant à la distinction des sociétés à chefferie et des sociétés monarchiques. Au sein de ces dernières, les systèmes d'ordres, de castes (ou pseudo-castes) et de classes (ou protoclasses) constituent l'armature principale de la société et l'inégalité y régit toutes les relations sociales prédominantes. La typologie politique doit, en conséquence, recourir à des moyens de différenciation qui ne relèvent pas uniquement de l'ordre politique.

Des difficultés semblables apparaissent au moment de classer les États nettement constitués. L'existence d'un ou de plusieurs centres du pouvoir définit les deux catégories communément utilisées : « monarchies centralisées », d'une part ; « monarchies fédératives »,

d'autre part[1]. Cette répartition rudimentaire reste d'une
utilité limitée ; ne serait-ce qu'en raison de la rareté du
deuxième type – souvent illustré par l'organisation politique des Ashanti du Ghana. Dans une étude comparative des royaumes africains, J. Vansina propose une
typologie qui est présentée comme « une classification
de modèles structuraux ». Cet essai révèle clairement
les problèmes de méthode, non résolus, qu'impose une
telle entreprise. Il recourt à cinq types qui se caractérisent, en fait, par des critères *hétérogènes* : despotisme,
parenté clanique des souverains et des chefs subal-
ternes, incorporation et subordination des « anciens »
pouvoirs, aristocratie ayant le monopole du pouvoir et,
enfin, organisation fédérative[2]. J. Vansina n'a pu s'en
tenir simplement aux deux critères « entrecroisés » qu'il
a d'abord choisis ; le degré de centralisation et la règle
d'accession au pouvoir et à l'autorité politiques. Il ne
saurait en être autrement en raison de la diversité des
formes prises par l'État traditionnel *et* des aspects multiples – mais d'intérêt scientifique inégal – en fonction
desquels leur classification peut être effectuée. Selon
l'interprétation donnée du phénomène politique, l'un ou
l'autre d'entre eux prévaudra : le degré de concentration
et le mode d'organisation du pouvoir, la nature de la
stratification sociale qui régit la répartition des gouvernants et des gouvernés, le type de relation au sacré qui
fonde la légitimité de tout gouvernement « primitif ».
Ces trois ordres de typologie sont possibles, mais ils
n'ont pas la même valeur opératoire.

On le voit, la diversité des organisations politiques est
plus reconnue que connue et maîtrisée scientifiquement. Il convient de rechercher les causes de cette

1. S. N. Eisenstadt, Primitive Political Systems, in *American
Anthropologist*, LXI, 1959.
2. J. Vansina, A Comparison of African Kingdoms, in *Africa*, 32,
4, 1962.

défaillance. Le retard des travaux d'anthropologie politique – au niveau de l'enquête descriptive comme de
l'élaboration théorique – est la plus apparente. Elle n'est
pas la plus grave. Si l'on entreprend de définir et classer
des types de systèmes politiques, on construit des
modèles qui servent à manifester en quoi les sociétés
sont équivalentes ou différentes, dans leur aménagement
du pouvoir, et qui permettent d'étudier les transformations expliquant le passage d'un type à un autre. Les
échecs subis en ce domaine incitent à poser une question
capitale : l'anthropologie et la sociologie disposent-elles
de modèles adaptés à l'étude des formes politiques ?

La réponse est pour l'instant négative. Tant que la
connaissance des relations et des processus politiques
n'aura pas progressé par un examen systématique de
leurs multiples manifestations, les difficultés resteront
entières. La nature même des phénomènes politiques
constituera longtemps l'obstacle principal, si l'on admet
que ces derniers se caractérisent par leur aspect *synthétique* (ils se confondent avec l'organisation de la société
globale) et par leur *dynamisme* (ils se fondent sur
l'inégalité et la compétition). Les modèles nécessaires à
leur classification doivent, pour être adéquats, pouvoir
exprimer des relations entre éléments hétérogènes et
rendre compte du dynamisme interne des systèmes.
C'est en raison de cette double exigence que les modèles
classificatoires, élaborés par les anthropologues structuralistes, se prêtent mal à l'étude du domaine politique ;
ils ne respectent ni l'une ni l'autre de ces deux conditions. Ne pouvant se réduire ni à un « code » (comme le
langage ou le mythe) ni à un « réseau » (comme la
parenté ou l'échange), le politique demeure un système
total qui n'a pas encore reçu de traitement formel satisfaisant. Une telle constatation impose de contenir les
ambitions de l'anthropologie politique en matière de
typologie. Il s'agit, pour l'instant, de se limiter à l'étude

comparative de systèmes parents qui présentent, en quelque sorte, des variations sur un même « thème » et appartiennent à une même région culturelle. Cette recherche donnerait la possibilité d'aborder les problèmes de formalisation – en expérimentant une micro-typologie – et d'approfondir la connaissance du politique, à partir d'une famille de formes politiques liées les unes aux autres par la culture et par l'histoire.

CHAPITRE III

Parenté et pouvoir

L'ordre de la parenté exclut théoriquement celui du politique, pour de nombreux auteurs. Déjà, selon la formule de Morgan rapportée plus haut, l'un régit l'état de *societas*, l'autre celui de *civitas*, de même que, selon la terminologie un temps à la mode, l'un évoque les structures de réciprocité, l'autre les structures de subordination. Dans les deux cas, la dichotomie est manifeste. Elle apparaît également dans la théorie marxiste où la société de classes et l'État résultent de « la dissolution des communautés primitives », où l'émergence du politique intervient avec l'effacement « des liens personnels du sang ». Elle se retrouve, sous des formes originales, dans la tradition philosophique ; et notamment dans la phénoménologie de Hegel qui oppose parallèlement l'universel et le particulier, l'État et la famille, le plan masculin (qui est celui du politique et, par conséquent, supérieur) et le plan féminin.

L'anthropologie politique, loin de concevoir parenté et politique comme des termes exclusifs l'un de l'autre ou opposés l'un à l'autre, a révélé les liens complexes existant entre les deux systèmes, et fondé l'analyse et l'élaboration théorique de leurs rapports à l'occasion de recherches conduites sur le terrain. Les sociétés dites lignagères ou segmentaires, acéphales ou non étatiques, où les fonctions et les institutions politiques sont peu différenciées, ont fourni le premier champ d'épreuve. C'est, en effet, à leur propos que fut ouverte la frontière tracée entre la parenté et le politique. Ainsi, l'étude de l'organisation lignagère et de sa projection dans l'espace rendit apparente l'existence de relations politiques qui se fondent sur l'utilisation du principe de descendance, hors du cadre étroit de la parenté. De même, toujours dans ces sociétés, la parenté fournit au politique un modèle et un langage ; ce que montre Van Velsen dans le cas des Tonga du Malawi : « les relations politiques s'*expriment* en termes de parenté » et les « manipulations » de la parenté sont un des moyens de la stratégie politique. Enfin, dans le cadre des sociétés étatiques, les deux ordres de relations paraissent souvent complémentaires et antagonistes, et les modalités de leur coexistence avaient déjà été considérées par Durkheim, dans un commentaire consacré à une monographie de la société ganda, publiée en 1911[1]. L'analyse du rapport entre la parenté et le pouvoir doit donc être conduite sans qu'aucune de ces manifestations soit négligée.

1. PARENTÉ ET LIGNAGES

Meyer Fortes a fait observer que l'étude des relations et des groupes, envisagés traditionnellement sous l'aspect de la parenté, devient plus « fructueuse » si on les examine « sous l'angle de l'organisation politique ». Cette constatation ne suggère cependant pas que la parenté, dans son ensemble, a des significations et des

---

1. La monographie de J. Roscoe, *The Baganda* ; il s'agit d'une société étatique de l'Ouganda. Compte rendu de Durkheim dans *L'Année sociologique* (t. XII, 1912).

fonctions politiques. Elle incite plutôt à dégager les mécanismes internes à la parenté, telle la formation de groupes fondés sur la descendance unilinéaire[1], et les mécanismes externes, telle la formation de réseaux d'alliances issus des échanges matrimoniaux, qui suscitent et comportent des relations politiques. Toutefois, il n'est pas facile de distinguer ces dernières, en raison de l'étroite imbrication de la parenté et du politique dans nombre de sociétés «primitives». Une des tâches initiales reste donc la recherche des critères permettant de faire le partage. Le principe qui détermine l'appartenance à une communauté politique est l'un de ces critères. Comme le mode de descendance – patrilinéaire ou matrilinéaire – conditionne principalement la «citoyenneté» dans ces sociétés, les relations et les groupes qu'il instaure sont affectés d'un signe politique en contraste avec la parenté entendue *stricto sensu*. Dans les sociétés segmentaires à esclavage domestique, le statut de l'esclave défini d'abord en termes d'exclusion – non-appartenance à un lignage et non-participation au contrôle des affaires publiques – révèle clairement cette fonction du mode de descendance.

Les lignages sont fondés sur les hommes qui, situés dans un même cadre généalogique, se relient unilinéairement à une même et unique souche. Selon le nombre des générations en cause (la profondeur généalogique) leur extension varie, de même que le nombre des éléments (ou «segments») qui les composent. Du point de vue structurel, les groupes lignagers sont alors dits segmentaires. Envisagés d'une manière fonctionnelle, ils

---

1. Nous retenons cette formule générale, afin d'éviter des malentendus possibles, alors que les anthropologues britanniques différencient justement l'ensemble des relations socio-généalogiques *(filiation)* des relations particulières régissant la transmission de la «citoyenneté», des droits, des charges *(descent)*.

apparaissent comme des « groupes en corps » : les *corpo-rate groups* définis par l'anthropologie britannique ; ils détiennent des symboles communs à tous leurs membres, prescrivent des pratiques distinctives et s'opposent de quelque manière les uns aux autres en tant qu'unités différenciées. Leur signification politique est d'abord une conséquence de cette caractéristique, car leur rôle politique est plus déterminé à partir de leurs relations mutuelles qu'à partir des rapports internes qui les constituent. Les modes de conciliation des différends, les types d'affrontement et de conflit, les systèmes d'alliance et l'organisation territoriale sont en corrélation avec l'agencement général des segments lignagers et des lignages.

Un exemple emprunté à la littérature classique paraît nécessaire, afin de préciser et d'illustrer ces faits. C'est celui des Tiv de la Nigeria, créateurs d'une société seg-mentaire incorporant un nombre élevé de personnes (plus de 800 000). Une généalogie commune remontant jusqu'à l'ancêtre fondateur – Tiv – les inclut toutes, en principe, selon la règle de descendance patrilinéaire. Elle régit une structure « pyramidale » au sein de laquelle s'articulent des lignages d'extension variable : le niveau généalogique où se trouve l'ancêtre de réfé-rence détermine l'envergure du groupe lignager, nommé *nongo*. Cette articulation n'opère pas mécani-quement, mais selon une formule d'oppositions et de solidarités alternées ; les groupes issus d'une même souche et homologues s'opposent entre eux (–), mais se trouvent associés et solidaires (+) au sein de l'unité immédiatement supérieure qui est elle-même en relation d'opposition avec ses homologues ; le schéma suivant suggère cette dynamique que les affrontements réels révèlent.

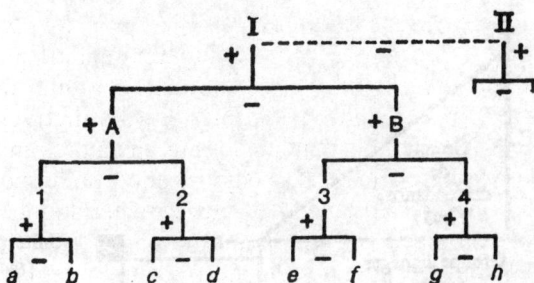

Articulation par oppositions et solidarités alternées

L'implication politique de ces rapports a été constatée dans le cas de toutes les sociétés qui se conforment à ce modèle, de même que le rôle du conflit et de la guerre en tant que *révélateurs* des unités engagées dans la vie politique.

En pays tiv, ces ensembles s'expriment aussi d'une manière plus permanente en s'inscrivant dans un cadre spatial bien délimité. Les groupes lignagers d'une certaine taille sont associés à un territoire défini, le *tar*, si bien que la structure segmentaire de la société entraîne une structure segmentaire de l'espace, et que, par articulations successives, l'une incorpore la totalité de la population et l'autre coïncide avec la totalité du pays. Au *tar*, unité géographique, correspond une unité politique : l'*ipaven*. Ainsi saisit-on la liaison étroite existant entre les groupes de descendance (nommés *ityõ*), les groupes lignagers, les sections territoriales et les entités politiques. Un diagramme simplifié permet de la mettre en évidence :

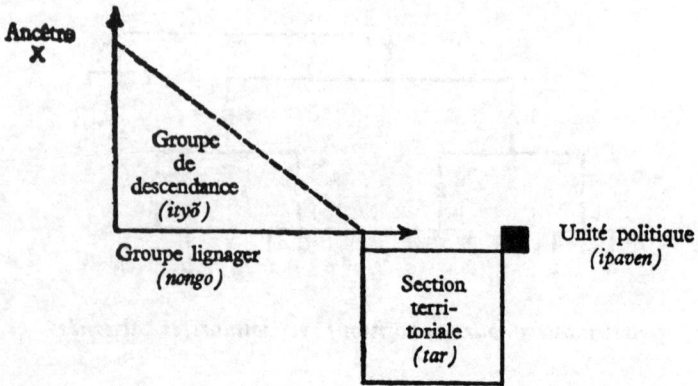

Structure lignagère, structure territoriale et structure politique
(Cas des Tiv)

Le principe de descendance et le principe territorial contribuent ensemble, dans ce cas, à la détermination du champ politique ; mais le premier est prépondérant. L. Bohannan le souligne en précisant que le groupe de descendance auquel un Tiv appartient fixe « sa citoyenneté politique, ses droits d'accès à la terre et de résidence », en même temps qu'il définit les personnes auxquelles il ne peut s'unir par mariage[1]. Les fonctions multiples des groupes de descendance et des groupes lignagers rendent toujours difficile la délimitation *stricte* du domaine de la parenté et du domaine politique. Les Tiv établissent la distinction en recourant au critère territorial. Si les simples unités résidentielles, qui délimitent aussi les groupes de production, organisent la répartition des individus selon la parenté, par contre, les sections territoriales ayant la qualité de

---

1. L. et P. BOHANNAN ont publié des études remarquables consacrées à la société tiv ; voir notamment *The Tiv of Central Nigeria*, Londres, 1953.

tar apparaissent avec un caractère essentiellement politique.

Cette analyse simplifiée, qui trouverait ses répliques dans l'étude d'autres sociétés segmentaires, aide à comprendre l'incertitude des anthropologues – et la permanence de leurs débats. S'il est vrai, comme le signale Max Gluckman, qu'il y a là matière à une connaissance plus fine de la diversité des formes politiques, la qualification et le repérage du politique, l'appréhension de ses aspects spécifiques restent encore à déterminer dans des sociétés à faible différenciation, qui ont la parenté et l'ordre lignager pour assise. Ce qui reprend, avec un changement de formulation, la question déjà examinée en confrontant les maximalistes et les minimalistes.

M. G. Smith a conduit, à ce propos, l'entreprise théorique la plus systématique. Il part d'une constatation : la difficulté de déterminer le politique – dans les sociétés segmentaires – en fonction de groupes sociaux et d'unités aux frontières souvent imprécises, et d'une exigence : l'élimination des confusions terminologiques et l'élaboration d'une méthodologie plus rigoureuse. Sa théorie a été considérée au cours du chapitre précédent, mais non son application aux systèmes lignagers et segmentaires. Selon lui, les relations *extérieures* d'un lignage sont primairement des relations politiques, soit qu'elles apparaissent comme telles (à l'occasion de la guerre ou du *feud*), soit qu'elles aient indirectement cette qualité (par les échanges matrimoniaux, les rituels, etc.). Les relations *intérieures* sont primairement des relations administratives ; elles reposent sur l'autorité, sur une hiérarchie aménageant de manière précise les rapports sociaux. Smith affirme – sans le démontrer, selon certains critiques – que les mécanismes internes contribuant à réduire « les dangers latents de conflits » peuvent être assimilés à des mécanismes administratifs rudimentaires. Les deux dimensions du champ politique sont ainsi manifestées ; et le système segmentaire ligna-ger apparaît « comme une combinaison particulière de l'action politique et de l'action administrative dans (et entre) des structures définies formellement en termes de descendance unilinéaire ». Mais il importe de bien préci-ser que ces deux aspects (segmentation/hiérarchie, pou-voir/autorité) sont imbriqués dans le système lignager ; ils se différencient moins par référence aux groupes sociaux que par référence aux divers « niveaux » du sys-tème et aux situations engageant tel ou tel de ses élé-ments.

Dans des sociétés de ce type, la charte déterminant les positions politiques est essentiellement la structure généalogique – qui peut être manipulée pour légitimer un pouvoir de fait. Et la vie politique se révèle d'abord par les alliances et les affrontements, par les fusions et les fissions qui affectent les groupes lignagers, par les réaménagements des structures territoriales. Dans *Political Anthropology*, D. Easton insiste sur des caractéris-tiques différentes et complémentaires. Il souligne l'instabilité des « structures de soutien » qui sont consti-tuées « par des alliances et des combinaisons variables réalisées entre les segments » ; ces derniers « se subdi-visent fréquemment et réajustent leurs alliances avec une grande facilité » et le pouvoir politique subit « une per-pétuelle remise en question ». La lutte politique acquiert de ce fait un caractère spécial ; elle ne vise pas la modifi-cation du système, mais un nouvel ajustement des élé-ments constitutifs ; elle se traduit par des sécessions, des regroupements ou des coalitions nouvelles. D. Easton constate que cette mécanique des sociétés dites segmen-taires pourrait justifier d'« envisager chaque lignage comme un système politique indépendant, et les compé-titions entre lignages comme l'expression des relations extérieures ». Le caractère de système politique serait alors reconnu sous sa forme la plus simplifiée et la plus instable.

Dans un article présentant un inventaire critique, M. H. Fried recense les imprécisions et les ambiguïtés qui subsistent[1]. Les groupes de descendance – entités permettant de situer les individus et de reconstituer les lignées par référence à un ancêtre – doivent être distingués des groupes lignagers réels, se manifestant « en corps » dans certaines circonstances et souvent localisés ; et ces derniers, des clans qui se définissent ordinairement par rapport à un ancêtre lointain (fréquemment mythique) et sans que les articulations internes puissent être toutes retrouvées. De plus, lorsque les lignages sont soumis à une localisation précise, ils ne constituent pas pour autant des communautés ; ils ne sont que le « noyau » de ces dernières – les femmes étant exportées par le jeu des mariages et les épouses reçues du dehors ; ils restent intimement liés aux relations de parenté et sont ainsi, selon la formule de Leach, des groupes de « compromis ». À ce niveau, la parenté et l'économique et le politique se trouvent mêlés, et ce dernier ne se révèle que de manière intermittente. L'analyse formelle des structures lignagères ne suffit pas à la mise en évidence de leurs caractéristiques politiques ; à tel point que M. H. Fried doit multiplier les critères d'identification et accorder un rôle important aux critères de rang et de stratification – c'est-à-dire aux inégalités en matière de statut et « d'accès aux ressources stratégiques ».

Par ailleurs, une différenciation trop rigide entre la parenté et le domaine politique conduit à négliger les incidences politiques de la première, et notamment ses possibles utilisations dans le jeu des compétitions. La capitalisation d'épouses, de descendants et d'alliances est

1. M. H. FRIED, The Classification of Corporate Unilineal Descent Groups, in *Journ. Roy. Anth. Institute*, 87, 1, 1957.

un moyen fréquent de renforcement (ou de maintien) du pouvoir. Il est des corrélations plus complexes. G. Lienhardt, comparant les sociétés nilotiques (Afrique orientale), toutes patrilinéaires mais à pouvoir politique inégalement différencié, démontre la triple relation existant entre le degré de centralisation, l'intensité de la compétition et l'importance accordée à la parenté matrilatérale. Celle-ci sert de support aux entreprises de conquête du pouvoir ; plus souvent cette possibilité est mise à profit, plus la compétition se durcit et plus le pouvoir conséquent augmente [1]. Il est aussi des corrélations symboliques. Un acte de rupture à l'égard de la parenté (inceste, meurtre d'un parent) est fréquemment rapporté à l'origine des royautés traditionnelles : le fondateur semble s'exclure de l'ordre ancien pour imposer son pouvoir et construire un ordre nouveau ; les mythes historiques et les rituels royaux rappellent cet « événement » et manifestent ainsi la nature exceptionnelle du souverain.

2. DYNAMIQUE LIGNAGÈRE

Difficultés rencontrées dans la détermination du champ politique, hors de la parenté, difficultés éprouvées par l'analyse structurale du politique appliquée aux sociétés segmentaires, autant de raisons qui imposent de recourir à une attaque nouvelle du problème. La recherche actuelle s'attache moins aux aspects formels qu'aux situations et aux dynamismes révélateurs, aux stratégies et aux manipulations concernant le pouvoir et l'autorité. Elle considère davantage les conditions nécessaires à l'expression de la vie politique, les voies et moyens de cette dernière.

1. G. LIENHARDT, On objectivity in Social anthropology, in *Journ. Roy. Anth. Institute*, 94, 1, 1964.

a) *Les conditions.* – Les sociétés dites segmentaires ne sont pas, pour autant, égalitaires et dépourvues de rapports de prééminence ou de subordination. Les clans et les lignages ne sont pas tous équivalents ; les premiers peuvent être différenciés, spécialisés et « ordonnés » ; les seconds peuvent conférer des droits inégaux selon qu'ils se reportent à un aîné ou à un cadet ; les uns et les autres peuvent être distingués pour des nécessités d'ordre rituel qui comportent des incidences politiques et économiques.

Les Nuer du Soudan, qui constituent une sorte de cas limite en réduisant au minimum les relations inégales, ne les ont cependant pas éliminées ; elles existent au sein de leur société, peut-être plus latentes qu'effectives. Dans les diverses sections territoriales, un clan ou lignage principal occupe une position prédominante ; Evans-Pritchard le dit aristocratique (évoquant ainsi son statut supérieur) tout en constatant que « sa prédominance lui donne plus de prestige que de privilège ». Au moment des initiations imposées aux adolescents, des lignages disposant d'une prérogative rituelle – formés par les « hommes du bétail » – fournissent les dignitaires qui ont la charge d'ouvrir et de clore le cycle ; ils interviennent donc dans un système qui assure la socialisation des individus et les répartit dans des « classes » à statut différencié – celles des aînés, des égaux et des cadets ; ils jouent un rôle politique. Enfin, une fonction rituelle particulière, celle de notable « à peau de léopard », appartient également à certains lignages extérieurs aux clans dominants ; elle donne la position de conciliateur dans les différends graves et de médiateur dans ceux concernant le bétail. Elle a, elle aussi, des implications politiques. Les inégalités et les spécialisations claniques ou lignagères, les trois statuts résultant du système des classes d'âges, les accès différents ou

inégaux à la terre et au bétail définissent la vie politique
nuer autant que les oppositions et les coalitions des
unités lignagères et territoriales. Evans-Pritchard le suggère, en précisant que « les hommes les plus influents »
se caractérisent par leur position clanique (ils sont aristocrates) et lignagère (ils sont chefs de famille étendue),
par leur situation de « classe » (ils ont le statut d'aîné),
par leur richesse (en bétail) et leur « forte personnalité ».
À défaut d'une autorité politique bien différenciée, la
prééminence, le prestige et l'influence résultent de la
conjugaison de ces inégalités minimales. À défaut d'un
pouvoir politique distinct, un pouvoir politico-religieux
– à dominante religieuse – opère par le truchement des
structures claniques-lignagères, des structures territoriales et des agencements de classes d'âge. On ne peut le
définir par ces seules structures, mais bien davantage
par les relations inégales qui le fondent et la dynamique
des oppositions et des conflits qui le manifestent.

Un second exemple africain – celui des Tiv – permet
de pousser plus avant l'analyse, à partir d'une société
de même type que la précédente. Lignages et parenté,
sections territoriales et classes d'âge fournissent les
principaux champs de relations sociales ; mais les manifestations d'inégalité et les foyers politiques y sont plus
apparents. Hors système se situent les personnes de
condition esclave : elles ne s'insèrent dans aucune
classe d'âge, sont exclues du domaine des affaires
publiques, demeurent en situation de dépendance. Au
sein du système se différencient les hommes prééminents (dont les noms servent à identifier les groupes
lignagers et les classes d'âge), les hommes « à prestige »
(en raison de leur réussite matérielle et de leur générosité) et les guides politiques (évoqués par le terme : *tyo-
or*) qui sont l'accomplissement des précédents. Les premiers doivent leur crédit à leur position lignagère, à
leur qualité d'aîné ou d'ancien, à leur capacité magico-

religieuse qui conditionne l'entretien d'un état de santé et de fécondité et le maintien de l'ordre. Les seconds sont en position de puissance pour des raisons de caractère économique. Le surplus d'influence résultant de la possession d'un lieu de marché manifeste, par ailleurs, cet aspect politique des situations acquises au sein de l'économie tiv – la compétition pour accéder à la charge de maître de marché est une des formes de la lutte politique. Quant aux « guides politiques », qui ne sont pas les détenteurs d'une charge permanente (d'un office), ils se manifestent à la faveur des relations *externes* : lors des arbitrages ou des négociations de paix avec les représentants des groupes homologues qui se trouvent concernés.

Pour les Tiv, qui ne disposent pas d'un terme spécial désignant le domaine politique, l'action politique s'accomplit donc par le moyen de la parenté et des lignages, des classes d'âge, des rapports entretenus avec le système des marchés ; elle ne s'exprime pas par un langage particulier, mais par le langage propre à chacun de ces moyens. On peut, à juste titre, parler de gouvernement diffus et d'une vie politique diffuse, sous-jacente à toutes les relations entre personnes et entre groupes, que ne révèlent pas des institutions spécifiques, ni même des formes sociales par lesquelles elle peut opérer, mais divers dynamismes – de compétition et de domination, de coalition et d'opposition. Si le politique est réduit à son expression minimale, il n'en présente pas moins sa caractéristique de système dynamique. La théorie tiv le laisse d'ailleurs entendre. En effet, d'après elle, le pouvoir légitimé dépend de la détention d'une qualité mystique (nommée *swèm*) qui assure la paix et l'ordre, la fertilité des champs et la fécondité des femmes, et agit en fonction de la vigueur du possesseur. Cette qualité, d'une certaine manière la substance du pouvoir et la force de l'ordre, entraîne néanmoins des luttes pour sa capture et son détournement. D'un autre côté, les rivalités pour le prestige et l'influence, les entreprises visant un élargissement du rôle politique ou la réussite matérielle sont toujours interprétées dans le langage de la sorcellerie. La substance dangereuse nommée *tsav*, qu'elles mettent en œuvre, manifeste le pouvoir sous l'aspect des luttes et des inégalités qui l'instaurent. Les Tiv affirment : « Les hommes accèdent au pouvoir en dévorant la substance des autres »[1]. Cette théorie indigène n'ignore ni la dynamique ni l'ambiguïté du politique – qui est, à la fois, et dans un équilibre précaire, créateur d'ordre et porteur de désordre.

En dehors du domaine africain, les sociétés segmentaires présentent des conditions similaires d'intervention de la vie politique. C'est le cas pour la zone mélano-polynésienne où l'État fortement constitué est une forme exceptionnelle d'organisation du gouvernement des hommes. Les Tikopia de Polynésie, étudiés par R. Firth, se répartissent entre une vingtaine de patrilignages qui se sont associés, selon des procédures diverses, afin de former quatre clans. À la tête de chacun de ceux-ci se trouve un « chef » qui se recrute dans *un* lignage conférant à tous ses membres un statut supérieur ; et les quatre chefs, différenciés par des fonctions rituelles spécifiques, se classent selon un ordre de prééminence qui ne s'identifie pas à une hiérarchie politique. Les clans n'entretiennent pas entre eux des rapports égaux, et moins encore les lignages qui peuvent se différencier hors du cadre généalogique par les différences de rang. La société tikopia, en dessous du groupe restreint des chefs claniques, fait apparaître deux séries de prééminences sur lesquelles s'appuie la « structure d'autorité ». La première est celle des *pure* – des « aînés » – qui se

1. Formule rapportée par P. Bohannan.

trouvent à la tête des lignages majeurs. Leur position résulte de leur situation généalogique *et* de l'agrément donné par leur chef de clan. Ils sont considérés comme les «pères symboliques» des lignages et leur fonction est essentiellement de caractère rituel. Ils ne sont pas égaux, mais se situent dans une hiérarchie *rituelle* qui reproduit celle des divinités qu'ils servent ; seuls les plus élevés d'entre eux contribuent au maintien de l'ordre public. La seconde série de prééminences est celle des *maru*. Justifiée par le rang et non par l'accointance avec les dieux – car elle résulte de la naissance, exigeant d'être frère, proche cousin agnatique ou fils de chef –, elle confère une autorité incontestable – le rôle d'agent d'exécution auprès du chef et la charge de préserver la paix et la sécurité. Alors que le chef clanique dispose d'un pouvoir politique dérivé de sa position religieuse (contrôle du rituel *kava* associé au système lignager, possession de la «pureté physique» et de la «pureté morale»), le notable *maru* ne détient qu'une autorité déléguée et laïcisée.

Dans ce cadre, la dynamique lignagère résulte de l'inégalité tenant aux différences de rang. R. Firth les qualifie de fondamentales et précise : «Avec le rang vient le pouvoir et le privilège, et avec ceux-ci les possibilités d'oppression.» Il suggère que le politique est d'autant plus apparent, dans la société tikopia, qu'une «structure hiérarchique de classes» s'articule sur la structure segmentaire déterminée par la parenté et la descendance. Il rapporte que les intérêts de «classe» et les conflits latents des «classes» sont reconnus dans la théorie indigène. Ainsi, le système politique reliant les chefs, les notables *(maru)* et les «aînés», entre eux et avec le peuple, apparaît-il comme un «système de forces complémentaires» – et antagonistes dans certaines circonstances. R. Firth conclut son analyse en affirmant qu'«il ne peut y avoir d'équilibre dans aucun système politique », et souligne ainsi le caractère essentiellement dynamique du politique[1].

Un dernier exemple, emprunté au monde mélanésien, permettra d'élargir ces variations sur un même thème. C'est celui des sociétés néo-calédoniennes de la « Grande Terre », et des îles environnantes, qui présentent, à partir des mêmes agencements fondamentaux, des formes politiques complexes et diversifiées. L'assise sociale y est constituée par les relations de parenté et de descendance, par les réseaux résultant des échanges matrimoniaux, par les « apparentements systématiques » établis entre les groupes reconnus comme clans[2]. Ces derniers jouent le rôle principal dans la vie politique : ils opèrent dans le champ des coalitions et des oppositions ; ils servent de cadre à la hiérarchie de statut et de prestige sur laquelle se fonde le pouvoir. J. Guiart les envisage justement sous l'aspect d'« un phénomène complexe tenant à la fois du réseau et de la hiérarchie ». Le clan *(moaro)* se détermine selon plusieurs critères. Il se définit par les généalogies – il se réfère à une souche mâle et à sa descendance agnatique, par la localisation – un lien vital et sacré le lie à un territoire déterminé, par des symboles – nom, totem – et la détention de dieux spécifiques, par les rapports de filiation, d'adoption ou de dépendance entretenus avec d'autres groupes. La réalité est cependant plus imprécise que ne le laisse entendre cette définition : les groupes locaux sont instables en raison des éclatements successifs qui entraînent « la dispersion géographique des lignées » ; les identifications et les allégeances se maintiennent en dépit des distances ; les éléments étrangers s'insèrent dans les structures locales.

Les conditions du pouvoir politique se trouvent à la fois dans la dynamique propre au clan et dans les inégali-

1. Chap. V et VI de *Essays on Social Organization and Values*.
2. Voir J. GUIART, *Structure de la chefferie en Mélanésie du Sud*, Paris, 1963.

tés caractéristiques d'une société dite de « type aristocratique » (J. Guiart) – bien qu'elle ne dépasse pas, dans ses organisations politiques les plus élaborées, le stade de la « grande chefferie ». La distance par rapport à l'ancêtre révéré et à la « lignée aînée », qui a la garde du pouvoir, détermine les statuts sociaux. J. Guiart illustre ce fait par une formule : « À la limite, le paria serait un parent agnatique direct, mais éloigné, du chef suprême. » La position de « la paire père-fils aîné de la branche aînée »[1], à la tête de la chefferie, confirme cette règle régissant l'inégalité et la hiérarchie claniques. Le rapport à la terre, élément de définition du clan, est également facteur d'inégalité : la détention des terres les plus anciennement habitées confère « les quartiers de noblesse les plus authentiques »[2] ; les occupants les plus anciens sont les mieux pourvus en terres, au détriment des nouveaux venus, et cette « contradiction » est « un aspect essentiel du dynamisme de la société ». D'une manière globale, les conditions individuelles sont finalement envisagées en termes de supériorité et d'infériorité : chefs/sujets ; « hommes grands »/« hommes petits » ; *orokau* (détenteurs du pouvoir et du prestige)/*kamoyari* (cadets et membres des groupes lignagers subordonnés).

La société néo-calédonienne tend à équilibrer les statuts entre eux, mais elle ne parvient pas à éliminer les contradictions qui la constituent et menacent son existence en même temps. Celles-ci se reflètent dans la personne du chef et dans l'organisation de la chefferie. À la tête du clan, se trouve le « grand fils » *(oro kau)* pour qui tous les membres du clan sont des « frères » au sens classificatoire du terme, sans que l'idéologie de la fraternité parvienne à masquer la relation de domination

1. Expression de P. Métais (*Mariage et équilibre social dans les sociétés primitives*, Paris, 1956).
2. Observation de M. Leenhardt dans ses *Notes d'ethnologie néo-calédonienne*, Paris, 1930.

qui situe le chef en marge de la parenté et instaure un pouvoir que les premiers observateurs ont estimé despotique. La chefferie se fonde sur une dualité du pouvoir : si le chef *(orokau)* s'impose par la parole, ordonne selon le double sens du mot, et dispose du prestige, le maître du sol *(kavu)*, détenteur de la relation avec les dieux, possède une autorité discrète, mais efficace, et oriente les décisions du chef. Ce dualisme suggéré par les couples d'oppositions qu'il implique – politique/religieux, étranger/autochtone, dynamisme/conservatisme –, manifeste une contradiction qui « constitue une grande part du dynamisme de l'institution » (J. Guiart). Ces faits sont les plus visibles, mais ils ne doivent pas exclure les différenciations et les oppositions multiples qui s'instaurent selon les positions généalogiques et statutaires, foncières et rituelles. Elles sont les éléments constitutifs de la vie politique ; elles se résolvent dans « un équilibre de facteurs de cohérence et de raisons d'anarchie ».

Ce dernier exemple, malgré la simplification de l'analyse, confirme les observations précédentes. Il montre que le caractère dynamique du fait politique importe autant (davantage en ce cas) que l'aspect formel. Ainsi, par son ambiguïté et la multiplicité de ses manifestations, le politique révèle sa présence diffuse dans des sociétés qui n'ont pu mettre en place un gouvernement unitaire. Il reste toutefois à tirer de ces comparaisons un enseignement plus essentiel concernant le dynamisme du politique. Les sociétés considérées ne parviennent à fonctionner qu'en utilisant l'énergie provoquée par le décalage de condition existant entre les individus (selon leur statut), et la distance sociale instaurée entre les groupes (selon leur situation à l'intérieur d'une hiérarchie souvent rudimentaire). Elles emploient la différence de potentiel que réalisent les inégalités d'ordre généalogique, rituel, économique – recourant aux deux premières plus qu'à la dernière, en raison du niveau de développement technique et économique. Elles font du déséquilibre et de l'affrontement – à l'échelle réduite qui est la leur – un agent producteur de cohésion sociale et d'ordre ; à cette fin, le politique est déjà et nécessairement leur instrument. Toutefois, la transformation de l'opposition en coopération, du déséquilibre en équilibre, risque constamment de se dégrader, et certaines procédures ou certains rituels assurent en quelque sorte une recharge périodique de la machine politique. Il reste encore que les théories indigènes (celles des Tiv, par exemple) expriment la crainte permanente que le désordre ne se profile derrière l'ordre, que le pouvoir ne devienne le moyen de l'iniquité.

b) *Les révélateurs et les moyens.* – Dans les sociétés dites segmentaires, la vie politique diffuse se révèle plus par les *situations* que par les institutions politiques. Il s'agit en effet, selon l'expression de G. A. Almond, de sociétés où les structures politiques sont les moins « visibles » et les plus « intermittentes ». La prise des décisions concernant la communauté fait apparaître des hommes prééminents, des hommes de rang supérieur, des conseils d'anciens, des chefs occasionnels ou institués. Les conflits individuels qui imposent l'intervention de la loi et de la coutume et le redressement des torts subis, les antagonismes qui débouchent sur le *feud* (la guerre privée) ou sur la guerre sont autant de circonstances manifestant les médiateurs et les détenteurs de pouvoir. L'analyse des systèmes nuer et tiv l'a suggéré. L'étude consacrée par I. M. Lewis aux Somali éleveurs de l'Afrique orientale (*A Pastoral Democracy*, 1961) montre, à la faveur d'un exemple extrême, la fonction politique des oppositions intervenant entre groupes constitués selon le principe de descendance. Ce sont les rapports de puissance – supériorité numérique et potentiel militaire – qui régissent d'abord les relations entre clans ou entre lignages et déterminent l'extension des diverses unités politiques et leur hiérarchie de fait.

L'affrontement insidieux est autant que l'affrontement direct un révélateur de la vie politique au sein des sociétés lignagères. Certaines d'entre elles disposent de mécanismes discrets (mais efficaces) limitant la détention de pouvoirs et l'accumulation de richesses. Ainsi, les Fang gabonais, chez qui la liquidation physique menaçait quiconque remettait en cause la solidarité clanique et la tendance égalitaire, en satisfaisant son ambition et ses intérêts particuliers, justifiaient les moyens utilisés pour contenir l'inégalité. Selon l'interprétation traditionnelle, les biens auxquels un individu peut aspirer (épouses, descendants, produits, symboles de prestige) n'existent qu'en nombre limité et constant. Toute accumulation abusive par l'un des membres du clan ou du patrilignage s'effectue au détriment de tous les autres ; ainsi est-il pensé qu'une descendance exceptionnellement nombreuse est obtenue en « volant » une partie de celle à laquelle ont droit les autres hommes du groupe lignager. Cette idéologie égalitaire sous-tend les procédures visant à la répartition des richesses matérielles, mais ses exigences se heurtent à la réalité. La *rareté* des biens et des signes prestigieux, d'une part, et la difficulté de contrôler les entreprises individuelles recherchant la richesse et le pouvoir, d'autre part, créent une contradiction si accentuée que les privilégiés subissent une situation ambiguë, ou vulnérable, et que l'accès inégalitaire aux biens est attribué à l'usage de la sorcellerie.

La dialectique de la contestation et de la conformité, du pouvoir revendiqué et du pouvoir accepté, s'exprime le plus souvent dans le langage de la sorcellerie révélant indirectement une opposition cachée, quand il ne s'agit pas d'un recours direct aux pratiques de la magie d'agression. Nadel ouvrait la voie à une semblable interprétation, lorsqu'il présentait les croyances concernant le sorcier comme les symptômes des tensions et des anxiétés qui résultent de la vie sociale (dans une étude comparative de quatre sociétés africaines, publiée en 1952). La distinction proposée par les anthropologues britanniques, entre la sorcellerie par technique – ou *sorcery* –, qui est accessible à tout individu, et la sorcellerie par essence – ou *witchcraft* –, qui dépend d'un pouvoir inné et ne s'acquiert pas, est fondamentale. La sorcellerie par essence s'actualise principalement dans les sociétés où le principe de descendance régit les relations de base ; elle y prédomine et se transmet selon le mode de dévolution des charges et fonctions. J. Middleton et E. H. Winter soulignent ce fait dans un ouvrage collectif publié sous leur direction (*Witchcraft and Sorcery in East Africa*, 1963). Ils révèlent aussi l'ambiguïté de ces manifestations à l'égard des « chefs » et de l'ordre établi. Si elles expriment l'opposition des non-privilégiés et la stratégie des ambitieux, elles peuvent également contribuer au renforcement du pouvoir par la crainte qu'elles inspirent, et que ce dernier utilise à son avantage, ou par la menace d'une accusation qui fait de la chasse aux sorciers un des instruments de la conformité et de l'ordre. Ainsi, dans le cas des Kaguru du Malawi, les entreprises de la sorcellerie, en même temps qu'elles traduisent l'antagonisme des factions, aident à renforcer la position des détenteurs de pouvoir et de privilèges, dont certains ne redoutent pas d'entretenir leur réputation de « sorciers ».

Plusieurs sociétés d'Afrique orientale présentent des exemples analogues ; les notables y recourent à la sorcellerie aux fins d'assurer leur prééminence et leur influence au sein de la tribu ou du clan. Chez les Nandi du Kenya, la figure dominante est l'*orkoiyot* : ni chef ni juge, mais « expert rituel » qui intervient d'une manière décisive dans les affaires tribales. Il s'agit là d'un personnage ambivalent, qui associe les qualités bénéfiques (dont celles du devin) et les pouvoirs dangereux du

sorcier qui renforcent son autorité rituelle et la crainte
qu'il inspire. Dans la mesure où l'*orkoiyot* est l'équi-
valent d'un chef, ce double aspect de sa personne reflète
les deux visages du politique – celui de l'ordre bienfai-
sant et celui de la contrainte ou de la violence.

Par contre, la stratégie inverse peut aboutir à des
résultats semblables ; la sorcellerie, identifiée sans res-
trictions au mal absolu et au désordre, se confond avec
toutes les actions qui contredisent les normes et affaiblissent les positions établies ; elle menace constamment
de se retourner contre celui qui y recourt. Par exemple,
chez les Gisu de l'Ouganda, le risque d'une accusation
de sorcellerie entretient le respect des prééminences
lignagères et de la génération aînée, la crainte du non-
conformisme, la générosité des membres du lignage qui
ont accédé à la réussite matérielle. La contestation et la
montée de prestiges concurrents se heurtent ainsi au
plus efficace des obstacles ; la sorcellerie n'est plus un
des instruments manipulés par le pouvoir, mais sa protection la plus sûre, car elle atteint par un choc en retour
ceux qui l'utilisent afin de s'opposer ou de rivaliser.

L'étude des micro-sociétés lignagères, qui se trouvent
dans les archipels de la Mélanésie, montre avec une égale
netteté l'interférence des relations de caractère politique et
des rapports complexes dépendant de la sorcellerie. La
démonstration la plus éclairante est celle de R. F. Fortune
dans son ouvrage classique : *Sorcerers of Dobu* (1932).
Les Dobuan occupent des îles situées à la pointe de la
Nouvelle-Guinée ; peu nombreux (7 000 au moment de
l'enquête), ils se répartissent en des villages de très petite
taille alliés à leurs voisins pour constituer des unités endo-
games et solidaires dans la guerre contre les unités homologues ; ils forment des matrilignages et chaque groupe
lignager localisé est propriétaire de son terroir. Leur système politique reste minimal, à tel point qu'on a pu le
présenter comme résultant uniquement de l'opposition

permanente entre les diverses coalitions villageoises. Cependant, la chefferie existe au moins à l'état « embryonnaire » et une inégalité de statut différencie les hommes importants *(big men)* des autres. La sorcellerie, sous ses deux formes, joue un rôle évoqué par le titre même du livre de R. Fortune. Le chef « en germe » se définit par sa position lignagère, sa forte personnalité, sa maîtrise des rituels et de la magie et par son excellence dans le domaine des techniques de la sorcellerie ; il est le plus puissant, au service de la coutume et du bien commun. Le sorcier néfaste apparaît comme l'ennemi de l'intérieur, dont le caractère dangereux est en raison même de sa proximité géographique ; il symbolise les rivalités et les tensions opérant *au sein* des groupements de villages alliés ; il rend manifeste la distinction rigoureuse établie entre les conflits internes et voilés (sorcellerie) et les conflits externes et « ouverts » (guerre), le jeu des oppositions et des solidarités qui sont inhérentes à toute vie politique.

La multiplication des illustrations ne modifierait pas les résultats des analyses précédentes. La sorcellerie est, comme la « guerre privée » *(feud)* et la « guerre du dehors », un des principaux révélateurs de la dynamique sociale et politique des sociétés lignagères. Chacune de ces trois modalités de l'opposition et du conflit opère dans des champs de relations qui s'élargissent en passant de l'une à l'autre, allant de la communauté locale à l'extérieur, c'est-à-dire du domaine que régit surtout la parenté à celui que le politique contrôle. La sorcellerie est aussi un des moyens du pouvoir, soit qu'elle renforce sa contrainte et/ou le protège contre les entreprises de contestation, soit qu'elle permette un véritable transfert, sur l'accusé ou le suspect, des ressentiments et des doutes menaçant les autorités lignagères. Enfin, comme R. Firth l'a bien précisé, elle est « une manière de dire », un *langage* exprimant certains types de rapports entre les individus et entre les groupes sociaux. En ce sens, elle constitue le code utilisé lors des affrontements politiques et fournit les arguments auxquels recourt l'idéologie politique implicite des sociétés claniques.

Parfois qualifiées d'unanimistes, vues comme fondant toute décision importante sur le consentement général, les sociétés non étatiques ont surtout été envisagées dans une optique mécaniste qui privilégie l'opposition et l'alliance des segments de divers ordres, constitutifs des unités politiques. Les observations précédentes montrent que la réalité s'accorde mal à ces interprétations simplifiées. La mise en évidence des antagonismes, des compétitions et des conflits suggère l'importance de la stratégie politique dans les sociétés à gouvernement minimal ou diffus et incite à montrer la diversité de ses moyens. La charte généalogique, la parenté et les alliances établies à l'occasion des échanges matrimoniaux peuvent se transformer en instruments des luttes pour le pouvoir, car elles ne restent jamais à l'état de mécanismes assurant automatiquement l'attribution du statut politique et la dévolution des charges. La manipulation des généalogies est plus fréquente que ne le laissent entendre les ethnographes, souvent victimes de leur dévotion à l'égard des informateurs. Un essayiste camerounais, Mongo Beti, dénonce les tricheries auxquelles recourent les ambitions et les rivalités politiques dans sa propre société – celle des Beti qui appartiennent au grand ensemble fang. Il montre le patriclan *(mvõg)* comme le produit instable des vicissitudes historiques, et les références généalogiques comme le registre d'arguments justifiant la dimension clanique qui est la mieux adaptée aux circonstances. Il affirme : « On se découvrira à moins qu'on ne s'invente une ascendance commune. » Il souligne le caractère dynamique du clan, la continuelle formation de patrilignages qui aspirent à l'indépendance, puis au statut d'unité clanique sous la conduite d'hommes entreprenants. Ceux-ci recourent à une procédure éprouvée consistant à se créer un entourage

de parents et de dépendants, puis à provoquer une sécession qui est définitivement reconnue lorsque le groupe
séparé reçoit un nom distinctif – celui de son fondateur.

Afin de légitimer cette situation nouvelle, les généalogies sont souvent rectifiées et l'identité clanique est confé-
rée à des membres du nouveau groupe qui ne la possèdent
pas en fait. Cette ascension politique du fondateur, et de
l'unité qu'il a instaurée, n'est possible qu'à partir d'une
première capitalisation de parents et de « clients », impli-
quant elle-même la détention de biens et de pouvoirs
matrimoniaux utilisés à l'avantage des dépendants. Il
s'agit donc bien d'une *entreprise politique globale* met-
tant en cause la parenté, les droits sur les femmes, les
richesses et les conventions généalogiques. Les processus
qui la régissent s'ordonnent selon le schéma ci-dessous :

Phase 1. → Capitalisation de biens et de pouvoirs
matrimoniaux.
Phase 2. → Capitalisation de parents et de dépendants.
Phase 3. → Capitalisation de prestige et d'influence.
Phase 4. → Sécession et légitimation généalogique.

Les sociétés lignagères sont le lieu d'une compétition
qui affecte fréquemment les pouvoirs établis et rend
souvent instables les alliances entre groupes. J. Van
Velsen le démontre dans son étude intitulée d'une manière
significative *The Politics of Kinship* (1964), où il décrit et
analyse la société des Tonga implantés sur les rives du lac
Nyassa. Il constate : « Le pouvoir politique effectif et
l'influence ne sont pas nécessairement, ou exclusivement,
détenus par ceux qui peuvent y prétendre selon les règles
généalogiques et constitutionnelles. » C'est ainsi que,
selon cet auteur, le système des relations de parenté et de
descendance se présente comme un ensemble de rapports
qui peuvent être manipulés à des fins particulières, économiques et politiques, et que les jeux de l'ambition

politique, provoquant la formation de villages séparés,
constituent une menace permanente pour les « chefs », car
ils le sont moins par leur titre que par le nombre de leurs
« suivants ». Si dans ce cas précis, la mobilité spatiale des
personnes et des groupes exprime les vicissitudes politiques, ces dernières se révèlent ailleurs par la fluctuation
des alliances formées entre les clans ou les lignages.

La situation des Siane de la Nouvelle-Guinée, étudiés
par R. F. Salisbury, est exemplaire à cet égard. Les clans
patrilinéaires forment les villages et constituent des ligues
instables, à mesure que les « amis » deviennent « ennemis » et réciproquement, au cours d'une période d'une
dizaine d'années. La compétition qui provoque ces modifications affectant les positions de pouvoir, et les hiérarchies de prestige, peut déboucher sur une violence (la
guerre) qui ne vise jamais la conquête, mais recherche la
détention de droits, acquis sur des clans qui se trouvent
mis ainsi en état d'infériorité. Ces affrontements s'organisent autour de la possession des femmes, des richesses
réservées aux échanges cérémoniels et des porcs, qui ont
une valeur rituelle. Dans cette société acéphale, les équilibres politiques fluctuants résultent, à la fois, de la guerre,
des alliances et de la circulation des biens qui sont symboles de prestige. Ils relèvent moins d'une régulation quasi
automatique que d'une stratégie engageant chaque clan, et
se conformant aux principes qui définissent les hiérarchies
et les pouvoirs dans le cadre de la culture siane[1].

Cet exemple montre nettement le rôle joué par les compétitions, portant sur certaines richesses et sur certains
signes, dans le domaine des rivalités politiques. Les
sociétés lignagères sont celles où la richesse différencie
moins par l'accumulation qui la manifeste que par la
générosité ou les défis qu'elle suscite. Dorothy Emmet a
bien montré le caractère calculateur, plutôt que désinté-

1. R. F. SALISBURY, *From Stone to Steel*, Melbourne, 1962.

ressé, d'une générosité qui contribue en fait à déterminer les situations respectives dans l'échelle sociale, et reste en dernière analyse une des obligations et un des moyens du pouvoir (*Function, Purpose and Powers*, 1958). E. Sapir a rappelé, lui aussi, que les positions supérieures peuvent être conquises « à force de potlatchs et de prodigalités », non seulement par les « individus de basse extraction », mais aussi par les groupements lignagers. La stratégie de l'utilisation des richesses, qui est orientée vers les fins économiques, vise, *en même temps*, toutes les formes de la communication sociale ainsi que les hiérarchies de prestige et de pouvoir. Elle s'inscrit dans le champ des affrontements politiques. L'étude des Trobriand (Mélanésie), reprise par Singh Uberoi, confirme cette thèse avec une remarquable rigueur. Le rang d'un lignage localisé dépend de trois facteurs : sa capacité économique, sa qualité de centre « intégrateur » des activités économiques conduites par ses voisins, sa position dans les réseaux d'alliances. Celui-ci se révèle notamment lors des échanges ritualisés de biens réservés à ce seul usage, connus sous le nom de *kula*. Lors des grandes expéditions *kula* (nommées *uvalaku*), la compétition entre lignages et villages est exacerbée. La dynamique politique se libère, dans la mesure où le statut lignager dépend de la capitalisation d'alliances et permet d'établir une suprématie sur les occupants de régions fertiles. L'ordre des trois facteurs déterminant le rang des lignages s'inverse, et le lien politique conditionne l'avantage économique.

La stratégie de l'utilisation des « signes » acquiert souvent, elle aussi, une signification politique ; l'examen des relations existant entre la religion et le pouvoir le montrera[1]. L'évocation rapide d'un cas est cependant nécessaire afin de préciser le sens de cette affirmation. Dans un ouvrage consacré à la vie religieuse des Lugbara

---

1. Voir le chapitre V intitulé « Religion et pouvoir ».

de l'Ouganda (*Lugbara Religion*, 1960), J. Middleton souligne la force du lien attachant « le rituel et l'autorité ». Il affirme que le comportement rituel de ce peuple n'est pas intelligible si l'on oublie que le culte des morts est intimement lié au maintien du pouvoir lignager, et que les conflits autour de celui-ci sont traduits « en termes mystiques ». Il décrit les rivalités entre les « aînés », détenteurs des prééminences, responsables des décisions, et les « cadets » revendicatifs, comme un affrontement dont les autels d'ancêtres et les symboles rituels sont le centre. Ce mode de l'action politique n'est d'ailleurs pas propre aux seules sociétés lignagères, et se retrouve également dans les sociétés à stratification rigoureuse et à gouvernement différencié. M. Gluckman l'a démontré à partir des rituels politiques de plusieurs monarchies africaines, et E. R. Leach à partir du choix que font les Kachin, selon leur situation particulière, des références mythiques les plus favorables à leur intérêt présent.

3. ASPECTS DU « POUVOIR SEGMENTAIRE »

Les systèmes « segmentaires », dont on admet maintenant qu'ils sont des systèmes politiques, n'ont pas encore reçu de classification incontestable fondée sur des critères politiques. C'est en raison de deux ordres de faits que leur typologie reste malaisée : leur instabilité fondamentale (le pouvoir y demeure diffus ou intermittent, les unités politiques changeantes, les alliances ou les affiliations précaires) et les variantes que présente parfois un même ensemble ethnique – témoin, le cas des Ibo de la Nigeria méridionale, où le pouvoir prend appui sur des combinaisons différentes du principe lignager (lignages patrilatéraux), du principe des classes d'âge et du principe d'association selon la spécialisation rituelle.

En attribuant la prépondérance aux agencements claniques-lignagers, et aux structures généalogiques qui les justifient, on peut déterminer des *types* figurant la manière dont cette articulation se réalise. Ainsi, dans leur introduction à l'ouvrage collectif *Tribes without Rulers* (1958), J. Middleton et D. Tait mettent en corrélation le mode d'organisation des généalogies définissant les groupes lignagers localisés, le degré d'autonomie ou d'interdépendance de ces derniers, le degré de spécialisation des fonctions politiques et les formes du recours à la violence en cas de conflit. Ils construisent trois modèles classificatoires à partir de cas africains étudiés comparativement : (I) sociétés à généalogie unitaire et à lignages intégrés dans « un seul système pyramidal » ; (II) sociétés formées de petits groupes de descendance rendus interdépendants ; (III) sociétés constituées de lignages « associés » qui ne peuvent se situer dans un même cadre généalogique. Un tableau des critères principaux (positifs/+ ou négatifs/−) permet de situer chacun de ces trois types par rapport aux deux autres :

Critères	Types		
	I	II	III
Profondeur généalogique	+	−	+
Généalogie unitaire	+	−	−
Stabilité relative du système	−	+	+
Interdépendance des unités politiques	−	+	−
Hétérogénéité possible	−	−	+
Chefferie apparente	−	−	+

Modèles classificatoires de systèmes lignagers

Ce mode de classification fait apparaître des différences significatives (par exemple, les relations entre la
stabilité du système et l'interdépendance des unités politiques, entre l'hétérogénéité de celles-ci et la différenciation de la chefferie), mais il reste insatisfaisant. Il rend
mal compte de la dynamique propre à chacun des modèles
– des formes prises par l'action politique et par les affrontements qui la manifestent. Trop exclusivement fondé sur
le critère de descendance unilinéaire, et sur le code généalogique qui définit les divers segments, il néglige les
principes autres qui interviennent concurremment et
contribuent à l'organisation politique des sociétés lignagères. M. H. Fried tente de surmonter cette dernière difficulté en multipliant les critères destinés à différencier les
groupes de descendance unilinéaire : référence généalogique explicite ou implicite, caractère d'unité « en corps »
ou non, présence ou absence d'une hiérarchie de rangs et
d'une stratification[1]. Envisageant le cas des groupes « en
corps », Fried constitue par combinaison huit types de
clans et lignages. *(Voir tableau page suivante.)*

Cet essai a l'utilité de mettre en évidence l'incidence
de la stratification (bien qu'il limite son existence à certaines sociétés), et des hiérarchies de rangs, sur les systèmes claniques et lignagers. Il considère ainsi une des
conditions *nécessaires* à l'expression de la vie politique
– condition que les analyses centrées sur la descendance
et l'alliance négligent souvent ou sous-estiment. Mais la
typologie est sommaire et d'une efficacité scientifique
réduite. I. M. Lewis le constate, dans une étude intitulée
*Problems in the Comparative Study of Unilineal Descent
Groups*[2], et souligne les *diverses* significations fonction-
nelles du principe de descendance, qui ne s'applique pas

---

1. M. H. FRIED, The Classification of Corporate Unilineal Descent
Groups, *op. cit.*
2. Étude figurant dans l'ouvrage collectif : A.S.A., *The Relevance
of Models for Social Anthropology*, Londres, 1965.

Rangs	Stratification	Descendance démontrée	Types	Exemples
–	–	–	Clan égalitaire.	Tongus septentrionaux.
+	–	–	Clan à rangs.	Tikopia.
–	+	–	Clan stratifié.	
+	+	–	Clan stratifié à rangs.	
–	–	+	Lignage égalitaire.	Nuer.
+	–	+	Lignages à rangs.	Tikopia.
–	+	+	Lignage stratifié.	
+	+	+	Lignage stratifié à rangs.	Chine (le *tsu*).

Groupes de descendance unilinéaire « en corps »
(Types de base selon M. H. FRIED)

toujours à la société globale (grâce à une sorte de généalogie nationale) et n'assure pas nécessairement la « cohésion politique » ou la « cohésion religieuse », mais définit l'unité juridique au sein de laquelle jouent l'arbitrage et la conciliation. Lewis insiste également sur les « caractéristiques multiples » de la descendance unilatérale et sur les accentuations qui la diversifient d'une société à une autre. Il montre qu'elle n'opère pas en tant que « principe politique » unique dans les sociétés segmentaires et l'envisage en rapport avec d'autres principes structurels : la contiguïté locale, l'organisation par classes d'âge et la coopération de type contractuel. Un traitement unilatéral des faits ne peut satisfaire, dans la mesure même où il contredit cette constatation. Le champ politique doit être envisagé dans toute son extension et dans toute sa complexité, même au prix de la vulnérabilité de toute typologie des systèmes politiques segmentaires.

Dans une étude examinant les « systèmes politiques primitifs » par la méthode de l'analyse comparative, S. N. Eisenstadt recherche les critères les plus pertinents[1]. Il en retient quatre à titre principal : le degré de différenciation des rôles politiques, le caractère dominant de l'activité politique, la nature et l'extension de la lutte politique, la forme et l'intensité des changements tolérables. En adaptant sa méthode au cas des « tribus segmentaires », Eisenstadt tente de déplacer le point d'application de l'analyse : des aspects politiques de la parenté, de la descendance et de l'alliance vers les manifestations proprement politiques. Il distingue six types :

1) La « bande », forme la plus simple de l'organisation sociale et politique, qui est illustrée par les tribus australiennes et pygmées, par certaines tribus amérindiennes, etc. 2) La « tribu segmentaire » où les rôles et les charges politiques sont liés aux groupes lignagers ; l'accentuation y est plus rituelle que politique ; la compétition y opère entre les lignages et les autorités claniques ou lignagères. 3) La « tribu segmentaire non particulariste » qui dissocie la vie politique du domaine de la parenté et de la descendance ; le lien avec un territoire, l'appartenance à une classe d'âge ou à un régiment, la relation aux rituels principaux déterminent l'attribution des fonctions politiques ; la compétition

---

1. S. N. Eisenstadt, Primitive Political Systems : a Preliminary Comparative Analysis, *American Anthropologist*, LXI, 1959.

pour l'accès aux charges et la « dispute » concernant les affaires publiques deviennent apparentes. 4) La « tribu à associations », où les charges politiques sont réparties entre des « groupes de parenté » qui en ont le monopole et entre les diverses associations qui caractérisent ce type ; ces deux séries de groupes, et ceux qui sont organisés sur une base territoriale, y accomplissent des fonctions complémentaires, sans que les tensions soient pour autant éliminées ; la rivalité oppose surtout les associations ; les sociétés indiennes de l'Amérique septentrionale (Hopi, Zuni, Kiowa) relèvent de cette catégorie. 5) La « tribu à stratification rituelle » (Anuak des confins soudanais et éthiopiens), où la différenciation et l'ordre hiérarchique s'expriment surtout par référence au « champ symbolico-rituel » ; une division entre aristocrates et hommes du commun y existe néanmoins ; les premiers rivalisent autour des « positions politiques » qui se définissent moins par le pouvoir que par la supériorité rituelle. 6) La « tribu à villages autonomes », qui a pour assise le village ou le quartier ; les implications politiques de la parenté et de la descendance se réduisent au profit des conseils villageois (recrutés en tenant compte des qualités individuelles) et des associations (où les « grades » se conquièrent) ; une compétition vigoureuse intervient afin d'accéder à ces positions.

Cette typologie est plus descriptive que classificatoire. Fondée sur un échantillon limité, ce que reconnaît d'ailleurs Eisenstadt, elle ne peut se situer à un niveau suffisamment abstrait et ne propose, en conséquence, que des quasi-modèles. Enfin, elle n'est pas homogène, ce que révèle la seule dénomination de chacun des types. La résistance des systèmes politiques à la formalisation se manifeste, une fois encore, dans les limites de cet essai. Dans le cas des sociétés segmentaires, la réduction du politique aux structures régies par la

descendance et l'alliance laisse échapper certains de ses
aspects les plus spécifiques, tandis que la recherche du
politique « hors de la parenté » apparaît, par ailleurs,
pauvre de résultats. Le pouvoir et la « parenté » y sont
en rapport dialectique, d'où l'échec de toute interprétation unilatérale.

CHAPITRE IV

Stratification sociale
et pouvoir

Le pouvoir politique organise la domination légitime et la subordination et crée une hiérarchie qui lui est propre. C'est surtout une inégalité plus fondamentale qu'il exprime « officiellement » : celle que la stratification sociale et le système des classes sociales établissent entre les individus et les groupes. Le mode de différenciation des éléments sociaux, les divers ordres au sein desquels ils s'inscrivent et la forme prise par l'action politique sont des phénomènes intimement liés. Cette relation s'impose en tant que fait – le devenir historique des sociétés politiques la met en évidence –, et en tant que nécessité logique – le pouvoir résulte des dissymétries affectant les rapports sociaux, cependant que ces dernières créent l'écart différentiel nécessaire au fonctionnement de la société.

Toutes les sociétés sont, à des degrés divers, hétérogènes ; l'histoire les charge d'apports nouveaux sans éliminer tous les anciens ; la différenciation des fonctions multiplie les groupes qui les assument ou impose à un même groupe de se présenter sous des « aspects » différents selon les situations. Ces éléments divers ne peuvent s'ajuster que s'ils sont ordonnés les uns par rapport aux autres. La politique les unifie en imposant un ordre et l'on a pu dire, à juste raison, qu'elle est « la force ordonnatrice par excellence » (J. Freund). En bref, pas de société sans pouvoir politique, pas de pouvoir sans hiérarchies et sans rapports inégaux instaurés entre les individus et les groupes sociaux. L'anthropologie politique ne doit ni nier ni négliger ce fait ; sa tâche est, à l'inverse, de montrer les formes particulières que prennent le pouvoir *et* les inégalités sur lesquelles il s'appuie dans le cadre des sociétés « exotiques ».

Celles qui disposent d'un gouvernement minimal, ou qui ne le manifestent que de manière circonstancielle, ne relèvent pas moins de cette obligation. Le pouvoir, l'influence, le prestige y résultent de conditions maintenant mieux connues, telles que le rapport aux ancêtres, la détention de la terre et des richesses matérielles, le contrôle d'hommes opposables aux ennemis du dehors, la manipulation des symboles et du rituel. Ces pratiques impliquent déjà l'antagonisme, la compétition et le conflit. Ces sociétés comportent des hiérarchies sociales élémentaires, unies entre elles par une dialectique qui annonce « les formes élémentaires de la lutte des classes » (R. Bastide) dans les sociétés plus complexes régies par l'État primitif.

1. ORDRE ET SUBORDINATION

Les théories anthropologiques paraissent marquées d'incertitude : certaines d'entre elles trouvent déjà, dans la « nature », la manifestation des rapports de hiérarchie et de domination – qu'il s'agisse du *peck-order* (ordre du coup de bec) des sociétés d'oiseaux ou de la situation des « mâles dominants » dans les bandes de singes ; à l'inverse, négligeant l'aspect formel de la relation, d'autres théories envisagent la stratification sociale comme « enracinée dans la culture » (L. Fallers). Associée à une image idéale de l'homme qui symbolise les valeurs et les idéaux collectifs, elle classe les individus et les groupes sociaux par référence à ce modèle. La hiérarchisation, dans cette optique, signifie le passage de la nature à la culture et cette modification doit être plus aisément perceptible dans les sociétés les plus simples.

Le débat, même réduit à cette formulation sommaire, suggère les ambiguïtés qui obscurcissent la notion de stratification sociale. Des contradictions subsistent quant à la nature des inégalités qu'il convient de considérer pour caractériser cette dernière. Celles qui sont dites naturelles, fondées sur les différences de sexe et d'âge, mais «traitées» par le milieu culturel au sein duquel elles s'expriment, se manifestent dans une hiérarchie de positions individuelles situant les hommes par rapport aux femmes, et chacun de ceux-ci dans leur groupe selon leur âge. R. Linton, à l'occasion d'un article publié en 1940, attire l'attention sur cet «aspect de l'organisation sociale». Il oppose les Tanala de Madagascar, présentant une double hiérarchisation des hommes et des femmes selon l'âge et la proximité à l'égard des ancêtres, et les Indiens Comanches, disposant également d'une double hiérarchisation qui place au sommet les hommes dans la plénitude de la virilité et les femmes dans la plénitude de la fécondité. Dans un cas, la hiérarchie est continuellement ascendante et se poursuit dans le monde des ancêtres ; dans l'autre cas, elle est ascendante, puis descendante. La prédominance des valeurs religieuses chez les Tanala, des valeurs militaires chez les Comanches, contribue à expliquer cette différence, et montre que les critères naturels de «classement» reçoivent leur signification de la culture qui les utilise.

Ces inégalités primaires déterminent déjà des privilèges et des obligations. Elles se compliquent en intervenant dans le champ des relations définies par la parenté et la descendance[1], de plus, leur rapport au politique change selon qu'elles fixent les positions respectives des individus ou celles de certains groupes sociaux. La parenté régit surtout les premières, bien que ses structures révèlent des « classes » de parents et le jeu de l'égalité (par exemple, entre les frères) ou de la domination-subordination (par exemple, entre les parents et leurs enfants). Elle opère dans un cadre restreint où elle instaure des relations d'autorité liées à un système d'appellations, d'attitudes, de droits et d'obligations. Toutefois, elle ne prend de significations politiques que dans la mesure où elle modèle les rapports entre les groupes sociaux et non plus entre les personnes, dans la mesure aussi où elle règle l'accession aux charges conférant le pouvoir ou l'autorité. Les unités sociales constituées en fonction de la descendance ne sont pas toutes égales et équivalentes, mais s'inscrivent dans un ordre hiérarchique de groupes et impliquent des statuts inégaux (même si l'inégalité ne porte que sur le prestige et la prééminence) et une inégalité de participation au pouvoir. Le principe dominant qui fonde cet ordre est celui de la séniorité et de la proximité généalogique : le groupe de descendance le plus « proche » de l'ancêtre commun ou du fondateur occupe une position supérieure, détient la prééminence politique, attribue le pouvoir au membre le plus âgé de la génération la plus âgée.

Cette hiérarchie peut être justement considérée comme préfigurant les formes élémentaires de la stratification sociale. Produit de l'histoire, elle se justifie par référence au mythe – les ancêtres du « commencement » étant assimilés à des dieux ou à des héros ou considérés comme les compagnons de ces derniers. La position relative des clans et des lignages résulte des événements qui ont entraîné leur formation, à partir de

---

1. Se reporter au chapitre III : « Parenté et pouvoir ».

la souche initiale, et leur occupation progressive de l'espace, à partir du centre de fondation. Ainsi, chez les Bemba de la Zambie, l'ordre clanique-lignager se réfère au conquérant Atimukulu : « son » lignage a le monopole du pouvoir politique et « son » clan (celui du crocodile) a le statut le plus élevé en raison de son antécédence ; les autres clans et lignages s'ordonnent suivant que le fondateur est arrivé avec ou après le héros conquérant. Dans les sociétés à État traditionnel, les mêmes principes peuvent encore opérer. Chez les Swazi de l'Afrique méridionale, le premier des rois connus de la tradition orale a fondé le clan supérieur où se recrutent les souverains, et les lignages constituant celui-ci sont hiérarchisés d'après leur relation à la lignée primordiale. L'histoire a orienté la hiérarchie des clans et des lignages, fait naître les différences de « rang » au sein du système clanique, conditionné l'organisation de l'espace social.

Elle s'ouvre souvent sur une mythologie qui exprime symboliquement les inégalités de statut et donne une justification des rapports de domination-subordination qu'elles induisent. Cette fonction du mythe se manifeste nettement dans certaines sociétés amérindiennes. Ainsi, la mythologie des Winnebago du Wisconsin rapporte que deux « moitiés », l'une « céleste » et détentrice de pouvoirs rituels, l'autre « terrestre » et détentrice des techniques permettant d'assurer la subsistance matérielle, se sont affrontées à l'origine des temps dans une épreuve qui visait la conquête de l'office de chef. La première l'emporta et établit ainsi sa domination : l'un des clans qui la constituent – celui de l'Oiseau-tonnerre – a le monopole de la chefferie tribale. L'organisation bipartite de la tribu winnebago repose sur cette inégalité de statut et de capacité politique. « Ceux d'en haut » occupent un rang supérieur, se localisent dans la partie droite du territoire tribal, et leurs clans ont des oiseaux pour emblèmes totémiques. « Ceux de la terre » se trouvent dans une position inférieure, se situent dans la partie gauche du territoire tribal, et leurs clans ont des animaux terrestres pour emblèmes totémiques. Ils n'interviennent dans le domaine politique que d'une manière secondaire, en détenant, par exemple, les fonctions de police (clan de l'ours) et la charge de crieur public (clan du bison). Ils restent en marge d'un pouvoir qui se veut conforme aux desseins des « puissances surnaturelles ».

On a pu dire que la hiérarchie des individus, dans un système de parenté, et la hiérarchie des « segments », dans une société segmentaire, obéissent aux mêmes principes de rangement. Ce n'est, en fait, qu'une approximation qui estompe les implications politiques du second de ces ordres. Il serait tout aussi risqué, en procédant de la même façon, de considérer les implications du critère de l'âge comme analogues dans le cadre de la parenté, ou des agencements lignagers, et dans le cadre des hiérarchies de groupes d'âge. S. N. Eisenstadt, dans son ouvrage *From Generation to Generation* (1956), a justement observé que l'institution des classes d'âge recoupe les frontières tracées par la parenté et la descendance, introduit un nouveau mode de solidarité et de subordination, dépasse le particularisme des groupements lignagers. En donnant une assise de plus au pouvoir politique primitif et en faisant prévaloir des valeurs plus « universelles » sur les valeurs « particularistes », elle opère parfois en contradiction avec le système des relations sociales fondées sur la parenté et la descendance ; notamment dans les sociétés où une classe d'âge prééminente (celle des guerriers) impose à ses membres le célibat et l'insertion minimale dans le cadre de la parenté. Tel est le cas des Méru de l'Afrique orientale.

La stratification des groupes d'âge diffère de la simple hiérarchie des générations. Elle résulte de l'âge *et* de la procédure rituelle qui conditionne l'accès au système, crée une véritable école de civisme et confère le statut d'adulte. L'organisation des classes d'âge instaure des rapports de solidarité et aussi d'autorité, que peut tempérer un jeu de compensations, qui allie les relations de domination entre « classes » successives (1-2) et les relations libres entre « classes » alternées (1-3), comme c'est le cas de plusieurs sociétés du Cameroun méridional. Cependant, le caractère essentiel des classes d'âge *instituées* est de fonder une stratification sociale étrangère à la parenté et à la descendance, et de permettre l'accomplissement de fonctions spécifiques – rituelles, militaires ou/et politiques.

C'est en Afrique noire que ce système apparaît le mieux dans la diversité de ses formes[1]. Les Nandi et les Kikuyu-Kamba, de la région orientale, présentent une organisation sociale établie sur une base territoriale, une hiérarchie de classes d'âge investies de charges militaires, politiques et juridiques qui intervient *directement* dans le gouvernement de la collectivité, tandis que les clans et les lignages sont réduits à un rôle secondaire. En Afrique occidentale, par exemple chez les Ibo de la Nigeria et leurs voisins, les groupes d'âge sont un des éléments fondamentaux de la structure du village ; ils ont une fonction économique et peuvent déterminer la participation à la gestion des affaires villageoises. La région méridionale, avec les royaumes swazi et zoulou, montre comment un pouvoir fortement centralisé prend appui sur un puissant appareil de classes d'âge : celles-ci forment des régiments, liés au souverain, qui jouent plus qu'un rôle militaire. Ces exemples ne suffisent pas à rendre compte des multiples variations que présentent, sous cet aspect, les sociétés africaines. Une étude

1. On peut se reporter à l'article de S. N. EISENSTADT, African Age Groups, A Comparative Study, *Africa*, vol. 24, april 1954.

comparative poussée montrerait que les groupes d'âge ordonnés se situent différemment, dans la société globale, selon que les hiérarchies claniques-lignagères sont encore agissantes, selon que les stratifications proprement politiques sont ou ne sont pas constituées. Leur position, leur structure et leurs fonctions changent en conséquence : c'est entre ces deux pôles – société simplement segmentaire/société à État traditionnel – qu'ils sont investis des fonctions les plus nombreuses ou les plus importantes, dont celles assurant le gouvernement.

Ces formes *élémentaires* de la stratification sociale, ordonnant les clans ou les lignages et les classes d'âge, ne sont jamais abolies. Elles coexistent généralement avec des formes plus complexes qui les dominent et les utilisent, grâce à des procédures variables, en les subordonnant et qui peuvent, seules, recevoir la qualification de « stratification » selon certains anthropologues, dont G. P. Murdock. Selon lui, le terme ne s'applique qu'à des sociétés où apparaissent des groupes *essentiellement* distincts et inégaux en raison de leur différence : par exemple, celles qui présentent une coupure entre hommes libres et hommes de condition esclave. L'inégalité de statut ou de position qui s'exprime *hors* de la parenté, et *hors* des rapports établis entre groupes de descendance et entre groupes d'âge, devient alors le critère pertinent. Les statuts sociaux concernés, les rangs et les ordres qu'ils régissent, résultent de relations étrangères aux domaines où s'actualisent ces trois modèles de rapports, et se fondent sur la conquête, le contrôle de la terre, la capacité rituelle, la mise en état de servitude, etc. Ces stratifications complexes se manifestent par des participations inégales (ou exclusives) au pouvoir, aux richesses et aux symboles de prestige, et par des traits culturels différentiels. Elles peuvent préfigurer une structure de classes sociales. Elles révèlent d'une manière apparente les incidences de l'histoire.

La littérature ethnologique illustre, par des exemples nombreux et géographiquement dispersés, ce type de sociétés à rangs, ordres ou castes. Il se retrouve chez les Amérindiens septentrionaux : Indiens du Nord-Ouest et Natchez de la basse vallée du Mississippi. Ces derniers séparaient les gens du commun – désignés sous le nom peu flatteur de « puants » – des aristocrates – eux-mêmes hiérarchisés en trois catégories : « honorables », « nobles » et « soleils ». Le chef suprême, situé au sommet de cette hiérarchie et isolé, recevait le titre de « Grand Soleil ». Ce système de rangs restait cependant ouvert par le jeu du mariage ou du mérite (J. R. Swanton, *Indian Tribes of the Lower Mississippi Valley*, 1911). En Polynésie, les distinctions sociales sont davantage marquées. Ainsi, à Samoa, des niveaux multiples sont établis et ordonnés en dehors même de la coupure dominante tracée entre les hommes libres et les autres. J. B. Stair y a distingué cinq « classes », à hiérarchie interne, au sein desquelles se répartissent les hommes libres : la « classe » politique (les chefs, nullement égaux entre eux), la « classe » religieuse (les prêtres), la noblesse terrienne, les grands propriétaires et les gens du commun. Certaines des charges et certains des titres sont héréditaires (*Old Samoa*, 1897). Dans une étude comparative, M. D. Sahlins a mis en évidence la diversité des formes de stratification, leur degré d'inégale complexité dans les sociétés polynésiennes, et a recherché leur corrélation avec les écologies et les économies insulaires, avec les types de structures et d'organisations politiques (*Social Stratification in Polynesia*, 1958).

L'Afrique propose une grande variété de sociétés à stratifications sociales complexes. Les unes présentent une structure globale dite de « castes », hiérarchisant un nombre restreint de groupes fermés, rigoureusement différenciés, spécialisés et essentiellement inégaux. C'est le cas au Ruanda ancien et au Burundi ; selon la formule de J. Maquet, la « prémisse d'inégalité » y est le principe qui fonde la domination et les privilèges du groupe supérieur – et minoritaire. Certaines sociétés, notamment au Sénégal et au Mali, associent un système d'ordres (aristocrates, hommes libres, hommes de condition servile) et un système de « castes » professionnelles ; chacun d'eux ayant sa propre stratification et sa hiérarchie spécifique ; les Ouolof et les Sérère, les Toucouleur relèvent de cette catégorie. Quelques autres sociétés, comme les Haoussa de la Nigeria septentrionale, lient dans un ensemble d'une « complexité extrême », selon le mot de M. G. Smith, des modes multiples de stratification et de hiérarchisation. En ce cas, l'hétérogénéité ethnique, le haut degré de différenciation des fonctions économiques et sociales, l'incidence de la conquête exercée par un groupe qui en a tiré le monopole du pouvoir expliquent cette structure. Les sociétés africaines *traditionnelles* qui apparaissent comme constituées de protoclasses ou de classes sociales embryonnaires sont rares ; le royaume de Buganda, en raison de la place accordée à la propriété foncière et de l'importance reconnue à l'initiative individuelle, paraît être l'une d'entre elles. Il n'est pas sans intérêt de signaler que la société ganda reste l'une des sociétés traditionnelles les plus ouvertes aujourd'hui aux processus de modernisation, notamment dans le domaine politique.

L'Asie, avec les Indes, présente le plus grand nombre de sociétés à castes. La cohésion de ces dernières ne résulte ni de la structure familiale (qui a pu être qualifiée de « centrifuge ») ni du système clanique (que l'on a dit « nominal »), mais de la caste. Elle établit un ordre strict, instaure une différenciation et une spécialisation rigoureuses, dresse des frontières qui accentuent les différences en empêchant l'empiétement d'un groupe sur l'autre, entraîne enfin une répartition dans l'espace qui se conforme à ces exigences. C'est la référence au système religieux et au comportement rituel – mesure de toutes choses – qui explique et justifie ce mode de relations sociales et les inégalités qu'il fonde. Le modèle des quatre *varnas* (catégories classificatoires fondamentales) est l'instrument permettant l'interprétation *théorique* de cet agencement global. La réalité est beaucoup plus complexe, car variable selon les régions, et selon les périodes considérées, elle provoque avec la multiplication des castes et de leurs divisions internes une controverse permanente concernant leurs positions relatives. L'endogamie peut opérer à chacun des niveaux de la stratification intérieure, comme dans le cas des Brahmans au Bengale[1]. Le dynamisme des castes est lié à des dynamismes politiques, et c'est par abus simplificateur que celles-ci ont d'abord été définies en tant que système figé. La plupart des sociétés asiatiques présentent des stratifications sociales complexes, dont les Kachin de Birmanie, étudiés par E. R. Leach, sont une illustration. Il caractérise leur société par l'association d'un « système de classes » et d'un « système lignager » se modifiant avec difficulté dans le sens d'un « système féodal ». Trois ordres ou « états » principaux, et deux intermédiaires, s'y trouvent différenciés : 1) celui des chefs ou seigneurs *(du)* ; 2) celui des hommes libres *(darat)* ; 3) celui des « esclaves » *(mayam)* ; entre 1) et 2) se situent les aristocrates, présumés descendants d'anciens chefs ; entre 2) et 3), les descendants d'un homme *darat* et d'une femme *mayam* (les *surawng*). Cette stratification n'est ni rigide ni en corrélation directe avec les statuts économiques. Elle se reporte à des distinctions rituelles et à des considérations politiques. Elle permet à chaque ordre d'exalter son « honneur » vis-à-vis de ceux qui lui sont inférieurs. Mais le

1. F. L. HSU, *Clan, Caste and Club*, Princeton, 1963. L. DUMONT a souligné les aspects idéologiques du système des castes, voir *Homo Hierarchicus*, Paris, 1966.

fait essentiel est, sans doute, son enracinement dans le champ des relations définies par la parenté, la descendance et l'alliance. Elle apparaît d'une certaine façon comme l'expression supérieure et systématisée des inégalités existant à ce niveau.

Cette revue rapide, et incomplète, des stratifications et des hiérarchies complexes révèle la multiplicité de leurs formes traditionnelles ; elle suggère aussi la difficulté rencontrée dès qu'il est tenté de la réduire à un nombre limité de types. La différenciation entre les formes supérieures et les formes élémentaires de la stratification ne s'effectue pas aisément, car les premières naissent en quelque sorte de celles-ci, et les utilisent en manifestant un changement de régime hiérarchique. Les controverses des spécialistes laissent finalement posée la question de leurs frontières respectives. Il paraît néanmoins légitime de restreindre l'application du concept de stratification aux sociétés qui satisfont au moins à deux conditions : 1) les inégalités dominantes se formulent à partir de critères autres que ceux d'âge et de sexe, de parenté et de descendance ; 2) les coupures qui s'établissent entre groupes hiérarchisés sont tracées à l'échelle de la société globale ou de l'unité politique nationale. Cette délimitation ne simplifie pas pour autant les choses, car le passage de l'interprétation théorique à l'élucidation de la réalité sociale ne s'accomplit pas sans obstacles. Les sociétés concrètes apparaissent comme « un enchevêtrement de systèmes de stratification sociale en rapports dialectiques les uns avec les autres ». Cette formule de R. Bastide (*Formes élémentaires de la stratification sociale*, 1965) fait écho à celle de G. Gurvitch qui identifie « toute structure » à « un équilibre précaire, sans cesse à refaire par un effort renouvelé, entre une multiplicité de hiérarchies ». Par ailleurs, la relation effective liant la stratification sociale à la structure et à l'organisation politiques s'établit selon des modalités variables ; elle n'est ni simple ni unilatérale, ce que les recherches conduites sous le couvert de l'anthropologie politique ne sauraient ignorer.

2. FORMES DE LA STRATIFICATION SOCIALE
ET POUVOIR POLITIQUE

L'étude de cette relation requiert un examen préalable des concepts les plus utilisés, qui sont aussi les plus problématiques ; l'inventaire critique effectué par R. H. Lowie, dans le chapitre « Social Strata » de son ouvrage *Social Organization* (1948), le suggère. La notion de *statut*, héritée de H. Maine et de H. Spencer, reprise par les sociologues modernes et les anthropologues sociaux, définit la position personnelle d'un individu par rapport aux autres à l'intérieur d'un groupe ; elle permet d'apprécier la distance sociale existant entre les personnes, parce qu'elle régit les hiérarchies d'individus. Le *rôle* exprime le statut en termes d'action sociale, il en représente l'aspect dynamique. Tous deux, associés à un ensemble de droits et de devoirs, doivent être en quelque sorte légitimés, soit par la coutume, soit par une procédure ou un rituel spécifique. La notion d'*office*, liée aux deux premières, les implique et peut être considérée comme un terme générique dont elles seraient les cas particuliers. Elle désigne la fonction occupée en raison d'un « mandat de la société », détermine le type de pouvoir ou d'autorité conféré dans le cadre des organisations politiques, économiques, religieuses ou autres, impose enfin de distinguer la fonction détenue de la personne qui la détient pour un temps.

L'office (ou charge à titre) comporte nécessairement des éléments cérémoniels et rituels qui, par « une procédure délibérée et solennelle », permettent d'y accéder et d'acquérir une « nouvelle identité sociale ». Il s'établit

entre l'office et son possesseur un rapport complexe : si
le premier restait vacant, l'ordre social paraîtrait
menacé ; si le second ne se conformait pas aux obligations et aux interdits imposés par sa charge – ne retenant
que les privilèges qu'elle comporte –, le risque serait le
même. L'office n'a pas simplement un aspect technique,
il a aussi un caractère moral et/ou religieux. Et ce dernier se trouve évidemment accentué dans le cas des
fonctions politico-rituelles. Meyer Fortes, à propos de
celles-ci, le constate : « [Leur] caractère religieux est le
moyen de donner une force contraignante aux obligations morales, concourant au bien-être et à la prospérité
de la société, que ceux qui acceptent un office doivent
scrupuleusement transformer en actions »[1].

Certaines des charges à titre sont liées à un statut
« reçu », en raison de la descendance, de l'âge ou de la
possession d'une qualité native, et attribué à un nombre
restreint de personnes. Les autres peuvent être ouvertes à
tout membre de la société, ou être le privilège de groupes
déterminés – ainsi, lorsqu'un titre reste la propriété
exclusive d'un lignage. Dans la plupart des sociétés traditionnelles à État, les offices politiques sont réservés
aux membres d'« une classe dirigeante qui ne représente
qu'une faible proportion de la population totale » (Peter
C. Lloyd)[2]. Elle peut correspondre à une entité ethnique
qui a unifié une société plurale et imposé sa domination,
ou à un groupe de descendance occupant la première
place dans un ensemble de clans et de lignages ordonnés,
ou à une aristocratie héréditaire possédant une culture
distincte de celle de la majorité.

Dans tous les cas, la notion d'office ou de charge à
titre connote les notions de *rang* et d'*ordre* ou *état*. Elle

---

1. M. FORTES, Ritual and Office in Tribal Society, *in* M. GLUCKMAN
(éd.), *Essays on the Ritual of Social Relations*, Manchester, 1962.
2. Se reporter à son étude dans le volume collectif : A.S.A., *Political Systems and the Distribution of Power*, Londres, 1965.

manifeste le pouvoir politique, et sa hiérarchie propre, dans son rapport à la stratification sociale. Rang et ordre (ou état) sont des termes souvent confondus, ou utilisés indifféremment, dans la littérature anthropologique ; et il est vrai que ces concepts se recoupent pour une large part. Le premier reporte cependant à une hiérarchie particulière, que ce soit celle des groupes sociaux constitués selon la descendance, celle des groupes socio-professionnels ou celle des charges à titre dans le cadre de l'organisation politique. Le second, à l'exemple de l'usage établi par les historiens, reporte à une hiérarchie globale : celle que présente toute société où existent des « classes » presque fermées, *définies légalement*, pour lesquelles l'appartenance est essentiellement régie par le fait de la naissance. Le système d'ordres ou états doit être envisagé comme une des formes complexes de la stratification sociale, parallèlement au système de castes et au système de classes.

Ces deux systèmes restent, quant à eux, au centre d'un débat qui ne peut être envisagé ici dans ses détails et ses péripéties. Certains auteurs (dont Rivers) appliquent le terme de caste au seul phénomène indien ; ils retiennent quatre critères permettant de qualifier la caste : l'endogamie, la fonction héréditaire, la hiérarchisation rigoureuse et les règles d'« évitement ». D'autres auteurs (dont Lowie) tentent de lui donner une application plus large ; ils rejettent la coupure tracée entre la caste et la classe, et envisagent un continuum de classes hiérarchisées, au sein duquel les castes ne se caractérisent que par leur « extrême fixité ». Ce qui donne la possibilité, d'après Lowie, de différencier dans une même société les strates les moins « perméables » (castes) et celles qui le sont le plus (classes). Si l'on retient cette interprétation – et la valeur différentielle qu'elle confère au critère de « perméabilité » ou d'ouverture –, les castes, les ordres (ou états) et les classes apparaissent comme les trois éléments d'une progression vers une hiérarchie plus ouverte des groupes sociaux. Dans le sens de cette interprétation, on doit constater que les sociétés à clans ou à classes d'âge dotées de fonctions spécifiques contiennent les germes de ces trois formes complexes de la stratification sociale.

La controverse a retrouvé sa vigueur en prenant appui sur les observations rassemblées par les anthropologues au cours des dernières décennies. Les castes indiennes ne paraissent ni aussi « fermées » ni aussi figées que la définition classique le laisse entendre ; Francis Hsu rappelle que le système « a toujours incorporé des nouveaux groupes castés » et que les ruptures et les luttes, affectant celui-ci, « ne sont pas des phénomènes modernes ». Par ailleurs, des sociétés extérieures à l'Inde possèdent une stratification partielle comparable à celle que le régime des castes instaure. Des exemples africains ont déjà été proposés : ils montrent l'association des ordres et des castes dans le cadre d'une même unité politique (Ouolof, Sérère et Toucouleur du Sénégal). La prudence scientifique incite à envisager les systèmes de castes, d'ordres et de classes comme des « types idéaux » qui ne coïncident jamais exactement avec la réalité, et qui peuvent être employés conjointement pour rendre compte de cette dernière. Il importe au plus haut degré de constater que les deux premiers sont en quelque sorte « parents » et que le dernier occupe une place à part. Castes et ordres d'un côté, classes sociales d'un autre côté, s'opposent comme des groupements « imposés » à des groupements « de fait », des groupements à fonction dominante (politique, rituelle, économique, etc.) à des groupements supra-fonctionnels, des groupements en rapport de complémentarité à des groupements en rapport d'antagonisme. Ces trois « critères cardinaux », parmi les six utilisés par G. Gurvitch pour définir les classes, permettent de révéler les différences (*Le Concept de classes sociales*, 1954). Si, d'autre part, l'on considère les castes, les ordres et les classes sociales comme les trois modes d'une combinaison hiérarchique établie entre les hommes, les symboles et les choses, on voit que les premières se réfèrent surtout au domaine symbolique par excellence, la religion, les seconds aux attributs estimés innés qui font les hommes inégaux, les troisièmes aux choses envisagées sous l'aspect de leur production et de leur répartition.

La lecture des sociétés traditionnelles en termes de classes sociales reste d'un usage limité en anthropologie, pour des raisons qui tiennent principalement aux faits et secondairement aux orientations de la recherche. La théorie marxiste paraît elle-même inachevée, ou hésitante, en ce domaine ; elle envisage le passage de la société sans classes (la communauté primitive) à la société de classes, mais sans traiter le problème en son entier et sans préciser en quoi les structures sociales antérieures au capitalisme imposent une interprétation plus « compliquée ». C'est G. Lukács, dans *Histoire et conscience de classe*, qui utilise ce qualificatif et introduit utilement une mise en garde : dans le cas de ces structures, « il n'est nullement sûr qu'on puisse différencier les forces économiques des autres forces » ; pour y « découvrir le rôle des forces faisant mouvoir la société, on a besoin d'analyses plus compliquées et bien plus raffinées ». La plupart des ethnographes soviétiques, utilisant le modèle de développement élaboré par F. Engels, lient l'existence de l'État traditionnel à des groupes sociaux inégaux pouvant être considérés comme des *protoclasses*, dont l'une exerce une domination et exploite les autres. Le recours à la notion de protoclasse sociale suggère au moins les difficultés ; il manifeste la nécessité de marquer les différences par rapport au concept de classe, tel qu'il résulte de l'étude critique de la société capitaliste européenne au XIXe siècle. Les anthropologues non marxistes prennent davantage leurs distances. Ainsi, L. A. Fallers affirme que la notion de classe sociale, « distinctive » de l'histoire et de la culture occidentales, est inutilisable, hors des sociétés façonnées par ces dernières, sans avoir reçu « une signification d'application générale ». Les travaux des anthropologues, et des sociologues considérant les sociétés traditionnelles non européennes, mettent en évidence des classes tendancielles plus que des classes constituées – sous l'effet de la décolonisation et de la modernisation. Ils associent ce changement structurel aux évolutions les plus récentes.

La question de la validité du concept de classes sociales, appliqué à un domaine qui n'est pas son domaine originel, reste posée. Il est légitime de le réserver aux seules sociétés unifiées (ce qui implique la présence de l'État) où les « forces économiques » déterminent la stratification sociale prédominante, et où les rapports antagonistes menacent l'ordre social et le régime politique établis. Mais il faut aussitôt reconnaître que les sociétés relevant de l'anthropologie ne se rapprochent du type ainsi défini que par un petit nombre d'entre elles. Certaines des études les plus récentes tentent d'identifier, au sein de ces dernières, les rapports de classes et les « intérêts antagonistes » qu'ils suscitent. C'est l'essai de J. Maquet, à propos du Ruanda ancien : il y reconnaît « une relation économique entre les deux strates » [Tutsi et Hutu] qui permet de « les considérer comme d'authentiques classes sociales »[1]. Et il est vrai que l'événement – la « révolution » de 1960 qui a abattu la monarchie et la domination tutsi – semble confirmer cette nouvelle analyse. Des recherches sont consacrées, par ailleurs, aux expressions idéologiques dérivées des

---

1. Se reporter notamment à son article : La participation de la classe paysanne au mouvement d'indépendance du Rwanda, *Cahiers d'Études africaines*, 16, 1964.

relations d'inégalité et des modes de distribution du pouvoir politique, ainsi qu'aux manifestations de la contestation et de la rébellion. L. de Heusch a montré, dans le cas du Ruanda, comment le refus de l'état de choses existant peut s'exprimer au plan du mythe et de l'innovation religieuse : un culte égalitaire (le *Kubandwa*), né de la paysannerie hutu, oppose une société imaginaire à la société réelle fondée sur l'inégalité[1]. Max Gluckman s'est attaché à l'analyse de la dynamique politique (des luttes pour le pouvoir) et des formes de la rébellion (des réactions opérant à l'encontre des détenteurs du pouvoir). Mais il a surtout voulu démontrer que ces dernières ont pour effet la consolidation du régime politique, et non sa modification, soit parce qu'elles restent contenues dans le cadre du rituel, soit parce qu'elles visent les possesseurs des fonctions politiques et non le système.

Cette orientation nouvelle assure un premier progrès. Elle s'efforce de saisir la dynamique interne des systèmes de stratification sociale – ce qui est une condition nécessaire, sinon suffisante, dès l'instant où il est envisagé d'appliquer le concept de classes à certaines des sociétés relevant de l'anthropologie. Le champ des préoccupations devenues classiques et parfois routinières – repérage des «sous-cultures» associées aux diverses strates, examen des moyens employés pour défendre le rang occupé ou légitimer l'ascension sociale, étude des processus matrimoniaux qui permettent, par endogamie, hypergamie ou mariage différentiel, de maintenir l'écart significatif entre les groupes sociaux hiérarchisés, etc. – est ainsi élargi. Des progrès interviendront encore lorsque l'anthropologie économique sera mieux constituée – car il en résultera une connaissance plus fine et

1. L. de HEUSCH, Mythe et société féodale, in *Archives de Soc. des Religions*, 18, 1964.

plus diversifiée des « modes de production » propres
aux sociétés dites traditionnelles –, et lorsque les
apports théoriques de l'anthropologie politique seront
enrichis. Les fondements de l'inégalité et l'organisation
du pouvoir qu'elle régit apparaîtront alors avec une netteté plus propice à une analyse poussée. La vérification
des corrélations gagnera en rigueur : entre castes et pouvoir faible opérant au sein d'un système défini par ses
« caractéristiques centrifuges », selon le terme de Hsu,
entre ordres (ou états) et pouvoir fort apparaissant lié à
un recrutement fermé et à une défense contre les contestations, et enfin, entre proto-classes et pouvoir efficace
se définissant par une plus grande ouverture, et une
plus grande sensibilité à la contestation et au changement.

Avant de vérifier cette relation entre la stratification
sociale et les types de pouvoir politique, il importe de
construire l'instrument permettant d'analyser des « hiérarchies de groupes », à la fois complexes et imbriquées.
Un seul exemple suffit à manifester cette nécessité. Celui
de la société des Haoussa de la Nigeria septentrionale.
Le dualisme sommaire, qui y oppose les aristocrates et
les gens du commun *(talakawa)*, ne rend pas compte
d'une situation résultant de multiples vicissitudes historiques. Il s'agit, en ce cas, d'une société récente sous ses
aspects actuels (début du XIXe siècle), fondée sur la
conquête, établie sur des entités ethniques bien différenciées, où l'État s'est imposé avec vigueur, où les hiérarchies sociales et politiques s'enchevêtrent. Néanmoins,
les fonctions à titres *(sarauta)* associées au pouvoir royal
sont les plus dispensatrices de prestige et de privilèges,
et constituent en quelque sorte la hiérarchie de référence.
Sous-jacentes au système, se décèlent les inégalités instaurées entre les ethnies, et les inégalités élémentaires
établies selon le sexe, l'âge, la position dans les groupes
de parenté et de descendance. La fonction accomplie

détermine un ordre hiérarchique qui confère à chacun un statut et un rang : au sommet, les aristocrates ayant le monopole des charges politiques ; à la base, les bouchers qui composent le groupe le plus discrédité – le onzième. Chaque groupe dispose d'une hiérarchie interne, plus ou moins formalisée, et la réussite personnelle *(arziki)* y assure une sorte de promotion. Les rapports entre groupes distants sont presque inexistants, sauf dans le cas des relations d'autorité ; les rapports sociaux entre groupes proches sont agissants et se manifestent souvent sous la forme de la parenté dite « à plaisanterie » *(wasa)*. En fait, cet agencement ordonné des groupes socio-professionnels s'inscrit dans une hiérarchie d'ordres ou états : 1) aristocrates ; 2) notables et lettrés de l'Islam ; 3) hommes libres ; 4) serfs et esclaves domestiques. L'organisation politique et administrative régit une hié-rarchie de statuts, de rangs et d'offices qui domine l'ensemble ; celle-ci s'établit selon le statut (le lignage royal se situant évidemment en tête), et selon la charge détenue (certains esclaves accédant à des postes de « fonctionnaires » civils et militaires). Les rapports prin-cipaux, intervenant entre les divers systèmes d'inégalité et de subordination, peuvent être figurés sous la forme suivante (voir schéma ci-après).

La simplification introduite par ce schéma ne doit pas cacher la complexité des stratifications haoussa, car il ne tient pas compte des rangs et des hiérarchies distingués à l'intérieur de ces dernières. Il se compliquerait encore davantage si l'on y ajoutait les relations de « clientèle » (client : *bara*), de caractère plus contractuel, qui créent un véritable réseau de liens entre personnes socialement et politiquement inégales. On mesure ainsi l'obligation de raffiner l'analyse dans le cas de ces sociétés qui enra-cinent le pouvoir politique au sein de hiérarchies mul-tiples et enchevêtrées.

```
                    ┌──────────────┐
                    │  Hiérarchie  │
                    │  politique   │
                    └──────────────┘
Hiérarchies              Hiérarchie ──────── Hiérarchie socio-
élémentaires :           des ordres          professionnelle
                         (ou états)
   Lignages ...┐
   Ages .....  ┘
   Sexes
                         Hiérarchie
                         ethnique
```

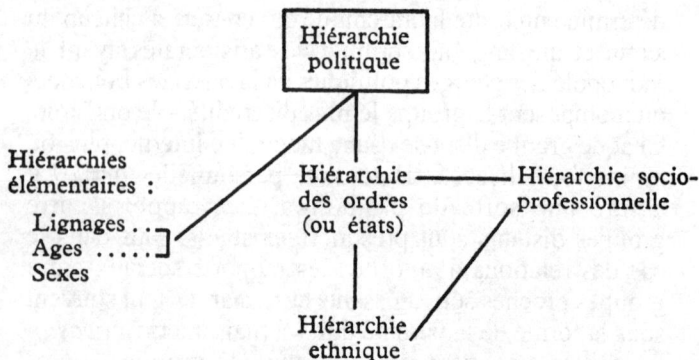

Stratifications et hiérarchies haoussa

3. « FÉODALITÉ » ET RAPPORTS DE DÉPENDANCE

Les études des anthropologues, consacrées aux sociétés qu'ils caractérisent comme « féodales », montrent concrètement l'articulation d'un système d'inégalités et d'un régime politique, en dépit des controverses qui opposent les vraies féodalités – celles du Moyen Âge européen – aux pseudo-féodalités – celles qu'ont portées, et portent encore, l'Asie et l'Afrique. L'évocation de ce débat, conduit surtout à partir de faits africains au cours des dernières années, est nécessaire, car il a permis de mieux déterminer les rapports sociaux et les relations politiques qui caractérisent *ensemble* la féodalité. Pour J. Maquet, la féodalité « n'est pas un mode de production » (bien qu'elle exige une économie à surplus de biens de consommation), « elle est un régime politique », « une manière de définir les rôles de gouvernant et de gouverné ». Le fait spécifique est le lien interpersonnel : « Les institutions féodales organisent entre deux personnes inégales en pouvoir, des relations de protection d'une part, de fidélité et de service d'autre part.» Elles lient le seigneur au vassal (au niveau supérieur de la stratification sociale), le patron au client (d'un niveau supérieur à un niveau inférieur de la stratification). J. Maquet trouve là le «contenu universel de l'idée de féodalité», le trait distinctif qui permet de la construire en tant que «type idéal», au sens fixé par Max Weber[1].

Pour Lucy Mair, la relation de dépendance personnelle (de clientèle) est surtout l'un des moyens de la compétition politique, même si elle a fourni «le germe à partir duquel s'est développé le pouvoir étatique» *(Primitive Government)*. L'analogie féodale n'intervient guère dans son analyse. Des auteurs tels que J. Goody et J. Beattie poussent la controverse plus avant[2]. Le premier rappelle que le terme féodalité peut être envisagé sous deux acceptions : un sens général qui définit «les formes dominantes de l'organisation politique et sociale durant certains siècles du Moyen Âge européen» ; un sens plus spécifique qui retient comme critères nécessaires le rapport de dépendance (seigneur/vassal) et l'existence du fief – support de cette relation. La comparaison peut être effectuée au premier niveau, mais elle reste approximative et d'une médiocre utilité scientifique. Au second niveau, la déviance des «féodalités» africaines est très apparente ; le lien personnel n'y résulte pas d'une dégradation de l'État, mais au contraire d'un processus aboutissant à l'organisation d'un pouvoir centralisé ; le fief n'y acquiert pas le caractère permanent qu'il a, en Europe, dès la fin du XIᵉ siècle, car il reste

1. J. MAQUET, Une hypothèse pour l'étude des féodalités africaines, *Cahiers d'Études africaines*, 6, 1961.
2. J. GOODY, Feudalism in Africa?, *Journ. of Afric. Hist.*, IV, 1, 1963 ; J. H. M. BEATTIE, Bunyoro : an African feudality?, *Journ. of Afric. Hist.*, V, 1, 1964.

précaire et lié à une fonction politique ou administrative, changeant de détenteur selon le bon vouloir du souverain ou lors d'un règne nouveau.

J. Beattie marque également la distance en se référant à la définition du féodalisme formulée par Marc Bloch (*La Société féodale*, 1949) et en appliquant le «modèle féodal» au cas particulier du Bunyoro (Ouganda). Il montre que l'existence de «grands chefs territoriaux», au nombre d'une douzaine environ, ne modifie en rien la position centrale du roi, le *mukama*. Tout pouvoir et toute autorité dépendent de ce dernier qui les délègue selon une procédure ritualisée, les transmet sous forme de droits s'exprimant sur un territoire précis, et sur la paysannerie qui s'y trouve fixée, en échange d'un service – de caractère essentiellement militaire jusqu'au moment de la colonisation. De même, le roi est lié à l'ensemble du peuple par une identification mystique et par le jeu des institutions: dissocié du clan aristocratique, il est entouré de représentants de tous les clans et de tous les corps de métiers et se trouve au centre du système des échanges, recevant et donnant tour à tour. Le réseau des relations dites «féodales» ne s'interpose pas entre le souverain, les chefs de divers ordres et les sujets, mais est, en fait, au Bunyoro, «le moyen de soutenir un système d'administration centralisée».

Les analyses récentes, consacrées au Ruanda monarchique et au Burundi, modifient également l'image du féodalisme africain[1]. R. Lemarchand observe que le premier évoque, par son système politique, la féodalité du Japon et non celle de l'Europe médiévale. La stratification sociale, les hiérarchies de pouvoir et d'autorité, les liens interpersonnels y sont en corrélation avec «un

1. R. LEMARCHAND, Power and Stratification in Rwanda: a Reconsideration, *Cahiers d'Études africaines*, 24, 1966; A. TROUBWORST, L'organisation politique et l'accord de clientèle au Burundi, *Anthropologica*, IV, 1, 1962.

complexe de droits et de privilèges » fondé sur la possession de la terre et du bétail. La vie politique *locale* prend appui sur « trois institutions majeures » : le lignage, la chefferie et le groupe de « fidélité » organisé autour d'un « patron ». Elle révèle une société qui n'est pas véritablement unifiée, mais qui, au contraire, amalgame des rapports sociaux et politiques de nature différente ; les relations estimées féodales ne sont qu'un de ces ensembles constitutifs – elles servent de support à une organisation politique qui reste menacée par la vigueur des pouvoirs et des droits lignagers. A. Troubworst présente une réinterprétation de la société rundi qui corrige les descriptions antérieures. Il montre que le monopole du pouvoir y appartient à une aristocratie restreinte : les véritables gouvernants ont été « les princes de sang royal », et les relations de « clientèle » opèrent surtout à l'intérieur de la « caste » dominante (celle des Tutsi) où elles fournissent un instrument de promotion sociale. Elles s'établissent soit par rapport au bétail, et dans ce cas ont un caractère privé et sont facilement révocables, soit par rapport à la terre, et là, elles ont nécessairement une signification politique. Sous ce dernier aspect, elles créent un cercle de favoris et de clients et s'inscrivent dans le cadre des « hiérarchies politico-territoriales ». Mais le fait dominant, au Burundi, est la relation étroite existant entre une stratification sociale qui déborde le système des « castes » et la participation au pouvoir politique. Les détenteurs d'une autorité territoriale sont, à la fois, les plus puissants et les plus riches ; ils ont « le monopole du contrôle sur les biens ». Le rapport dit « féodal » intervient en tant que moyen mis au service d'une stratégie visant la conservation, par une aristocratie réduite et ses dépendants, du pouvoir et de l'avoir. Ce dernier exemple fait apparaître un nouveau mode du féodalisme africain ; il suggère ses variations et, par contraste, sa

fréquente instabilité. Dans le domaine asiatique, cette
dernière a aussi été mise en évidence, notamment par
E. Leach qui a manifesté la « difficile transition » de la
société kachin vers un système de style féodal nettement
constitué.

Chapitre V

Religion et pouvoir

Les souverains sont les parents, les homologues ou les médiateurs des dieux. La communauté des attributs du pouvoir et du sacré révèle le lien qui a toujours existé entre eux, et que l'histoire a distendu sans pourtant jamais le rompre. L'enseignement des historiens et des anthropologues manifeste cette relation indestructible qui s'impose avec la force de l'évidence, dès l'instant où ils considèrent les pouvoirs supérieurs attachés à la personne royale, les rituels et le cérémonial de l'investiture, les procédures maintenant la *distance* entre le roi et ses sujets et, enfin, l'expression de la légitimité. Toutefois, c'est le temps des commencements, le moment où la royauté émerge de la magie et de la religion, qui exprime le mieux cette relation, par le biais d'une mythologie qui constitue le seul « récit » de ces événements et affirme la double dépendance des hommes – celle qu'ont instaurée les dieux et les rois. La sacralité du pouvoir s'affirme aussi dans le rapport qui unit le sujet au souverain : une vénération ou une soumission totale que la raison ne justifie pas, une crainte de la désobéissance qui a le caractère d'une transgression sacrilège.

La présence du roi-dieu, du roi de droit divin ou du roi thaumaturge n'est pas une condition nécessaire à la reconnaissance de ce lien existant entre pouvoir et sacré. Dans les sociétés de type clanique, le culte des ancêtres,

ou celui des divinités spécifiques des clans, assure généralement la sacralisation d'un domaine politique encore
mal différencié. Le « chef » de clan ou de lignage est le
point de jonction entre le clan (ou lignage) actuel, constitué par les vivants, et le clan (ou lignage) idéalisé, porteur des valeurs ultimes, symbolisé par la totalité des
ancêtres, puisque c'est lui qui transmet la parole des
ancêtres aux vivants, celle des vivants aux ancêtres.
L'imbrication du sacré et du politique est, dans ces cas,
déjà incontestable. Dans les sociétés modernes laïcisées,
elle demeure apparente ; le pouvoir n'y est jamais entièrement vidé de son contenu religieux qui reste présent,
réduit et discret. Si l'État et l'Église « ne font qu'un » à
l'origine, lorsque la société civile est instaurée – comme
le constate Herbert Spencer dans ses *Principles of
Sociology* –, l'État conserve toujours quelque caractère
de l'Église, même lorsqu'il se situe au terme d'un long
processus de laïcisation. Il est de la nature du pouvoir
d'entretenir, sous une forme manifeste ou masquée, une
véritable religion politique. C'est en ce sens que Luc de
Heusch affirme, sans que sa formule ait seulement le
brillant du paradoxe : « La science politique relève de
l'histoire comparée des religions »[1].

La philosophie politique de Marx annonce, à cet
égard, les recherches des sociologues et des anthropologues, auxquelles elle peut fournir un point de départ
lorsqu'elle montre la présence, dans toute société étatique, d'un dualisme semblable à celui qui oppose le
profane au sacré : « Religieux, les membres de l'État
politique le sont par le dualisme entre la vie individuelle
et la vie générique, entre la vie de la société civile et la
vie politique. » Elle analyse la nature de la transcendance
propre à l'État et elle révèle la religiosité qui l'imprègne.

1. L. de HEUSCH, *Pour une dialectique de la sacralité du pouvoir*,
Le Pouvoir et le sacré, Bruxelles, Annales du Centre d'étude des religions, 1962.

Selon Marx, le pouvoir étatique et la religion sont dans leur essence de nature semblable, même lorsque l'État s'est séparé de l'Église et la combat. Cette parenté essentielle tient au fait que l'État se situe (ou paraît se situer) au-delà de la vie réelle, dans une sphère dont l'éloignement évoque celui de Dieu ou des dieux. Il triomphe de la société civile à la manière dont la religion vainc le monde profane. Ces observations initiales doivent être complétées, et vérifiées, par une élucidation plus poussée de la nature sacrée du politique, que les apports de l'anthropologie rendent possible.

1. ASSISES SACRÉES DU POUVOIR

Le rapport du pouvoir à la société est – comme nous l'avons déjà souligné – homologue du rapport existant, selon Durkheim, entre le totem australien et le clan. Cette relation est essentiellement chargée de sacralité, car toute société associe l'ordre qui lui est propre à un ordre qui la dépasse, s'élargissant jusqu'au cosmos pour les sociétés traditionnelles. Le pouvoir est sacralisé parce que toute société affirme sa volonté d'éternité et redoute le retour au chaos comme réalisation de sa propre mort.

a) *Ordre et désordre*. – Les études d'anthropologie politique insistent cependant moins sur l'exigence d'un ordre, telle qu'elle est formulée par la société, que sur le moyen principal mis au service de l'ordre : l'usage légitime de la contrainte physique. Elles suggèrent – comme le note L. de Heusch – que « tout gouvernement, tout *souverain*, est à des degrés divers… à la fois dépositaire de la force physique contraignante et prêtre d'un culte de la Force ». Une analyse rigoureuse impose de considérer ensemble ces données premières ; d'une part, la sacralisation d'un ordre qui est montré comme nécessaire à la sécurité, à la prospérité et à la durée ; d'autre part, le recours à la force qui permet d'ordonner, au plein sens du terme, et témoigne de la vigueur du pouvoir.

L'examen des théories « indigènes » du pouvoir montre que celui-ci est souvent lié, pour elles, à une force qu'elles présentent comme sa substance même, ou comme sa condition en tant que force de subordination, ou enfin comme la preuve de sa légitimité. En la plaçant sous le signe de l'ambivalence, ou de l'ambiguïté, ces théories reflètent la spécificité du politique. Elles reconnaissent à cette force la capacité d'agir sur les hommes, et sur les choses, d'une manière faste ou néfaste selon l'usage auquel elle se trouve soumise ; elles en font l'instrument du commandement, mais soulignent qu'elle domine quiconque la détient ; elles l'associent moins à la personne mortelle du souverain qu'à une fonction affirmée éternelle. Les combats pour la domination confirment la théorie indigène et sont d'abord des luttes pour la capture des instruments qui fixent et canalisent la force même du pouvoir.

Les recherches conduites en Afrique au cours des deux dernières décennies aident à mieux comprendre cette manifestation du pouvoir. Elles montrent que les notions servant à qualifier la substance du pouvoir ne relèvent pas seulement du vocabulaire politique, mais aussi du lexique religieux, qu'elles se réfèrent toutes au domaine du sacré ou de l'exceptionnel. Ainsi, la théorie de la royauté élaborée par les Nyoro de l'Ouganda recourt au concept de *mahano*, pouvoir qui permet au souverain d'entretenir l'ordre convenable et qui se transmet, au long de la hiérarchie politico-administrative, selon une procédure rituelle rigoureuse. Or, le *mahano* n'intervient pas seulement dans le domaine politique. J. Beattie a montré qu'il est associé à des situations diverses qui doivent posséder au moins une caractéristique commune. Reconnu dans l'irruption d'événements insolites et inquiétants, dans les manifestations de la violence, il exprime alors une menace externe. Dès l'instant où les conduites sociales enfreignent les interdits fondamentaux, ceux qui assurent la défense des rapports sociaux principaux, telles les relations au sein du clan, les relations de parenté et de parenté fictive (établie par le pacte du sang), les relations manifestant le statut selon le sexe, l'âge ou le rang, il s'actualise et agit. Dans ce deuxième cas, le *mahano* est le révélateur des dangers que la société porte en elle-même. Il intervient enfin dans le cours des vies individuelles, au moment des naissances, des initiations et des morts – c'est-à-dire lors des « passages » qui mettent en jeu les forces vitales et les « esprits » qui les contrôlent. On le voit donc, qu'il s'agisse du rapport de la société à son univers, de l'homme nyoro à sa société, de l'individu aux puissances qui régissent sa destinée, le *mahano* est toujours présent. Il exprime une relation de subordination et révèle une distance qui permet au flux vital de circuler et à l'ordre de prévaloir. L'appareil politique est, pourrait-on dire, le régulateur de *mahano* : les positions de pouvoir ou d'autorité, qu'il définit, sont justifiées par l'accès inégal de leurs détenteurs à cette force qui maintient la vie en entretenant l'ordre.

Le souverain nyoro est, pour ses sujets et son pays, le détenteur suprême de *mahano*. Les rituels multiples, qui façonnent et protègent la personne royale en tant que symbole de vie, garantissent par cette même action la société contre la mort. Le roi est celui qui domine les personnes et les choses et maintient leur ordonnance ; par son truchement, la contrainte de l'ordre du monde et celle de l'ordre social s'imposent conjointement. C'est son emprise sur le *mahano*, sur les dynamismes constituant l'univers et la société, qui lui permet d'assumer ces fonctions. Cette emprise est, en elle-même, source de danger, car le pouvoir impose sa propre loi à celui qui le possède, sinon il opère à faux et détruit ce qu'il est censé préserver. La notion de *mahano* évoque ce risque mortel en connotant des couples de notions antagonistes : ordre/désordre, fécondité/stérilité, vie/mort. La dialectique du commandement et de l'obéissance apparaît ainsi comme l'expression, dans le langage des sociétés, d'une dialectique plus essentielle – *celle que tout système vivant comporte afin d'exister*. C'est la possibilité d'être, et d'être ensemble, que les hommes révèrent à travers leurs dieux et leurs rois[1].

L'examen des concepts africains qui expriment le pouvoir et sa substance révèle des aspects communs – les plus importants – et des variantes significatives, car ils se diversifient de même manière que les systèmes politiques auxquels ils se reportent. Pour les Alur de l'Ouganda, créateurs de chefferies qui ont imposé leur domination à des voisins démunis d'un pouvoir différencié, la notion de *kèr* est un des éléments principaux de la théorie politique. Elle désigne la qualité d'être chef, la « puissance » qui permet d'exercer une domination bienfaisante, et qui est à tel point nécessaire que les peuples qui ne la détiennent pas doivent souhaiter la recevoir des Alur. Elle n'est pas matérialisée et reste bien distincte de l'office et des symboles matériels associés à la chefferie. Elle présente un aspect quantitatif, étant une force organisatrice et fécondante qui peut perdre son intensité ; on dit alors que « le *kèr* se refroidit » ou que « la dent de la chefferie devient froide ». Trois facteurs déterminent la vigueur de son intervention au service des hommes : la continuité (car le *kèr* conserve sa « chaleur » en se maintenant dans une longue lignée), la personnalité de celui qui l'emploie et la conformité des relations entretenues

---

1. Pour l'information concernant les Nyoro, se reporter aux études de J. H. M. Beattie, *Rituals of Nyoro Kingship, Africa*, XXIX, 2, 1959 ; On the Nyoro Concept of Mahano, *African Studies*, 19, 3, 1960 ; *Bunyoro, an African Kingdom*, New York, 1960.

avec le sacré. Cette dernière condition n'est pas mineure. Les chefs alur agissent en tant que médiateurs privilégiés entre leurs sujets et les « puissances surnaturelles », car ils sont liés à leurs ancêtres personnels et aux ancêtres qui jalonnent l'histoire de la chefferie. Ils démontrent leur capacité à gouverner par la maîtrise rituelle exercée sur la nature – on les reconnaît « faiseurs de pluie » – et c'est, d'une certaine façon, leur emprise sur les forces vitales et sur les choses qui justifie leur emprise sur les hommes. Si les chefs tiennent leurs sujets, le pouvoir tient ceux qui sont ses dépositaires, parce qu'il trouve sa source dans le champ du sacré. Il s'impose comme facteur d'ordre alors que l'entropie menace le système social, et se manifeste comme garant de permanence, alors que la mort emporte les générations et ceux qui les gouvernent[1].

Deux exemples, empruntés à la région occidentale du continent africain, confirment l'intérêt et la portée scientifiques d'une analyse consacrée à la terminologie du pouvoir présentée par la théorie indigène. L'un a déjà été évoqué dans un précédent chapitre ; c'est celui des Tiv, peuple nombreux de la Nigeria, organisateur d'une société où le gouvernement demeure « diffus ». En ce cas, deux notions opposées et complémentaires manifestent le pouvoir, et toute suprématie, sous un aspect totalement bénéfique (celui d'un ordre qui assure la paix et la prospérité) et sous un aspect dangereux (celui d'une supériorité acquise au détriment d'autrui). La théorie politique, dans sa version la plus élaborée, est formulée dans le langage de la religion et de la sorcellerie. Tout pouvoir légitime requiert la possession du *swèm*, capacité d'être en accord avec l'essence de la création et d'en maintenir l'ordre ; ce terme connote plus largement les

1. Sur les Alur, consulter A. W. SOUTHALL, *Alur Society*, Cambridge, 1956.

notions de vérité, de bien, d'harmonie. Le *swèm* est aussi une force qui ne peut agir sans un support, ou un intermédiaire, dont la qualité propre conditionne les conséquences de cette intervention pour les affaires humaines : un truchement faible entraîne un « déforce-ment » généralisé, un truchement abusif devient facteur de désordre. Le *swèm* qualifie néanmoins le pouvoir considéré comme essentiellement positif. À l'inverse, la seconde notion *(tsav)* régit la domination sur les êtres, la réussite matérielle, l'ambition. Évoquant la capacité fon-dée sur le talent et l'entreprise personnelle – qu'il s'agisse du chef renommé, du notable influent ou de l'homme riche –, elle est estimée favorable ; cependant, elle qualifie également les succès obtenus aux dépens des autres, les contraintes exercées sur ceux-ci, les inégalités qui se nourrissent de la « substance » des infé-rieurs – et en ce sens est assimilée à la sorcellerie et à la contre-société. La théorie tiv souligne l'ambiguïté du pouvoir et l'ambivalence des attitudes à son égard qui conduisent à l'accepter comme garant d'un ordre pro-pice aux œuvres humaines (il exprime la volonté des dieux), tout en le redoutant comme instrument de la domination et du privilège, puisque ses dépositaires peuvent constamment outrepasser les limites tolérées.

Le deuxième exemple est celui d'une société étatique ancienne et massive, celle des Mossi de la Haute-Volta dont le souverain *(Mogho Naba)* symbolise l'univers et le peuple mossi. Le concept-clé, en matière politique, est celui de *nam* qui reporte au pouvoir du temps des ori-gines – celui que les fondateurs ont mis en œuvre afin de construire l'État –, et à la force reçue de Dieu « qui per-met à un homme de dominer autrui ». Sa double origine, divine et historique, en fait une puissance sacrée qui confère la suprématie (un « statut noble ») et la capacité de gouverner au groupe qui la détient. Bien que le *nam* soit la condition de tout pouvoir et de toute autorité, il n'est jamais acquis d'une manière permanente et constitue l'enjeu des compétitions politiques, au terme desquelles l'échec provoque sa perte en même temps que la renonciation au pouvoir et au prestige. C'est la domination légitime, et la compétition autour des charges permettant de l'exercer, qui se trouvent d'abord évoquées par cette notion.

Le terme *nam* s'inscrit dans un ensemble plus large de significations. Il s'applique à la supériorité absolue : celle de Dieu, celle du roi, celle de l'ordre politique qui domine l'édifice des relations sociales. Il justifie les privilèges associés aux positions sociales supérieures : le droit de revendiquer des richesses, des services, des femmes, des symboles de prestige. Il exprime la nécessité du pouvoir comme défense contre les dangers de déculturation et de retour au chaos ; c'est en ce sens que le roi et les chefs doivent « manger le *nam* » pour que le désordre ne « mange » pas les œuvres des hommes. Sous sa forme la plus achevée et la plus sacralisée, le *nam* est le garant de la légitimité, car il atteste que le pouvoir reçu émane des ancêtres royaux et qu'il opérera d'une manière conforme au bien du peuple mossi. Fixé dans les *regalia*, et dans les symboles sacrés associés à la personne du souverain, les *namtibo*, il se communique par l'intermédiaire de ces derniers à la boisson rituelle qui lie le roi à ses ancêtres et à la Terre divinisée, le chef à ses propres ancêtres et au *Mogho Naba*. « Boire le *namtibo* », c'est recevoir le *nam* et se trouver engagé par un véritable serment d'obéissance, de soumission à l'ordre tenu des fondateurs du royaume et aux ordres émanant de celui qui est leur successeur légitime [1].

Selon P. Valéry, le politique agit sur les hommes d'une manière qui évoque les « causes naturelles » ; ils

1. Description du système et des représentations politiques propres aux Mossi dans l'ouvrage de E. P. SKINNER, *The Mossi of the Upper Volta*, 1964.

le subissent comme ils subissent « les caprices du ciel, de la mer, de l'écorce terrestre » *(Regards sur le monde actuel)*. Cette analogie suggère la distance à laquelle se place le pouvoir – hors et au-dessus de la société –, et sa capacité de contrainte. Les quatre théories politiques qui viennent d'être envisagées confirment cette interprétation, en même temps qu'elles montrent ses limites. Elles manifestent le pouvoir en tant que force, associée aux forces qui régissent l'univers et y entretiennent la vie, et en tant que puissance de domination. Elles associent l'ordre du monde, imposé par les dieux, et l'ordre de la société, instauré par les ancêtres du commencement ou les fondateurs de l'État. Le rituel assure l'entretien du premier, l'action politique le maintien du second : *ce sont des processus estimés parents*. Ils contribuent tous deux à imposer la conformité à un ordre global qui est présenté comme la condition de toute vie et de toute existence sociale. Cette solidarité du sacré et du politique, qui fait que les atteintes portées à l'encontre du pouvoir (mais non à l'encontre de ses détenteurs) sont sacrilèges, présente des formes différentes selon les régimes politiques ; elle laisse le sacré au premier plan dans le cas des sociétés « sans État », elle fait prévaloir la domination exercée sur les hommes et les choses dans le cas des sociétés « étatiques ». Par ailleurs, les éléments de théorie considérés révèlent le pouvoir sous ses aspects dynamiques : il est force de l'ordre, agent de lutte contre les facteurs de modification qui sont assimilés à la sorcellerie ou à la déculturation ; il confère une puissance qui s'acquiert par la compétition et qui exige d'être entretenue. Les périodes d'interrègne, dans la plupart des royautés africaines, imposent en conséquence un désordre contrôlé qui fait désirer la restauration du pouvoir, et un affrontement entre prétendants qui permet de désigner le plus vigoureux d'entre eux. Enfin, les notions fondant la théorie politique montrent l'ambivalence du pouvoir : il doit exercer une emprise bénéfique sur les dynamismes constituant l'univers et la société, mais il risque aussi de se dégrader en une force mal maîtrisée ou utilisée au-delà des limites que la domination requiert.

Cette méthode d'analyse serait applicable aux sociétés politiques dites archaïques, étudiées hors du continent africain, si les informations qu'elle requiert avaient été rassemblées en nombre suffisant. En fait, la description des organisations et des fonctions politiques a davantage retenu l'attention des chercheurs que l'élaboration des lexiques et des théories politiques propres aux groupes humains « interrogés ». Les données nécessaires peuvent parfois être trouvées, et cela est significatif, dans les études des manifestations religieuses qui suggèrent ainsi (et aussi) que la relation du pouvoir à la société est homologue de celle que le sacré entretient avec le profane ; dans les deux cas, l'enjeu apparaît sous la forme de l'ordre ou de son envers, le chaos.

Dans les sociétés qui sont moins tournées vers la nature pour la dominer que liées à elle – y trouvant, à la fois, leur prolongement et leur reflet –, la parenté du sacré et du politique s'impose avec force. Les deux catégories peuvent être définies parallèlement, les principes et les rapports qu'elles impliquent « se répondent » de l'une à l'autre. Toutes deux supposent la distance, la coupure, soit à l'égard du domaine profane, soit à l'égard de la société civile, domaine des « gouvernés ». Toutes deux réfèrent à un système de prohibitions ou d'ordres, à des formules qui, comme la *thémis* grecque, garantissent l'ordonnance du monde et de l'univers social. Toutes deux sont marquées du sceau de l'ambiguïté. Sacré et politique mettent en cause des forces complémentaires et antithétiques dont la *concordia discors* fait un facteur d'organisation, et reposent ainsi sur une double polarité : celle du pur et de l'impur, celle du

pouvoir « organisateur » (et juste) et du pouvoir
« violent » (et contraignant ou contestant). Ils sont tous
deux associés à la même géographie symbolique ; le pur
est lié au « dedans », au centre, l'impur au « dehors », à
la périphérie ; parallèlement, le pouvoir bénéfique est
situé au cœur même de la société dont il est le foyer (au
sens géométrique), tandis que le pouvoir menaçant reste
diffus et opère, pour cette raison, à la manière de la
sorcellerie. R. Caillois, dans son ouvrage *L'Homme et le
sacré* (1939), qualifie cette opposition par « les mots de
cohésion et de *dissolution* » ; au premier correspondent
les puissances qui « président à l'harmonie cosmique »,
qui « veillent à la prospérité matérielle et au bon fonctionnement administratif », qui défendent l'homme
« dans l'intégrité de son être physique » – le souverain
les incarne ; au second correspondent les forces provoca-
trices de l'effervescence, des anomalies, des transgres-
sions affectant l'ordre politique ou religieux – le sorcier
les manifeste. Il convient enfin de rappeler que les deux
catégories du sacré et du politique sont alliées à une
vertu efficace, à un pouvoir d'intervention ou d'action,
que désignent les termes du type *mana* dans le langage
du sacré et les termes du type *mahano* ou *nam* (à l'instant considérés) dans le langage du politique. Les deux
séries de notions se recoupent. Les forces ou les sub-
stances qu'elles évoquent suscitent les mêmes senti-
ments contradictoires : respect et crainte, attachement et
répulsion.

L'homologie du sacré et du politique n'est telle que
dans la mesure où ces deux concepts sont régis par une
troisième notion qui les domine : celle d'ordre, ou
d'*ordo rerum*, dont Marcel Mauss a révélé l'importance
capitale. Dans les sociétés dites archaïques, les éléments
du monde et les divers cadres sociaux obéissent aux
mêmes modèles de classification. Leur ordonnance,
considérée comme soumise aux mêmes lois, s'exprime

sous une forme dualiste [1] : elle manifeste une bipartition de l'univers organisé (le cosmos) et de la société, et se reporte à des principes antithétiques et complémentaires, dont l'opposition et l'association sont créatrices d'un ordre, d'une totalité vivante. Cet « ordre des choses », ou des « hommes », résulte ainsi de la séparation *et* de l'union de deux séries d'éléments ou de groupes sociaux opposés : les constituants de la nature, les saisons, les orients, dans un cas ; les sexes, les générations, les phratries, dans l'autre. Des correspondances sont établies entre les séries de catégories mises en opposition. La caractéristique dominante de ce mode de représentation est la nécessité d'établir une coupure entre les « classes » ainsi constituées *et* d'assurer une union entre elles. La séparation des contraires rend l'ordre possible, leur union l'instaure et le rend fécond. Cette dialectique élémentaire régit l'interprétation première de la nature, et de la société qui ne saurait résulter de cette « homosexualité sociologique » que réaliserait l'alliance de groupes homologues.

Les notions de sacré et de politique s'inscrivent dans ce système de représentations, comme l'a suggéré leur mise en parallèle. Dans le cas des sociétés dites complexes, à hiérarchies et à autorités nettement différenciées, les rapports entre pouvoir et religion ne sont pas radicalement modifiés. Au-delà des groupes hiérarchisés et inégaux, entretenant des relations « orientées » (de domination et de subordination), il est postulé un rapport de complémentarité entre le souverain et le peuple, entre l'ensemble des gouvernants et celui des gouvernés. La relation instituée entre le roi et *chacun* de ses sujets est régie par le principe d'autorité, dont la contestation équivaut à un sacrilège ; la relation

---

1. Se reporter à l'étude classique d'É. DURKHEIM et M. MAUSS, De quelques formes de classification, *L'Année sociologique*, t. VI, 1901-1902.

instaurée entre le roi et la *totalité* des sujets est envisagée sous l'aspect du dualisme complémentaire. Une formule de la Chine ancienne le rappelle : « Le prince est *yang*, la multitude *yin*. » Le sacré et le politique contribuent conjointement à l'entretien de l'ordre établi ; leurs dialectiques respectives sont semblables à celle qui constitue ce dernier – et ensemble, elles reflètent celle qui est propre à tout système réel ou pensé. C'est la possibilité de constituer une totalité organisée, une culture et une société, que les hommes révèrent à travers les gardiens du sacré et les dépositaires du pouvoir.

b) *Entropie et renouvellement de l'ordre*. – L'*ordo rerum* et l'*ordo hominum* sont menacés par l'entropie, par les forces de destruction qu'ils portent en eux, par l'usure des mécanismes qui les maintiennent. Toutes les sociétés, même celles qui paraissent les plus figées, sont obsédées par le sentiment de leur vulnérabilité. Un ouvrage récent consacré aux Dogon du Mali montre, à partir d'une analyse de la « théorie de la parole » et du système des représentations, comment cette société assure, avec force, la lutte contre la destruction et la continuelle conversion du déséquilibre en un équilibre *paraissant* conforme au modèle primordial[1].

Par-delà leur multiplicité, les procédés de re-création et de remise à neuf possèdent un caractère commun : ils opèrent en même temps sur l'univers social et sur la nature, ils ont pour acteurs les hommes et leurs dieux. En provoquant l'irruption du sacré et en rétablissant dans l'agitation et l'abondance une sorte de chaos originel, qui reporte au moment de la première création, la fête apparaît comme l'une des plus complètes de ces entreprises rénovatrices. Il existe en fait nombre de processus

1. Voir G. Calame-Griaule, *La Parole chez les Dogon*, Paris, 1965.

qui contribuent, de manière plus ou moins apparente, plus ou moins dramatisée, à cette tâche de permanente réfection. Une interprétation désormais moins schématique et moins statique, des sociétés estimées archaïques, les fait apparaître. À l'occasion d'une appréciation nouvelle des données de la « sociologie néo-calédonienne », P. Métais a souligné la portée du mariage canaque à cet égard ; son cérémonial provoque un rajeunissement des rapports sociaux – la société paraît se refaire lorsque se créent un couple et les nouvelles alliances qu'il détermine[1].

Les rituels et l'enseignement prescrits par l'initiation qui conditionne l'accès à la plénitude, et à la pleine « citoyenneté », visent généralement le même but ; la société restaure ses propres structures, et l'ordre du monde au sein duquel elle s'inscrit, en s'ouvrant à une génération nouvelle. Dans le Kongo ancien, la procédure initiatique dite du *Kimpasi* manifeste principalement cette fonction, d'autant plus qu'elle opère au moment où la communauté se découvre affaiblie ou menacée. Cette dernière tente d'assurer sa sauvegarde en faisant revivre à sa jeunesse les débuts de l'entreprise collective qui a façonné son ordre, sa civilisation et son histoire – car les rites spécifiques renvoient symboliquement à l'époque des créations, au temps des commencements. La société retrouve sa verdeur en jouant sa propre genèse. Elle assure sa renaissance en faisant naître, selon ses normes, les jeunes gens que l'initiation modèle[2].

Le cérémonial des funérailles, dans la mesure même où la mort est envisagée sous le signe du désordre et du scandale, est aussi un procédé de remise en état ; il révèle, par ses acteurs, les rapports sociaux

---

1. P. MÉTAIS, Problèmes de sociologie néo-calédonienne, in *Cahiers internationaux de sociologie*, XXX, 1961.
2. Consulter G. BALANDIER, *La Vie quotidienne au royaume de Kongo*, Paris, 1965.

fondamentaux ; il établit une relation intense avec le
sacré ; il débouche, à la fin du deuil, sur une purification
et sur une nouvelle alliance avec la collectivité des
ancêtres. Cet acharnement à la lutte contre les facteurs
de dissolution se mesure plus précisément si l'on rappelle que la sorcellerie – pourtant assimilée au non-
conformisme absolu, à la guerre insidieuse, à la contre-
société – peut être convertie en un moyen de renforcement. La collectivité « fixe » son mal en désignant son
agresseur, le sorcier ou l'opposant radical, et elle prétend se rétablir en le neutralisant. E. Leach, dans son
étude des Kachin de Birmanie, compare le fonctionnement de la sorcellerie au « mécanisme du bouc
émissaire ».

Les entreprises de re-création de l'ordre mettent
nécessairement en cause les tenants du pouvoir, et certaines d'entre elles contribuent ainsi à l'entretien de la
machine politique. C'est ce que suggère R. Lowie lorsqu'en envisageant « quelques aspects de l'organisation
politique » des Amérindiens, il fait apparaître l'assise
religieuse du pouvoir, la coopération des chefs et des
spécialistes du surnaturel, l'association des premiers
aux manifestations saisonnières (comme les moissons)
qui lient l'ordre de la société à celui de la nature. En
Mélanésie, les faits s'expriment avec une plus grande
netteté. Le chef néo-calédonien s'impose par la force de
sa parole – il est celui qui *ordonne*, dans tous les sens
du terme – et celui qui détient, selon la formule de
J. Guiart, une « responsabilité quasi cosmique ». Sa participation effective au cycle des cultures s'explique par
cette obligation ; elle allie d'une certaine manière le
renouvellement de la nature et le renforcement des
hommes. C'est à l'occasion du plus prestigieux et du
plus *total* des rituels – celui du *pilu-pilu* – que le nouveau chef, qui le préside, est « révélé à tous » et affirme
son autorité, par « l'habileté de son discours » et sa

capacité à suivre le cours des harangues prescrites. Or, cette cérémonie sociale est celle qui engage la communauté dans son entier : elle recherche la propitiation des ancêtres ; elle honore les morts et marque l'achèvement des deuils ; elle exalte les nouvelles naissances et assure « l'entrée dans la vie virile des jeunes gens initiés » ; elle confère à chaque catégorie de participants une place déterminée et comporte une présentation de biens, selon un ordre qui évoque « le passé politique » et les rapports que ce dernier a instaurés. Elle allie enfin dans une manifestation grandiose, où la danse exprime le dynamisme de l'univers et de la société, les hommes, leurs ancêtres et leurs dieux, leurs richesses et leurs biens symboliques [1]. Ce cérémonial assure une véritable mise en scène des relations sociales fondamentales, incluant les rapports d'antagonisme qui se convertissent alors en « jeux d'opposition ». En offrant au regard une sorte de résumé du tout social, il permet de saisir un système social *joué*, correspondant à sa formulation théorique, manifesté par les moyens d'expression qui sont ceux d'une société sans écriture : comportements symboliques, danses spécifiques et discours conformes à une convention significative. Il a une efficacité thérapeutique : il désamorce les conflits potentiels de la communauté, il resserre les liens entre clans éloignés. Dans ces moments où la société prend pleine conscience d'elle-même et de l'univers auquel elle s'accorde, le chef apparaît comme une figure centrale. C'est autour de lui, et à la faveur d'une sorte de défi lancé vers l'extérieur, que se reconstitue le faisceau des forces sociales. Cette remise à neuf opère périodiquement, trois années au minimum séparant les cérémonies, car elles requièrent une accumulation massive de richesses. Le cycle des

---

1. Pour une description minutieuse, se reporter à M. LEENHARDT, *Notes d'ethnologie néo-calédonienne*, Paris, 1930.

fêtes coïncide avec le cycle de revitalisation qui permet au chef de ne pas être contesté et de demeurer aux yeux de tous : *oro kau*, le « grand fils ».

  c) *Retour aux commencements et rébellions rituelles.* – La lutte contre l'entropie peut prendre un caractère plus directement politique. Dans les sociétés traditionnelles à État monarchique, chaque changement de règne provoque un véritable retour aux « commencements ». L'avènement du nouveau roi est l'occasion de répéter symboliquement l'entreprise créatrice de la royauté, les actes de fondation qui l'ont édifiée et légitimée. L'investiture évoque – par les procédures ou le rituel qui la réalisent – la conquête, l'exploit, l'acte magique ou religieux qui sont dits constitutifs du pouvoir royal. G. Dumézil fut l'un des premiers à le suggérer, à propos de la royauté romaine. Il montre comment la succession des « premiers rois de Rome » constitue une séquence faisant alterner les deux « types royaux » qui, reçus d'une tradition bien antérieure à Rome, sont néanmoins présentés comme créateurs de la cité. Les règnes des successeurs immédiats de Romulus et de Numa reproduisent, en les alternant selon un ordre déterminé, la violence créatrice et « l'aspect *celeritas* » du premier, la sagesse organisatrice et « l'aspect *gravitas* » du second. Ils obéissent ainsi à une théorie dualiste du pouvoir et mettent en œuvre les moyens qui permettent de le revigorer par une sorte de retour à ses sources lointaines[1].

  C'est dans le cas des royautés africaines de « polarité magique », selon la formule de L. de Heusch, que le processus apparaît avec la plus grande netteté. Le roi est censé réaliser, lors de son accession au pouvoir, un acte sacré qui le qualifie tout en rappelant l'acte de

---

1. Voir notamment G. Dumézil, *Servius et la fortune*, Paris, 1943.

fondation. Soit en accomplissant un exploit héroïque
qui le révèle digne de sa charge et démontre la victoire
du « parti » royal sur les ambitions des factions féodales, soit en manifestant la négation du vieil ordre
social et l'établissement de l'ordre nouveau, dont l'État
a la garde, par un comportement de rupture – un
inceste –, le souverain devient un personnage qui ne
relève plus de l'ordre commun[1]. La procédure d'investiture comporte la même démarche de renforcement.
Ainsi, dans l'ancien royaume de Kongo, elle instaure
un retour symbolique aux origines, à la faveur d'un
cérémonial associant le nouveau roi, les notables et le
peuple, qui met en cause les partenaires du commencement : le descendant du fondateur, les représentants des
anciens occupants de la région correspondant à la province royale – qui sont devenus les « alliés » des souverains kongo. Elle invoque les mânes des premiers rois,
« les douze générations » auxquelles ils sont associés, et
impose la manipulation des symboles et des insignes
les plus anciens. Elle reporte au temps d'une histoire
devenue mythe et révèle le souverain comme le « forge-
ron » et le gardien de l'unité kongo. L'intronisation du
roi ne garantit pas seulement la légitimité du pouvoir
détenu, elle assure le rajeunissement de la royauté, elle
donne au peuple (pour un temps) le sentiment d'un
nouveau départ « à neuf »[2].

Un même effet de renforcement de la règle et du pouvoir, associé à une affirmation de la nécessité et de
l'innocence de la fonction souveraine, se décèle lors de
la pratique des « actes à rebours » et du recours aux
rituels d'inversion ou de rébellion dramatisée. L'histoire
de l'Antiquité révèle une très ancienne utilisation de ces

1. Se reporter à L. de HEUSCH, *op. cit.*, et *Essais sur le symbolisme
de l'inceste royal en Afrique*, Bruxelles, 1959.
2. G. BALANDIER, *La vie quotidienne au royaume de Kongo*,
op. cit., chap. « Le maître et l'esclave ».

mécanismes. Les Kronia grecques comme les Saturnales romaines provoquent un renversement des rapports d'autorité, régénérateur de l'ordre social. Comme Rome, Babylone recourt à un roi de moquerie et impose le retournement des positions de rang au moment de la fête des Sacées. À cette occasion, on pend ou on crucifie un esclave qui a tenu le rôle du roi, donnant des ordres, usant des concubines du souverain, s'abandonnant à l'orgie et à la luxure. Ce pouvoir déchaîné est *un faux pouvoir*, un fauteur de désordre et non un créateur d'ordre ; il fait désirer le retour au règne de la règle.

Les anthropologues modernes ont repris l'examen de ces procédés qui tendent à purifier le système social, en maîtrisant les forces dissolvantes, et à revitaliser périodiquement le pouvoir. Max Gluckman propose des illustrations africaines dans son recueil de textes anciens, *Order and Rebellion in Tribal Africa* (1963). Elles sont d'autant plus significatives qu'elles se réfèrent à des États instables, en raison de leur retard technologique et du manque de « différenciation économique interne ». Chez les Swazi, une cérémonie annuelle de caractère national, l'*incwala*, associe le rituel d'inversion aux manifestations collectives requises lors des premières récoltes. Elle comporte deux phases. La première soumet la capitale à un pillage symbolique et le roi aux réactions de haine – les chants sacrés affirment que son « ennemi », le peuple, le rejette. Le roi sort cependant renforcé de ces épreuves ; il redevient le Taureau, le Lion, l'Indomptable. La seconde phase s'ouvre par la consommation des prémices : elle est conduite par le souverain et se conforme à un mode de préséance qui manifeste les divers statuts sociaux et les hiérarchies qu'ils régissent. L'ordre social est exposé en cette circonstance, il est remis en état au moment même où les liens avec la nature et le cosmos sont resserrés. L'ambiguïté de la personne royale subsiste néanmoins. Le souverain demeure, à la fois, objet d'admiration et d'amour, objet de haine et de répulsion; il simule l'hésitation à reprendre sa place à la tête de la nation, puis cède finalement aux demandes des membres du clan royal et aux sollicitations de ses guerriers. Le pouvoir est alors restauré, l'unité recréée, l'identification du roi et du peuple rétablie. L'*incwala* libère rituellement les forces de contestation et les transforme en facteurs d'unité, de sécurité et de prospérité. Elle impose l'ordre social comme réplique de l'ordre du monde et les montre nécessairement liés, car toute rupture entraîne le risque d'un retour au chaos.

Une recherche récemment conduite en Côte d'Ivoire, chez les Agni de l'Indénié, a mis en évidence un rituel d'inversion sociale *(Bé di murua)* opérant au moment des interrègnes. Pendant cette période, les rapports entre hommes libres et captifs de cour sont « retournés ». Aussitôt le roi mort, ces derniers prennent possession de l'enclos royal et l'un d'eux – le captif-roi – s'empare de tous les insignes du pouvoir; il établit une cour et une hiérarchie temporaires; il occupe le siège du souverain défunt et jouit de toutes les prérogatives royales; il exige des cadeaux et peut charger ses hommes de saisir les vivres stockés dans la capitale. Tout se passe comme si la société devenait la caricature d'elle-même dès l'instant où le pouvoir suprême est vacant, et où gouvernants et gouvernés intervertissent leurs rôles. Le captif-roi proclame la vigueur de son commandement sur les hommes et de sa domination « sur le monde »; les hommes libres se soumettent à ce simulacre royal, en sachant qu'un régent règle discrètement les affaires courantes et prépare la venue d'un nouveau souverain. Les captifs ont un comportement outrancier qui manifeste leur élévation précaire – la disparition du roi rompt leur dépendance – et contraste avec les contraintes ou interdits que le deuil royal impose aux hommes libres. Ils revêtent les pagnes les plus somptueux ; ils festoient et se font apporter des boissons en abondance ; ils affirment avoir retrouvé droits et prestige. Ils violent les commandements les plus sacrés. En retournant la société civile et politique dont le souverain est le gardien, ils ne peuvent lui substituer qu'un roi de moquerie, un ordre aberrant, un système de fausses règles. Ils démontrent en quelque sorte qu'il n'y a d'autre alternative à l'ordre social établi que la dérision et la menace du chaos. Le jour même de l'enterrement du roi disparu, le faux pouvoir est aboli ; les captifs déchirent les pagnes de soie ; le captif-roi est mis à mort. Alors, chaque sujet et chaque chose retrouvent leur rang et leur place, le nouveau souverain peut prendre la direction d'une société ordonnée et d'un univers organisé[1]. La contestation de forme rituelle s'inscrit ainsi dans le domaine des stratégies qui permettent au pouvoir de se donner périodiquement une nouvelle vigueur.

2. STRATÉGIE DU SACRÉ ET STRATÉGIE DU POUVOIR

Le sacré est une des dimensions du champ politique ; la religion peut être un instrument du pouvoir, une garantie de sa légitimité, un des moyens utilisés dans le cadre des compétitions politiques. J. Middleton, dans l'ouvrage consacré à la religion des Lugbara de l'Ouganda (*Lugbara Religion*, 1960), envisage essentiellement le rapport du « rituel » à l'« autorité ». Il fait apparaître que les structures rituelles et les structures d'autorité sont étroitement liées, que leurs dynamismes respectifs sont en correspondance. Dans cette société lignagère, le culte des ancêtres constitue le support du pouvoir ; les hommes âgés (et prééminents) l'utilisent

---

1. Claude-Hélène Perrot, *Be di murua* : un rituel d'inversion sociale dans le royaume agni de l'Indénié, in *Cah. Études Afr.*, VII, 27, 1967.

afin de contenir les revendications d'indépendance de leurs cadets ; les conflits entre les générations (différenciées par des statuts inégaux) sont surtout exprimés « en termes mystiques et rituels ». Les patri-lignages lugbara se définissent généalogiquement *et* rituellement : ils sont, à la fois, groupe de descendance et ensemble des « gens associés à un esprit ancestral ». Les notables situés à leur tête justifient leur pouvoir, et leurs privilèges, autant par leur accès aux autels d'ancêtres que par leur position généalogique, à tel point qu'un homme ayant « la capacité d'invoquer efficacement les ancêtres peut être accepté comme un *véritable* aîné ». La stratégie du sacré, menée à des fins politiques, se présente sous deux aspects en apparence contradictoires ; elle peut être mise au service de l'ordre social existant, et des positions acquises, ou servir l'ambition de ceux qui veulent conquérir l'autorité et la légitimer. La compétition politique recourt au langage de l'invocation des esprits comme à celui de la sorcellerie ; le premier est l'arme des détenteurs du pouvoir ; le second est l'instrument de ceux qui récusent ces derniers et assimilent leurs défaillances ou leurs abus aux agissements des sorciers. Les Lugbara sont très conscients de cette manipulation du sacré, et leurs contradictions rituelles expriment les contradictions de leur vie réelle. J. Middleton affirme avec force la relation ainsi établie entre les divers agents de la stratégie politique : « Dieu, les morts et les sorciers entrent dans le système d'autorité, tout autant que les hommes vivants »[1].

M. Fortes parvient à une conclusion très proche à partir de recherches conduites chez les Tallensi du Ghana. Il montre que le culte des ancêtres doit être interprété dans cette société clanique, moins par référence à une métaphysique, et à une éthique, que par

1. J. MIDDLETON, *op. cit.*, p. 12 et 23-24.

référence au système des rapports sociaux et au système
politico-juridique : « Les Tallensi ont un culte des
ancêtres non pas parce qu'ils craignent les morts – en
fait, ils ne les craignent pas –, non pas parce qu'ils
croient à l'immortalité de l'âme – ils ne disposent pas
d'une semblable notion –, mais parce que leur structure
sociale l'exige »[1]. Cette nécessité se manifeste sous la
forme d'une relation privilégiée instaurée entre les
ancêtres reconnus comme tels, investis d'un pouvoir
surnaturel et bénéficiaires d'un culte, et les vivants disposant d'un statut social supérieur et d'une parcelle du
pouvoir politique. En effet, tous les défunts ne
deviennent pas des ancêtres, mais seulement ceux qui
ont laissé un « dépositaire », héritier de leur charge, de
leurs prérogatives et d'une part de leurs biens. Aux
hommes sans prééminence, qui entretiennent un rapport
indifférencié et médiatisé avec l'ensemble des ancêtres,
s'opposent les hommes prééminents qui établissent
avec certains de ces derniers une relation spécifique et
directe. C'est sur cette relation rituelle que s'organise la
stratégie politique. Une solidarité associe étroitement
les défunts éminents, qui ont reçu le statut d'ancêtres,
aux vivants éminents, qui détiennent les offices et le
prestige. Les premiers sont « omnipotents », la soumission qu'ils exigent « sous peine de mort » assure l'insertion de l'individu dans un ordre social déterminé. Ils
fondent le pouvoir de ceux qui sont leurs dépositaires,
au sein de la société, et tout pouvoir nouveau ne peut se
constituer que par rapport à eux.

Les relations établies entre le pouvoir et le sacré
demeurent tout aussi apparentes dans l'ordre du mythe.
B. Malinowski l'avait déjà suggéré en considérant le
mythe comme « une charte sociale », comme un instrument manipulé par les détenteurs « du pouvoir, du privi-

---

1. M. Fortes, *Oedipus and Job*, Cambridge, 1959, p. 66.

lège et de la propriété »[1]. Les mythes ont, sous cet aspect, une double fonction : ils *expliquent* l'ordre existant en termes historiques et ils le *justifient* en lui donnant une base morale, en le présentant comme un système fondé en droit. Ceux d'entre eux qui confirment la position dominante d'un groupe sont évidemment les plus significatifs ; ils servent au maintien d'une situation de supériorité. Monica Wilson souligne cette utilisation du mythe à propos des Sotho et des Nyakyusa de l'Afrique méridionale. Ils prétendent avoir apporté, dans la région où ils sont établis, le feu, les plantes cultivées et le bétail, et affirment devoir le monopole du pouvoir politique à leur action civilisatrice ; ils se disent possesseurs, dans leur être même, d'une force vitale qu'ils peuvent transmettre à l'ensemble du pays. Le cérémonial et le rituel de succession à la chefferie rappellent symboliquement ces affirmations ; le mythe est alors réactualisé afin de tenir le pouvoir en état et de le renforcer[2]. Dans une étude de caractère plus théorique, A. Richards envisage les « mécanismes » de maintien et de transfert des « droits politiques » – c'est-à-dire les procédés et les stratégies permettant de conserver pouvoir, privilèges et prestige – et remarque qu'ils impliquent la référence à un passé plus ou moins mythique, à des actes de fondation, à une tradition. Les diverses versions du mythe revêtent les apparences de l'histoire et leurs incompatibilités expriment des contradictions et des contestations réelles ; elles traduisent, dans le langage qui leur est propre, les affrontements dont les droits politiques sont l'objet[3].

1. B. MALINOWSKI, *The Foundations of Faith and Morals*, Londres, 1936.
2. M. WILSON, Myths of precedence, in *Myth in Modern Africa*, Lusaka, 1960.
3. A. I. RICHARDS, Social mechanisms for the transfer of political rights in some african tribes, in *Journal of the Royal Anthropological Institute*, 90, 2, 1960.

Dans les sociétés à pouvoir centralisé, le savoir mythique (la « charte ») est souvent détenu par un corps de spécialistes dont le travail est secret ; il n'est pas plus partagé que ne le sont les fonctions politiques elles-mêmes. Les *bakabilo*, des Bemba de la Zambie, sont les gardiens exclusifs des traditions mythico-historiques et les prêtres héréditaires des cultes nécessaires au bon fonctionnement de la royauté. Agents du conservatisme, ils imposent aux changements inévitables le masque de la tradition. Au Ruanda ancien, des conseillers royaux privilégiés – les *abiiru* – détiennent le « code ésotérique de la dynastie ». Ils doivent veiller à l'application de toutes les règles concernant l'institution de la royauté et le comportement symbolique du roi. Leur fonction est, à la fois, politique et sacrée. Ils assurent le respect des prescriptions imposées aux souverains, et aménagent par ailleurs le « code », afin de l'adapter aux circonstances nouvelles et de légitimer les changements contredisant les canons constitutionnels. C'est par leur médiation que le sacré intervient dans le jeu des stratégies du pouvoir.

On ne saurait conclure de ces exemples que le pouvoir politique possède la totale maîtrise du sacré et peut l'uti-liser à son profit en toutes circonstances. En Austro-Mélanésie, où les chefferies sont superposées à une structure politique plus ancienne, la bipartition des res-ponsabilités – action sur les hommes, action sur les dieux – manifeste les limites rituelles du pouvoir. Dans son étude structurelle de la chefferie mélanésienne, J. Guiart précise les principes régissant la division des « tâches » entre le chef *(orokau)* et le maître du sol *(kavu)* ; le premier agit par la parole qui est commande-ment ; le second agit par les rituels qui sont instruments de l'*ordo rerum*. La contradiction existant entre ces deux partenaires constitue une grande part du dynamisme de la société ; elle révèle que les stratégies du pouvoir et du sacré ne sont pas toujours convergentes. En consé-

quence, les entreprises de renforcement des royautés traditionnelles sont souvent conduites à élargir l'emprise
de ces dernières sur la religion. Ainsi, chez les Ba-
Ganda de l'Ouganda, lorsque le « despotisme africain »
prit sa forme définitive, le contrôle des cultes claniques
(honorant les esprits ancestraux nommés *lubalé*) se ren-
força. Ces cultes, qui ne sont pas exclusifs d'autres pratiques, apparaissent à la fois spécialisés et hiérarchisés.
Les *lubalé* révérés par les souverains occupent la première place et ont une assise nationale, car ils régissent
la guerre et la puissance matérielle, la fécondité et la
fertilité. De surcroît, les souverains disposent de *lubalé*
royaux qui opèrent uniquement au bénéfice du roi
régnant ; ils imposent également le transfert, aux abords
de la capitale, des autels consacrés aux cultes claniques
et les tiennent ainsi sous leur contrôle au moment même
où ils s'attachent à réduire le pouvoir des chefs des
clans. À défaut d'avoir instauré *une* religion nationale,
les rois ganda ont donné la prépondérance à leur pouvoir
d'intervention dans le domaine du sacré.

À l'inverse de la stratégie qui vient d'être évoquée, la
stratégie du sacré sert aussi à limiter ou à contester le
pouvoir. Dans une étude concernant les mécanismes qui
contiennent « les abus du pouvoir politique », J. Beattie
différencie les aspects (et normes) « catégoriques » des
aspects (et normes) « conditionnels ». Les premiers ont
un caractère permanent, constitutionnel, pourrait-on
dire ; les seconds ne se manifestent que dans certaines
conditions, lorsque les procédures instituées n'ont pu
opérer efficacement ; il s'agit, dans tous les cas, d'empêcher les gouvernants et leurs agents d'agir d'une
manière non conforme « à la conception de l'office
qu'ils détiennent ». Les rituels d'intronisation et les ser-
ments qu'ils imposent, les refus de collaboration rituelle
opérant à l'encontre du souverain, les dépositions exi-
gées pour des raisons de défaillance rituelle sont autant

de moyens, de caractère sacré, qui permettent de contenir le pouvoir suprême ou de récuser les gouvernants abusifs.

L'instrument religieux peut aussi servir à des fins de contestation plus radicale. Les mouvements prophétiques et messianiques révèlent, dans des situations de crise, la mise en cause de l'ordre existant et la montée de pouvoirs concurrents. R. Lowie le remarque dans son analyse de l'organisation politique des « aborigènes américains », où il montre que l'emprise des chefs amérindiens a toujours faibli, quand elle a été confrontée à celle des « messies ». Il observe que ces derniers sont moins les agents d'une réaction contre l'intrusion des étrangers, que les donneurs de confiance et d'espérance désirés dans une société menacée et dégradée. En Mélanésie et en Afrique noire, l'abaissement des chefs traditionnels au cours de la période coloniale a favorisé la promotion des inventeurs de cultes nouveaux, des créateurs d'églises indigènes qui proposent un cadre social rénové et le modèle d'un pouvoir ravivé. Les affrontements religieux expriment avec netteté les compétitions politiques – auxquelles ils fournissent un langage et des moyens d'action – dans les conjonctures manifestant la faiblesse du pouvoir établi.

L'innovation religieuse peut conduire à un refus trouvant sa solution au plan de l'imaginaire, ou à une opposition débouchant sur la révolte. En Afrique orientale, le Ruanda ancien, en raison de l'autocratisme du souverain et de l'inégalité fondamentale assurant le maintien des privilèges aristocratiques, a provoqué l'une et l'autre de ces réactions. Le culte initiatique du *Kubandwa*, né de la paysannerie, substitue à la société réelle une immense famille fraternelle d'initiés. Il oppose le roi mythique, régnant sur les esprits nommés *Imandwa*, au roi historique dominant ses sujets de manière despotique. Il confère au premier la qualité de sauveur qui agit au bénéfice de tous les adeptes, sans discrimination de statut social. Il instaure une égalité mystique au-delà des subordinations vécues. Selon l'heureuse formule de L. de Heusch, il chasse l'ordre profane existant et introduit « un fantôme d'ordre meilleur ». Le second culte de contestation apparaît plus tardivement, vers le milieu du siècle dernier. Il s'adresse à *Nyabingi* : femme sans féminité, servante assimilée à un roi, défunte dont le retour est attendu. Elle doit revenir afin de délivrer les paysans hutu des servitudes que leur imposent les aristocrates tutsi, et de libérer ses « prêtres » des persécutions dont ils souffrent. Elle exerce une sorte de royauté à distance, et les gardiens de son culte détiennent un pouvoir réel qui les oppose aux délégués du souverain ruandais. Elle suscite ainsi une contre-société : des révoltes épisodiques se produisent en son nom et révèlent la nostalgie du vieil ordre social antérieur à la domination tutsi. Son culte illustre une des formes primitives du mouvement social qui, tout au long de sa préhistoire et de son histoire prérévolutionnaire, a constamment retourné le sacré contre ceux qui le monopolisaient afin de consolider leur pouvoir et leurs privilèges [1].

---

1. Se reporter notamment à E. J. HOBSBAWM, *Primitive Rebels*, Manchester, 1959.

CHAPITRE VI

Aspects de l'État traditionnel

Après avoir été l'objet privilégié de toute réflexion politique, l'État paraît maintenant frappé de discrédit ; à tel point que la thèse provocante de G. Bergeron, proposant une théorie de l'État, conclut néanmoins que celui-ci « n'est pas un concept théorique majeur »[1]. Il n'apparaît plus que comme « une des conformations historiques possibles par laquelle une collectivité affirme son unité politique et accomplit son destin », selon la définition de J. Freund[2] ; elle-même issue des conceptions de Max Weber réduisant l'État à l'une des « manifestations historiques » du politique. Celle qui caractérise surtout le devenir des sociétés politiques européennes, à partir du XVIe siècle, et qui trouve son accomplissement dans la formation de l'État moderne.

Les interprétations larges de l'État, l'identifiant à toute organisation politique autonome, sont en recul[3], tandis que l'analyse du phénomène politique ne se confond plus avec la théorie de l'État, dont la valeur heuristique a diminué bien avant les transformations subies par l'objet réel qu'elle prétendait interpréter. Les progrès de

1. G. BERGERON, *Fonctionnement de l'État*, Paris, 1965.
2. J. FREUND, *L'Essence du politique*, Paris, 1965.
3. Se reporter, comme illustration de ce point de vue, à W. KOPPERS, Remarques sur l'origine de l'État et de la société, in *Diogène*, 5, 1954.

l'anthropologie, qui imposent la reconnaissance des
formes politiques « autres », et la diversification de la
science politique, qui a dû interpréter les aspects nouveaux de la société politique dans les pays socialistes et
dans les pays issus de la colonisation, expliquent en partie cette évolution. Une nécessité, tenant à l'ordre des
connaissances et à l'ordre des faits, contraint les spécialistes à déplacer le centre de leurs réflexions ; et ceux
d'entre eux qui y ont réussi ne sont plus fascinés par
« l'institution des institutions : l'État ». D. Easton, voici
une vingtaine d'années, exprimait ce changement en
dénonçant les vices propres aux définitions du domaine
politique par le seul fait étatique. Elles conduisent, en
effet, à l'affirmation plus ou moins explicite qu'il n'y a
pas eu de vie politique avant l'apparition de l'État
moderne ; elles orientent vers l'étude d'*une* certaine
forme de l'organisation politique et font négliger l'examen de la spécificité du phénomène politique ; elles favo-
risent l'imprécision dans la mesure même où l'État est
retenu comme un cadre général aux contours mal déli-
mités (D. Easton, *The Political System*, 1953). Le débat
reste ouvert. L'anthropologie politique peut y apporter sa
contribution : en tentant de déterminer rigoureusement
les conditions qu'elle impose à l'emploi du concept
d'État dans le cas de certaines des sociétés soumises à
son interrogation, en reposant avec une rigueur accrue le
problème de la genèse, des caractéristiques et des formes
de l'État primitif. Elle retrouvera ainsi – mais avec des
informations et des moyens scientifiques nouveaux – certaines des préoccupations qui ont provoqué sa naissance.

1. MISE EN QUESTION DU CONCEPT D'ÉTAT

Les interprétations les plus extensives font de l'État
un attribut de toute vie en société, un mode d'agence-

ment social qui opère dès l'instant où l'état de culture prévaut, une nécessité découlant de « l'essence même de la nature humaine ». Il est alors identifié à tous les moyens permettant de créer et maintenir l'ordre dans les limites d'un espace socialement déterminé : il « s'incarne dans le groupe local »[1]. Cette manière de voir est surtout celle des théoriciens conservateurs qui veulent exalter l'État *en le dépouillant de son aspect historique*. Ainsi, pour de Bonald, l'État est une réalité *primitive*, l'instrument par lequel *toute* société assure son gouvernement. Dans une acception voisine – héritière lointaine de la pensée politique d'Aristote –, l'État est identifié au groupement le plus étendu, à l'unité sociale supérieure, à l'organisation de la société globale. L'historien E. Meyer propose, en ce sens, une définition : « La forme dominante du groupement social, qui renferme en son essence la conscience d'une unité complète, reposant sur elle-même, nous l'appelons l'État » (*Histoire de l'Antiquité*, 1912). Les critères d'identification de la forme étatique sont donc son caractère totalisant, son autonomie et son pouvoir de domination. Devant les difficultés résultant de l'emploi du concept d'État dans un sens large, les juristes ont été incités à restreindre son usage et à définir l'État comme le système des normes juridiques en vigueur. Ils le qualifient en tant que phénomène juridique et soulignent qu'il a réalisé, au plus haut degré, l'institutionalisation du pouvoir. Cette interprétation est fautive, car elle réduit le fait étatique à ses aspects « officiels », et ne situe pas les problèmes à leur véritable niveau, qui est d'abord politique.

Entre ces deux positions – l'une, laxiste ; l'autre, restrictive – se placent les définitions les plus communes. Elles caractérisent l'État par trois aspects principaux : la

1. W. KOPPERS, *L'Origine de l'État. Un essai de méthodologie*, in VIᵉ Congrès int. Sciences anthropol. et ethnol., t. II, vol. 1, 1963.

référence à un cadre spatial, à un *territoire* ; le consentement de la (ou des) population(s) vivant à l'intérieur de
ces frontières ; l'existence de structures organiques plus
ou moins complexes qui constituent le fondement de
l'unité politique. Ces critères ne sont pas vraiment spécifiques ; ils se retrouvent dans les essais de délimitation
du champ politique[1] ; ils s'appliquent aux sociétés politiques les plus diverses ; ils entraînent une acception trop
tolérante de la notion d'État. Les hésitations et les incertitudes sont d'ailleurs révélatrices et montrent combien
il est difficile de concevoir une organisation politique
non étatique, même dans le cas des sociétés dites tribales. Des tentatives ont été faites afin de définir précisément au moins un type de référence : celui de l'État
moderne, élaboré en Europe, qui paraît servir de modèle
aux sociétés politiques nouvelles en cours de construction. J. Freund recourt, pour cette fin, à « la méthode
idéale typique de Max Weber ». Il met en évidence trois
caractéristiques : 1) la première, déjà accentuée par le
sociologue allemand, est la distinction rigoureuse « entre
l'extérieur et l'intérieur » : elle régit l'intransigeance en
matière de souveraineté ; 2) la seconde est la fermeture
de l'unité politique étatique : elle définit une « société
close », au sens webérien, occupant un espace nettement
délimité ; 3) la dernière est l'appropriation totale du pouvoir politique : elle requiert l'opposition à toutes les
formes de pouvoir ayant une origine privée. Cette
construction du type idéal de l'État moderne n'élimine
pas les difficultés, car le premier des caractères retenus
s'applique à toutes les formes d'unité politique, tandis
que les deux autres peuvent définir, au moins d'une
manière tendancielle, certains des États dits traditionnels
nels. Aussi J. Freund est-il conduit à souligner un critère
estimé prépondérant : la rationalité étatique. Il lui permet

---

1. Se reporter au chapitre II : « Domaine du politique ».

d'opposer les créations politiques « instinctives » (tribus ou cités) et les structures politiques « improvisées » issues de la conquête (empires ou royaumes), à l'État qui est « l'œuvre de la raison ». Ce qui n'exclut pas de reconnaître que toute construction étatique reste le produit de la rationalisation progressive d'une structure politique existante[1].

Les problèmes de la sociologie de l'État ont été régulièrement abandonnés avant d'avoir été résolus, ou même posés. Ainsi, l'interprétation qui vient d'être rapportée ne trouve d'issue que dans une conception de l'État, image et réalisation de la raison, inspirée par la philosophie politique de Hegel. Une question s'impose en conséquence : les philosophes du politique suggèrent-ils des réponses que les sociologues et les anthropologues n'ont pas encore pu proposer ? Il convient d'autant plus de la considérer que l'apport des premiers a souvent été récusé en raison des préoccupations normatives, des dévotions ou des contestations qui sont sous-jacentes à leurs théories. La confrontation ne peut être simplement esquissée, elle deviendrait dérisoire ; il importe plutôt de manifester qu'elle est nécessaire et scientifiquement efficace. Ainsi, une mise en parallèle des commentaires que Hegel consacre à l'État païen et des théories de l'État traditionnel que formulent certains anthropologues – dont l'africaniste Max Gluckman – révélerait quelques parentés significatives. L'accent porte, de part et d'autre, sur l'assise ethnique de l'État ancien, sur les contradictions internes qui opposent les sexes, la parenté entendue au sens large et l'organisme étatique, sur le caractère essentiellement non révolutionnaire de l'État qui est en ce cas associé à un « monde » et à une société estimés en équilibre dynamique.

Avant d'évaluer la contribution de l'anthropologie politique, il reste nécessaire de placer quelques repères

---

1. J. FREUND, *L'Essence du politique*, p. 560 et suiv.

empruntés aux théories sociologiques de l'État. Marx
montre que ce dernier n'est ni l'émanation d'une rationalité transcendante, ni l'expression d'une rationalité
immanente à la société. Il présente sous des aspects différents le rapport de l'État à la société, en maintenant
toujours en éveil une intention critique. 1) L'État est
identifié à l'organisation de la société ; l'affirmation
reste sans ambiguïté : « L'État est l'organisation de la
société. » 2) L'État est le « résumé officiel » de la société ;
dans sa correspondance, Marx précise ce point de vue en
remarquant : « Posez telle société civile, et vous aurez tel
État politique qui n'est que l'expression officielle de la
société civile. » 3) L'État est un fragment de la société
qui s'érige au-dessus d'elle ; il est un produit de la société
parvenue à un certain degré de développement. Ces définitions ne sont ni équivalentes ni complémentaires ni
parfaitement compatibles. Le problème paraît éludé si
l'on s'en tient à la troisième interprétation, la plus vulga-
risée, sur laquelle F. Engels a fondé sa théorie de l'État :

« La société se crée un organisme en vue de la défense
de ses intérêts communs contre les attaques intérieures et
extérieures. Cet organisme est le pouvoir d'État. À peine
né, il se rend indépendant de la société, et cela d'autant
plus qu'il devient davantage l'organisme d'une certaine
classe et qu'il fait prévaloir directement la domination
de cette classe » [1].

Au-delà des difficultés non encore résolues, la
démarche marxiste a néanmoins proposé les éléments
d'une sociologie de l'État. La théorie qui en résulte peut
être dite, à bon droit, sociologique et historique, car elle
fait de l'État le produit de la société, dynamique, car elle
démontre que les contradictions et les conflits internes
le rendent nécessaire, critique enfin, car elle l'envisage

---

1. In *Ludwig Feuerbach et la fin de la philosophie classique allemande*.

comme expression *officielle* de la société et « première puissance idéologique sur l'homme ».

La sociologie politique de Proudhon comporte, elle aussi, une théorie critique de l'État, si radicale qu'elle se transforme en une opposition totale à tous les systèmes politiques qui ne font qu'entretenir un même respect à l'égard de l'autorité étatique. Proudhon dénonce l'erreur commune qui consiste à attribuer à l'État une réalité spécifique possédant en elle-même son propre pouvoir. En fait, l'État procède de la vie sociale. Exprimant et instituant un rapport social de hiérarchie et d'inégalité, il émane de la société dont il s'approprie la puissance, en lui restant extérieur, et accomplit un véritable accaparement de la « force collective ». La relation du politique à la société est comparée à celle qui relie le capital au travail : la vie sociale et l'État centralisé se trouvent nécessairement dans un rapport de contradiction radicale, dont rend compte le schéma ci-dessous :

Vie sociale → Échanges	Loi de réciprocité
État → Autorité Contrainte	Non-réciprocité

Plus encore que sur les inégalités constitutives de l'État, Proudhon insiste sur les oppositions de la société et de l'État : celles du multiple (la vie sociale se caractérise par la pluralité des rapports entre groupes) et de l'unitaire (l'État tend à renforcer sa propre unité), du spontané et du mécanique, du changeant et du figé, de la création et de la répétition[1]. La première de ces oppositions fonde la revendication de Proudhon en faveur de la « décentralisation » ou « fédération politique ». Elle suggère également le débat permanent, bien repéré par les

---

1. Voir l'analyse de P. ANSART, *Sociologie de Proudhon*, Paris, 1967.

anthropologues politistes, qui se poursuit au sein de *toute* société entre le segmentaire et l'unitaire. La théorie proudhonienne du politique accentue certaines exigences de méthode : l'obligation de comprendre le mouvement par lequel la société se crée un État, de saisir celui-ci dans son rapport à la totalité sociale, de l'appréhender en tant qu'expression officielle (et symbolique) du social et en tant qu'instrument de conservation des inégalités constituées.

Durkheim observe que l'État résulte de la division du travail social, de la transformation des formes de la solidarité, et s'attache à montrer que l'État n'est que l'une des physionomies historiques prises par la société politique. Il est d'ailleurs soucieux de bien différencier celle-ci de celui-là : l'État est un organisme devenu prééminent dans l'ensemble des groupes sociaux qui constituent la société politique. Groupe spécialisé, détenteur de l'autorité souveraine, il est le lieu où s'organisent les délibérations et où s'élaborent les décisions qui engagent la collectivité tout entière. Cette interprétation aboutit à une conception, que l'on a pu dire mystique, de l'État. Recourant à une métaphore, Durkheim caractérise ce dernier par sa capacité à « penser » et à « agir », et en fait l'agent de la pensée sociale. Il lui confère aussi une fonction protectrice contre les risques de despotisme de la société, car les groupes secondaires peuvent être tenus en échec par l'État et réciproquement, tandis qu'avec l'élargissement de son champ d'action s'accroît la part de liberté et de dignité des individus. Durkheim ne retient donc rien des théories critiques antérieures, et par une « conception curieusement abstraite et intellectualiste », selon la formule de L. Coser, il hypostasie l'État en négligeant la coercition qu'il exerce et l'ambiguïté de son rapport à la société[1]. Bien qu'il identifie le devenir

---

1. Se reporter principalement à É. DURKHEIM, *De la division du*

de l'État au mouvement de rationalisation dont est crédi-
tée la civilisation moderne, Max Weber accorde moins
d'attention à la structure historique de l'État qu'à l'interprétation du phénomène politique dans sa généralité. Il
accentue une des caractéristiques voilées par l'analyse
durkheimienne : l'État est un instrument de domination,
un groupement détenant le monopole de la contrainte
physique légitime – et disposant d'un appareil, dont la
force militaire, construit à cette fin ; comme tout groupe
de domination, il confère à une minorité les moyens de
décider et d'orienter l'activité générale de la société. En
ce sens, l'État est incité à intervenir dans tous les
domaines, et il le peut en opérant grâce à une administration « rationnelle ». Il se définit, d'une certaine manière,
comme la forme développée et permanente du groupe de
domination et comme l'agent d'une rationalisation poussée de la société politique. Max Weber n'a pas élaboré
une théorie dynamique et critique de l'État, mais il a
évité le piège d'une certaine dévotion où Durkheim s'est
laissé prendre. Il a surtout retrouvé une des observations
de Proudhon qui plaçait en parallèle le rapport de l'État à
la vie sociale et le rapport de la religion (ou de l'Église) à
la vie morale. Il a, en effet, démontré la parenté existant
entre l'évolution de la structure étatique et celle de la
structure des Églises qui constituent un véritable pouvoir
hiérocratique. Les analyses wébériennes préfigurent, par
là, des interprétations récentes de l'État, dont celle de
l'anthropologue Leslie White qui utilise la notion
d'*État-Église* et reconnaît, sous les deux aspects, un
même mécanisme d'intégration et de régulation des
sociétés civiles [1].

---

travail social, Paris, 1893, et *Leçons de sociologie*, avec une introduction de G. DAVY, Paris, 1950.
　1. Pour la sociologie politique de M. WEBER, consulter ses *Gesam-
melte politische Schriften*, 2ᵉ éd., Tübingen, 1958.

2. INCERTITUDES DE L'ANTHROPOLOGIE POLITIQUE

Les points de repère philosophiques et sociologiques, qui viennent d'être placés, aident à mieux situer les tentatives des anthropologues politistes visant à caractériser l'État dit traditionnel, et à déterminer les conditions de son émergence. Leur entreprise rencontre une difficulté, encore mal surmontée, qui se manifeste d'une part, au plan de la différenciation nette de l'organisation politique et de l'État, d'autre part, au plan de la typologie, dans la mesure même où la société étatique doit être distinguée de formes sociales voisines et notamment de la société à chefferie. Les définitions retenues sont généralement trop larges, et par conséquent non spécifiques. Selon R. Lowie, « l'État comprend les habitants d'une aire déterminée qui reconnaissent la légitimité de la force, lorsqu'elle est employée par des individus qu'ils acceptent comme chefs ou gouvernants » (*Social Organization*, 1948). Le cadre territorial, la séparation des gouvernants et des gouvernés, l'emploi légitime de la coercition, seraient ainsi les caractéristiques permettant l'identification de l'État « primitif ». En fait, elles sont nécessaires mais non suffisantes, car elles s'appliquent aussi aux sociétés politiques que l'on estime dépourvues d'un appareil étatique. La même incertitude subsiste dans le cas des définitions qui se bornent à reconnaître l'État au fait du « maintien de l'ordre politique dans des limites territoriales fixes ». Par contre, une nouvelle caractéristique apparaît lorsqu'il est précisé que l'État se décèle, sous sa forme la plus simple, dès qu'*un* groupe de parenté acquiert le pouvoir permanent de diriger la collectivité, d'imposer sa volonté. En ce cas, la différenciation d'un groupe spécialisé, prenant ses distances à l'égard des relations que la parenté régit, disposant du monopole et des privilèges du pouvoir, est présentée comme premier trait pertinent. La valorisation du critère territorial, la fonction de maintien de l'ordre social en résultent en quelque sorte.

L'anthropologue américain Leslie White a voulu déterminer l'État traditionnel par ses formes et ses fonctions. Sous ce dernier aspect, il le définit comme assumant la charge de préserver « l'intégrité du système socio-culturel dont il est une partie » – à la fois contre les menaces du dedans et contre celles du dehors, ce qui implique la capacité de mobiliser les ressources en hommes et en moyens matériels, et de prendre appui sur une force organisée. Ce rôle de conservation « du système en tant que tout » voile une fonction plus particulière : le maintien des rapports de subordination et d'exploitation. L'organisation étatique doit, en effet, être rapportée au « clivage fondamental et profond » que recèlent *toutes* les formes de société civile, celui qui sépare une classe dominante et gouvernante (rois, nobles, prêtres et guerriers) d'une classe subordonnée (ouvriers et paysans libres, serfs, esclaves) assurant toute la production des biens. L'État ancien apparaît déjà comme le produit de cette inégalité, qu'il maintient par la suite en protégeant le système économique qui la réalise, en conservant la structure de « classes » qui l'exprime, et en veillant à contenir les forces qui recherchent sa destruction. Comme la théorie marxiste, dont elle s'inspire en la mariant au fonctionnalisme, cette interprétation caractérise l'État en l'identifiant à « la classe dirigeante politiquement organisée ». Quant à la spécificité de l'État traditionnel, elle doit être recherchée, pour une part, dans l'imbrication du politique et du religieux que Spencer avait déjà soulignée et que L. White accentue en affirmant que l'État et l'Église ne sont que deux *aspects* du mécanisme politique (*The Evolution of Culture*, 1959).

S. Nadel, qui fut l'un des meilleurs artisans de l'anthropologie politique, s'est efforcé de clarifier les notions fondamentales. Il définit l'organisation politique par deux caractères majeurs : 1) sa capacité d'inclusion totale : elle comporte « toutes les institutions » qui assurent la direction et la conservation de la société globale ; 2) son monopole du recours légitime à la force et de l'emploi des sanctions ultimes – celles qui sont sans appel. L'État se caractérise alors comme *une* forme spécifique de l'organisation politique. Dans son grand ouvrage – *A Black Byzantium* (1942) – Nadel retient essentiellement trois critères de distinction : 1) la souveraineté territoriale : l'État est une unité politique fondée sur cette dernière, il a une assise intertribale ou interraciale et l'appartenance qu'il confère dépend de la résidence ou de la naissance en un territoire déterminé ; 2) un appareil de gouvernement centralisé qui assure la défense de la loi et le maintien de l'ordre, à l'exclusion de toute action indépendante ; 3) un groupe dirigeant spécialisé et privilégié ou une classe séparée par sa formation, son statut et son organisation de l'ensemble de la population – ce groupe ou cette classe monopolise, en tant que corps, la machine de la décision politique. Nadel voit dans l'État une forme d'organisation politique particulière, réalisée en un certain nombre d'exemplaires historiques et modernes, dont il n'est pas aisé de construire le type ; il se trouve, en effet, des « formes de transition » qui ne présentent pas toutes les caractéristiques à l'instant mentionnées. En poussant au point extrême l'analyse proposée par Nadel, on pourrait considérer que l'État traditionnel existe plus souvent à l'état tendanciel qu'à l'état complètement constitué.

Un inventaire plus poussé des définitions empruntées à l'anthropologie politique paraît peu utile, car elles reflètent les difficultés déjà rencontrées par les théories sociologiques de l'État, et révèlent moins de rigueur critique que certaines de ces dernières. Il convient plutôt d'examiner et d'évaluer les critères principalement utilisés.

a) *Le lien territorial.* – Après H. Maine et L. Morgan, Lowie caractérise l'État primitif par le rôle que joue désormais le principe territorial, en ajoutant toutefois que, loin d'être incompatible avec le principe de parenté, il n'est distinctif que par la prédominance des liens locaux qu'il conditionne :

« Le problème fondamental de l'État n'est pas ce saut périlleux par lequel les peuples anciens sont passés du gouvernement par relations personnelles au gouvernement par simple contiguïté territoriale. Il importe plutôt de rechercher par quel processus les liens locaux se sont renforcés, car il faut reconnaître qu'ils ne sont pas moins anciens que les autres » [1].

Par la suite, R. Lowie ajoute implicitement un critère d'*échelle* ou de *taille*, quand il affirme que la fondation de l'État implique la capacité de concevoir une « unité » élargissant les limites de la parenté immédiate et de la contiguïté spatiale. Deux éléments sont ainsi retenus : l'unité réalisée dans un cadre territorial et l'extension de la société politique soumise à l'appareil étatique.

L. White recherche, dans la même orientation, comment « les groupes de parenté localisés deviennent des unités territoriales au sein d'un système politique ». Cette transformation est liée, selon lui, aux modifications de taille des clans et des tribus : lorsque ceux-ci s'élargissent, les liens de parenté s'affaiblissent et l'organisation de la parenté tend à s'affaisser sous l'effet de son propre poids. Alors, le facteur territorial apparaît prédominant : « Avec le temps, un mécanisme spécialisé de coordination, d'intégration et d'administration s'est

1. R. LOWIE, *The Origin of the State*, 1927, p. 73.

développé et la parenté a été supplantée par la propriété
comme base de l'organisation sociale ; c'est l'unité territoriale, plutôt que le groupe de parenté, qui devient
signifiant en tant que principe d'organisation politique » [1]. Des exemples d'États incontestés illustrent
cette interprétation. Les *ayllu* de l'Empire inca semblent
avoir été, à l'origine, des groupes matrilinéaires exogames, devenus des unités de taille standardisée attachées à un territoire défini, puis associés au sein de
« tribus » qui, groupées par quatre, ont constitué des
« provinces » ; et ces dernières ont formé les quatre sections de l'Empire, ayant chacune un *apo* (vice-roi) à
leur tête. Chez les Aztèques, les *calpulli* sont d'abord
des clans patrilinéaires exogames ; par la suite, au
moment de la conquête espagnole, ils ont été localisés
dans des districts distincts, chacun d'eux disposant de
son propre culte, de son propre conseil avec ses fonctionnaires particuliers ; et ces districts, au nombre de
vingt, furent répartis entre les quatre sections constituées comme cadres du gouvernement [2]. En montrant
que l'organisation de parenté *peut* se transformer en une
organisation politique différenciée à assise territoriale,
les travaux des anthropologues mettent en évidence
trois caractéristiques de ce processus : le nombre des
hommes comme déterminant de l'effacement de la
parenté, l'organisation de l'espace à des fins politiques,
l'apparition du lien de propriété entrant en concurrence
avec certaines des relations personnelles anciennes.

Les rapports entre les trois termes – parenté, territoire, politique – ne se réduisent pas à un modèle
unique. La Chine et le Japon anciens ont très tôt conçu
des structures, à la fois foncières et politiques, de nature

---

1. L. A. WHITE, *The Evolution of Culture*, New York, 1959,
p. 310.
2. Description sommaire dans G. P. MURDOCK, *Our Primitive
Contemporaries*, New York, 1934.

complexe ; à un degré tel que le cadastre ne permet pas seulement l'inventaire des ressources, mais devient un instrument donnant le moyen de peser sur la répartition des biens et des pouvoirs. En Polynésie, dans l'archipel Tonga, une organisation politique centralisée a pu s'établir, s'étendre dans l'espace au point de constituer un Empire maritime et durer. Les *Tui Tonga*, les hiérarques, ont ainsi édifié un État qui représente un phénomène unique dans la région du Pacifique. Les rapports régis par la parenté et le groupe patrilinéaire localisé (le *haa*) continuent cependant à y opérer ; mais la première porte en elle les distinctions de rang et de hiérarchie, et le second est dominé par un système de pouvoirs territoriaux établis dans les provinces. Ces autorités sont légitimées par la détention de droits fonciers, concédée par le souverain à ses représentants, qui réduit les occupants à un simple droit d'usage et leur impose un « hommage annuel » correspondant à un lourd tribut en nature [1]. En Afrique noire, les situations sont très diversifiées. Les structures de l'espace politique y sont généralement distinctes des structures de terroir : le maître de la terre, ou son homologue, se trouve auprès du chef ; les autorités claniques coexistent (mal) avec les autorités émanant du pouvoir étatique ; la propriété foncière est le plus souvent différenciée de la souveraineté.

Un exemple africain peut aider à préciser le système des relations instaurées avec le territoire et avec la terre. Il s'agit du royaume de Buganda (en Ouganda) qui a maintenant la forme d'une autocratie moderniste, après s'être consolidé au cours des XVIIIᵉ et XIXᵉ siècles, et dont le caractère d'État complexe ne saurait être contesté. Un proverbe ganda suggère que le pouvoir sur les hommes (rapport politique) est nettement différencié du pouvoir sur la terre (rapport foncier) : « Le chef ne

---

1. Voir l'ouvrage de GIFFORD, *Tongan Society*, Honolulu, 1929.

commande pas à la terre, mais aux hommes. » En réalité,
la séparation n'apparaît ni avec cette netteté, ni avec
cette simplicité quant à la répartition des droits, même si
l'on néglige les remaniements profonds dus à une colonisation qui, dès 1900, a entrepris de créer une aristocratie foncière. D'un côté, les patri-clans et les patri-
lignages sont liés à des terres où résident les autorités
claniques (les *bataka*) et où se trouvent les tombes des
ancêtres révérés. L'héritage et la continuité assurée dans
le cadre de la descendance régissent ces relations, mais
les clans ne forment pas des unités territoriales ; l'appartenance clanique ne détermine pas nécessairement la
résidence et les communautés locales sont hétérogènes.
D'un autre côté, la hiérarchie politique émanant du souverain présente divers niveaux déterminés par la compétence et par le ressort territorial : provinces, districts,
groupements villageois. Le décret du roi et les rapports
de dépendance personnelle assurent l'organisation de
l'État qui doit se définir, d'une certaine manière, comme
le réseau constitué par les « hommes du roi » : chefs
nommés *bakungu* (dont certains à charge héréditaire) et
fonctionnaires nommés *batongolé* qui dépendent du
souverain et sont surtout attachés aux affaires villageoises. Les uns et les autres peuvent recevoir des
« fiefs » liés à leur charge, c'est-à-dire à titre précaire, et
le roi lui-même dispose d'« états » constituant son patri-
moine privé dans les diverses provinces. Le pouvoir a
ainsi un enracinement terrien dans toutes les régions du
royaume. À l'inverse, quelques chefs claniques, restés
néanmoins gardiens des terres propres à leurs clans, ont
accédé à des fonctions d'autorité, ou de prestige, au sein
de l'organisation politique et administrative, tandis que
les autres sont confinés dans le domaine des affaires
domestiques ou éliminés.

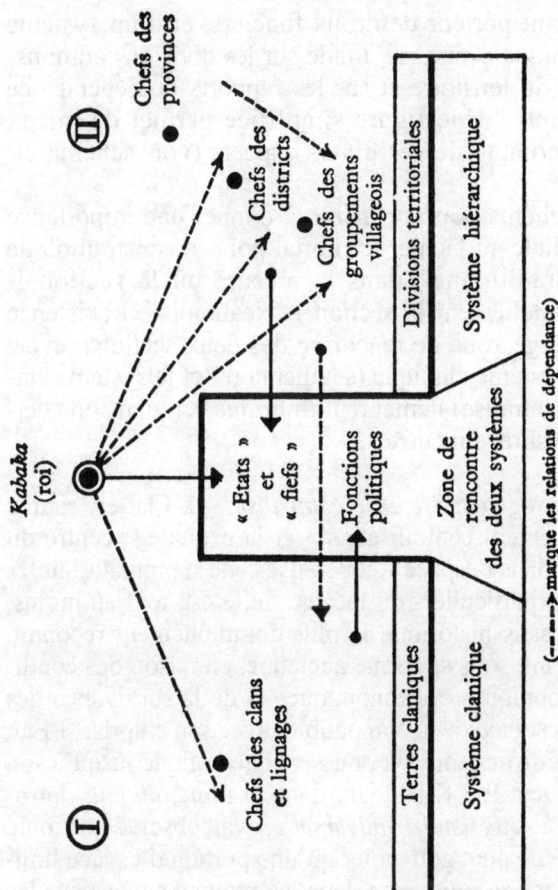

Pouvoir, territoire et terroir au Buganda

Ainsi saisit-on, à partir de cet exemple, l'effacement des fonctions politiques assumées par les groupes de descendance (corrélatif au renforcement de l'État), la place accordée à la structure territoriale qui est le support de l'appareil politico-administratif, la constitution de droits sur la terre en dehors des terres claniques, l'imbrication d'un système segmentaire, fondé sur la parenté, demeurant porteur de droits fonciers, et d'un système hiérarchique centralisé, fondé sur les divisions administratives du territoire et sur les rapports de dépendance personnelle. Une figure simplifiée permet de mieux rendre compte de ces divers aspects (voir schéma ci-dessus).

Ce schéma pourrait inciter à donner une importance primordiale au facteur territorial pour la constitution de l'État traditionnel, dans la mesure où la section II domine nettement la section I. Néanmoins, l'existence d'une large zone de rencontre des deux sections révèle que le système clanique (segmentaire) et le système étatique (centralisé) demeurent imbriqués et, dans une certaine mesure, concurrents.

b) *Le segmentaire et le centralisé*. – L'État est estimé « logiquement centralisateur » et la capitale – centre du pouvoir dans l'espace – concrétise cette suprématie sur les pouvoirs particuliers ou locaux. Telle est, tout au moins, le processus historique le plus communément reconnu. Cependant, sous sa forme ancienne, en raison des conditions techniques et économiques et de la survivance des rapports sociaux peu compatibles avec son emprise, l'État parvient difficilement à pousser cette logique jusqu'à son terme. Déjà Ibn Khaldoûn, dans la *Mouqaddima*, introduction à son *Histoire universelle*, avait observé que toute dynastie ne peut gouverner qu'une portion d'espace limitée et perd sa puissance dans les régions situées sur les confins : « Une dynastie est bien plus puissante en son centre que sur ses confins. Lorsqu'elle a étendu son autorité jusqu'à ses limites extrêmes, elle s'affaiblit »[1]. Le sociologue arabe rend ainsi compte des problèmes que pose l'aménagement de l'espace à des fins politiques. Les

---

1. Ibn Khaldoûn, *Les Textes sociologiques et économiques de la Mouqaddima, 1375-1379*, éd. de G.-H. Bousquet, Paris, 1965.

instruments dont dispose le pouvoir centralisé, afin d'être efficace et de se maintenir, dépendent étroitement du développement technique *et* des moyens de communication matérielle et intellectuelle. Nombre d'Empires et de royaumes africains se sont dissous dans un espace trop vaste : depuis les Empires du Soudan occidental, jusqu'au Kongo, jusqu'à l'Empire lunda. Le recours aux capitales itinérantes (ou multiples) vise à remédier à ces difficultés ; à défaut de pouvoir établir également son emprise, le pouvoir central la manifeste en déplaçant son siège. Les rois du Buganda ont employé cette procédure, tout en multipliant dans les provinces les représentants qui leur sont directement attachés.

L'ensemble de ces conditions d'exercice du pouvoir limite nécessairement la centralisation et affecte l'organisation et le destin de l'État dit traditionnel. Le souverain s'associe les détenteurs de pouvoirs locaux, soit en les liant de quelque manière à sa cour, soit en créant des fonctions qui permettent, sur place, de leur faire contrepoids ou de les évincer. Ainsi, les *kabaka* (rois) du Buganda ont attribué des charges à certains chefs claniques, constitué des lignages soumis à leur seul contrôle, instauré dans les provinces des postes d'autorité créant une compétition et un équilibre qui leur sont favorables. Les difficultés de la centralisation entraînent fréquemment une autre conséquence. La faiblesse relative du pouvoir central permet le maintien de pouvoirs qui lui sont homologues, bien que *subordonnés*, en divers points du territoire. Dans ce cas, les provinces reproduisent, en quelque sorte, les structures d'un État qui n'a pas les moyens de réaliser matériellement son unité. Ainsi, les souverains lunda (Afrique centrale) ont maintenu un gouverneur les représentant dans les régions méridionales de l'empire – le *sanama* – qui calque l'organisation politico-militaire de son commandement sur celle de la région centrale. C'est dans l'ancien royaume de Kongo que cette caractéristique se révèle avec netteté. Le roi, les chefs provinciaux et ceux des territoires vassaux s'y trouvent, chacun à leur niveau, dans une situation identique et l'agencement politique a un aspect répétitif : les chefs sont les figures semblables du souverain, les petites capitales celles de San Salvador, lieu de la résidence royale[1]. Enfin, et c'est la troisième conséquence, dans la mesure même où la structure territoriale de l'État demeure segmentaire, c'est-à-dire constituée d'éléments homologues bien que hiérarchisés, les risques de rupture et de sécession paraissent élevés. Affaibli, l'État ne s'écroule pas en entraînant toute la société dans sa ruine ; il se réduit progressivement et l'espace qu'il contrôle finit par se limiter à la région dont la capitale déchue reste le centre. La décomposition de certains États traditionnels africains, dont Kongo, en est une vérification.

Le problème de la capacité du « centre » à maîtriser son territoire politique, en totalité, se pose aussi dans les sociétés traditionnelles soumises à un pouvoir absolu et disposant d'un appareil gouvernemental efficace. K. Wittfogel, dans l'ouvrage controversé qu'il consacre au *Despotisme oriental* (1964), le montre avec netteté. Le pouvoir despotique total, pourtant attentif à réprimer les particularismes, trouve ses limites les plus contraignantes dans son rapport à l'espace, malgré les moyens bureaucratiques et matériels qui permettent son exercice. Après avoir lié cette forme de l'organisation politique à la « civilisation hydraulique » – fondée sur les grands travaux de régulation des eaux –, Wittfogel observe qu'elle n'a pu provoquer une égale diffusion des institutions qui lui sont propres. Dans le cadre de ce système, les unités politiques *les plus vastes* sont affectées par la discontinuité et le relâchement de la cohésion. Un acci-

---

1. Voir G. BALANDIER, *La Vie quotidienne au royaume de Kongo*, Paris, 1965.

dent historique révèle et exploite cette faiblesse, témoin le cas de la Chine septentrionale qui, à plusieurs reprises, soumise à l'invasion des « tribus nomades », se divisa alors en plusieurs provinces qui gardèrent néanmoins « leurs structures traditionnelles de pouvoir agro-despotique »[1]. En ce cas aussi, les épreuves subies par l'État entraînent une segmentation territoriale, une réduction de son ressort géographique ; cependant, elles n'altèrent pas radicalement la nature du pouvoir. Un exemple américain est très significatif : celui de l'empire des Incas, qui a souvent donné lieu à des interprétations fautives. Il s'agit là encore d'une société « hydraulique » supportant un pouvoir despotique. L'empire s'est constitué par conquêtes successives et a conservé l'aspect d'un monde disparate ; il était fait d'États, de confédérations, de tribus et de communautés rurales ayant maintenu leur individualité ; il superposait à ces unités diversifiées des divisions administratives standardisées, une organisation rigide de l'espace politique, qui a pu être qualifiée de fiction bureaucratique ; il assurait plus la gestion d'une économie fonctionnant au profit de la caste des Incas que l'administration des hommes, concédée largement aux pouvoirs locaux. A. Métraux a souligné ce dernier aspect : « En fait, l'empire des Incas combinait le despotisme le plus absolu avec la tolérance envers l'ordre social et politique des populations sujettes. » Cet auteur a bien mis en évidence la persistance des coutumes et des structures régionales, les limites que le despotisme inca a rencontrées, car si l'État n'a pas été entièrement centralisé, il s'est au moins voulu tel[2]. L'espace politique n'a jamais été homogène, malgré les apparences, et le pouvoir central a composé avec les particularismes provinciaux, malgré son absolutisme.

1. *Le Despotisme oriental*, trad. française, Paris, 1964, p. 275.
2. A. Métraux, *Les Incas*, Paris, 1961, p. 85 et suiv.

Le débat du segmentaire et du centralisé ne se saisit pas seulement par référence au territoire que l'État traditionnel tient sous sa juridiction. Il se situe au sein même de l'organisation étatique, dont il contrarie la tendance unitaire, et prend souvent la forme d'une coexistence précaire des structures étatiques et des structures claniques ou lignagères. Elles sont, en effet, en rapport d'incompatibilité relative, et, dans certaines circonstances, d'opposition. Leur contraste peut être aisément accentué : agencement segmentaire/agencement hiérarchique, pouvoir à pôles multiples/pouvoir centralisé, valeurs égalitaires/valeurs aristocratiques, etc. Certains anthropologues politistes le soulignent. L. Fallers retient comme hypothèse directrice de l'une de ses études – celle consacrée aux Soga de l'Ouganda – l'existence d'un « antagonisme structurel » entre l'État hiérarchique et l'organisation lignagère. D. Apter repère, quant à lui, un « clivage fondamental » entre les deux systèmes d'autorité et les deux séries de valeurs qu'ils impliquent. La coupure cependant n'est jamais rigoureuse : tout en dominant l'ordre clanique ancien, l'ordre étatique assure son intégration partielle ; tout en imposant sa domination, le souverain peut se présenter comme situé au point de rencontre de l'un et de l'autre, *comme roi et tête des clans* – ce qui est le cas au Buganda.

Dans les sociétés où l'État parvient difficilement à se constituer, et résulte parfois d'une action extérieure (à Tahiti et à Hawaï, par exemple), la confrontation des deux systèmes et leur ajustement précaire apparaît en toute netteté. La Polynésie a valeur d'illustration à cet égard. À Tonga, qui connut « mille ans de monarchie absolue de droit divin »[1], et reste ainsi une exception parmi les sociétés polynésiennes, la dispersion insulaire

---

1. J. GUIART, *Structure de la chefferie en Mélanésie du Sud*, Paris, 1963, appendice p. 661.

a néanmoins favorisé le maintien des groupements lignagers sur lesquels repose l'organisation politique, car
c'est en leur sein que le système aristocratique tongien
trouve son assise, et c'est par rapport à eux que s'établissent les relations entre les îles et que se conçoivent
les stratégies politiques. À Samoa, la division territoriale
(en districts) coexiste avec la répartition résultant des
appartenances claniques et sert de support à des chefferies contrôlées par une assemblée *(fono)*. Un « chef
suprême », cumulant des titres relevant de plusieurs districts, manifeste l'unité politique de l'ensemble des îles.
L'équilibre, ajustant à son pouvoir les pouvoirs locaux et
les pouvoirs claniques, semble si vulnérable que le trait
pertinent de l'organisation politique est la répartition du
pays entre deux « partis » : l'un puissant et prédominant
(malo), l'autre à pouvoir conditionnel et soumis aux
décisions du précédent *(vaivai)*. La position de puissance
permet à un groupe, ou à un district, d'exploiter les
autres jusqu'au moment où un conflit provoque un changement de rôle. L'histoire de Samoa, jusqu'au début du
XIXe siècle, est faite de ces luttes de puissance et non des
progrès d'un État embryonnaire. Les unités territoriales,
à Tahiti, correspondent apparemment aux diverses zones
d'influence des clans. Des pouvoirs régionaux ont pu
s'établir, un clan – *Téva* – a pu prédominer, mais tous les
rapports de puissance, exprimés par des alliances révocables, ont opéré afin d'empêcher l'établissement d'une
suprématie durable. Au sein même du groupe *Téva*, deux
« branches » sont en relation de rivalité et se disputent le
contrôle du clan. L'instabilité relative caractérise le système, et c'est seulement aux environs de 1815 – pour des
raisons principalement externes – que Pomaré II, « ayant
exterminé pratiquement la classe des chefs », doit être
« considéré comme roi de Tahiti ». Selon la formule de
Williamson, le pouvoir « despotique » naissant a dû rui-
ner le « système tribal » ou succomber ; il a vaincu provi-

soirement avec l'appui des Anglais, missionnaires et autres [1].

La permanence des aspects segmentaires au sein de l'État traditionnel a incité A. Southall à opposer l'État *unitaire*, « complètement développé », et l'État *segmentaire*, et à affirmer que la première de ces deux formes politiques s'est rarement réalisée : « Dans la plupart des régions du monde, et la plupart du temps, le degré de spécialisation politique atteint a plus été du type segmentaire que du type unitaire. » La structure du pouvoir, qui constitue le critère distinctif principal, est dite *pyramidale* dans le premier cas. Des pouvoirs homologues se répètent aux divers niveaux ; les unités constitutives disposent d'une relative autonomie, d'un territoire n'ayant pas le caractère d'une simple division administrative, d'un appareil administratif ; leurs relations respectives restent semblables à celles qui lient les segments entre eux au sein d'une société clanique ; enfin, le système global apparaît souvent plus centralisé au plan du rituel qu'au plan de l'action politique. Dans le second cas, la structure est dite *hiérarchique*, en ce sens que les pouvoirs sont nettement différenciés, selon le niveau où ils se situent, et que le pouvoir situé au sommet exerce une domination incontestable.

A. Southall retient six caractéristiques définissant l'État segmentaire : 1) la souveraineté territoriale est reconnue, mais limitée : son autorité s'estompe en s'appliquant aux régions éloignées du centre ; 2) le gouvernement centralisé coexiste avec des foyers de pouvoir sur lesquels il n'exerce qu'un contrôle relatif ; 3) le centre dispose d'une administration spécialisée qui se retrouve, en réduction, dans les diverses zones ; 4) l'autorité centrale n'a pas le monopole absolu de

---

1. R. W. WILLIAMSON, *The Social and Political Systems of Central Polynesia*, vol. I, 1924.

l'emploi légitime de la force ; 5) les niveaux de subordination sont distincts, mais leurs relations restent de caractère pyramidal : l'autorité est conforme, pour chacun d'eux, à un même modèle ; 6) les autorités subordonnées ont d'autant plus de possibilités de changer d'allégeance qu'elles occupent une position plus périphérique[1].

Cette contribution théorique, en raison de son importance, appelle un examen critique. Tout d'abord, elle néglige le fait suivant : pour que la structure hiérarchique du pouvoir prédomine nettement, il faut que les rapports sociaux *prépondérants* soient eux-mêmes de type hiérarchique, c'est-à-dire que les ordres (ou états), castes et proto-classes prévalent sur les relations de type répétitif résultant de la descendance et de l'alliance. Elle instaure, par ailleurs, une coupure trop radicale entre relations hiérarchiques et relations pyramidales qui coexistent en fait dans les États traditionnels et dans divers États modernes, ce que viennent de montrer, pour les premiers, des exemples issus des données de l'anthropologie politique. Enfin, le rôle de la compétition et du conflit au sein même de l'action politique fait que cette dernière conserve un aspect segmentaire.

Le groupe dirigeant n'a pas plus que l'État un caractère parfaitement unitaire. Les éléments qui le composent rivalisent pour s'assurer le pouvoir, le prestige, la puissance matérielle ; et cette rivalité requiert des stratégies qui utilisent, au moins provisoirement, les divisions segmentaires de la société globale. Le jeu des coalitions peut contrarier la formation de l'État (cas de la Polynésie), ou susciter des guerres de succession qui ouvrent une période de vacance du pouvoir (cas des États africains traditionnels). Il en est de même des

1. A. SOUTHALL, *Alur Society*, Cambridge, 1956, chap. IX.

compétitions pour les charges qui requièrent un appui parmi les membres de l'élite politique, et une force personnelle (un « parti ») constituée à l'aide des parents, des alliés et des dépendants [1]. Les positions personnelles dans la hiérarchie dirigeante sont ainsi majorées, en recourant au renforcement que peut fournir le système des relations dites segmentaires.

c) *La rationalité de l'État traditionnel.* – Pour les sociologues théoriciens qui se situent dans le sillage de Max Weber, l'État résulte de la lente rationalisation des structures politiques existantes, que manifestent une volonté unitaire, une administration compétente se reportant à des règlements explicites, une tendance à organiser l'*ensemble* de la vie collective. Dans un grand nombre d'États traditionnels, la rationalité ainsi entendue est rarement présente : l'unité et la centralisation restent inachevées et vulnérables, les droits particuliers subsistent, l'administration se fonde sur les situations statutaires et sur les relations de dépendance personnelle plus que sur la compétence, le pouvoir étatique n'intervient guère (et inégalement selon la distance par rapport au centre) dans les affaires locales. C'est seulement dans le type du « despotisme oriental », tel que l'a élaboré K. Wittfogel, que la rationalité paraît accentuée – ou exacerbée. Les traits estimés spécifiques sont révélateurs : l'État détient un pouvoir total et la classe dirigeante se confond avec l'*appareil* qu'il met en œuvre ; maître des moyens de production essentiels, il joue un rôle énorme dans la vie économique ; il instaure l'emprise de la bureaucratie et crée, dans la société qu'il domine, « une propriété foncière *bureaucratique*, un capitalisme *bureaucratique*, une aristocra-

---

1. Contribution de P. C. LLOYD à A.S.A., *Political Systems and Distribution of Power*, Londres, 1965.

tie rurale *bureaucratique*». Cette forme de l'État – qui lui permit de devenir «plus fort que la société» – est expliquée par tout un ensemble de conditions et de moyens : par la restriction de la propriété privée et le contrôle suprême des grandes entreprises techniques ; par l'organisation efficace des communications et la possession du monopole de l'action militaire ; par l'existence d'un système de recensement et d'archives, nécessaire au fonctionnement d'une fiscalité assurant un revenu gouvernemental permanent ; par la soumission de la religion dominante, donnant au régime un caractère hiérocratique ou théocratique [1].

Ce type idéal, au sens de Max Weber, ne trouve pas son application dans toutes les «sociétés hydrauliques» inventoriées par Wittfogel, comme l'a montré l'analyse des obstacles et des limites à la centralisation. Il reste aussi d'usage limité dans le cas des sociétés qui ont provoqué sa formulation. En Chine ancienne, malgré l'expansion du système bureaucratique et le «despotisme», la structure politique resta largement segmentaire ; sous la hiérarchie officielle, des unités à large autonomie se maintiennent : les villages, les clans, les corporations, et le pouvoir étatique agit comme arbitre lorsque leurs intérêts entrent en conflit. Max Weber a comparé la «structure administrative primitive» de la Chine à celle des royaumes africains ; il a souligné la déperdition d'autorité du centre vers la périphérie, la vigueur du facteur héréditaire, le rôle de la structure clanique au sein du système politique, la fonction variable des éléments théocratiques et charismatiques. La rationalité inhérente aux institutions de l'État traditionnel despotique reste tenue dans des limites qui contrarient son accomplissement. Elle est cependant conduite jusqu'au point où le groupe dirigeant acquiert et conserve *son*

---

1. K. WITTFOGEL, *op. cit.*, Introduction, chap. II et III.

propre optimum de rationalité – ou s'approche de cet
état défini par le meilleur niveau de possession des
biens, des symboles et du prestige.

L'analyse doit se préciser en recourant ici à un
exemple. Le Ruanda monarchique semble l'un des plus
propices, en raison de la taille du royaume, de son
maintien jusqu'à une date récente, et de la qualité des
informations ethnologiques qui s'y rapportent. Une
minorité dominante, d'origine étrangère, le groupe
Tutsi, s'est superposée à une paysannerie autochtone
largement majoritaire (à plus de 82 %), le groupe *Hutu*.
Elle a progressivement construit l'État, élargi le territoire, mis en place les mécanismes qui assurent son
emprise politique et économique : le réseau des relations
de dépendance personnelle, la hiérarchie politico-
administrative, les armées. Elle a assuré la sécurité
et favorisé la capitalisation en hommes, à tel point
que la densité de population a dépassé 100 hab./km^2
au cours des dernières décennies. Enfin, elle a édifié
un système unitaire dont le souverain – maître absolu
des hommes et du pays – est le gardien et a élaboré
une culture nationale. La rationalité propre à l'État
ruandais rencontre cependant des obstacles nombreux
qui s'opposent à son cheminement. Les régions sont
d'autant moins soumises au contrôle étatique qu'elles
se situent plus loin du centre ; les structures claniques et
lignagères sont d'autant plus vigoureuses que ce
contrôle se relâche ; l'équilibre entre les divers pouvoirs
se modifie en conséquence dans les mêmes conditions.
L'État n'a pu parvenir à établir son emprise de manière
égale, et les « variantes » régionales témoignent des
limites contrariant la généralisation du système administratif. Les résistances éprouvées ne s'expliquent pas
seulement par les insuffisances techniques (celles tenant
aux moyens d'aménager l'espace et d'assurer les
communications, celles inhérentes à une bureaucratie

rudimentaire), elles ont le caractère d'une résistance à la domination de l'aristocratie tutsi. C'est que la rationalité du système ruandais paraît moins celle d'un État, organisant la société en son entier, que celle d'une « classe » organisant l'exploitation d'une majorité paysanne chargée de la production et soumise à des prestations multiples. La mécanique socio-politique fonctionne à cette fin. Si l'on tente de représenter graphiquement l'agencement des relations sociales fondamentales – qui ont toutes des implications économiques –, on constate qu'elles sont orientées vers le souverain *(mwami)*, vers les agents de la hiérarchie politico-administrative et l'aristocratie.

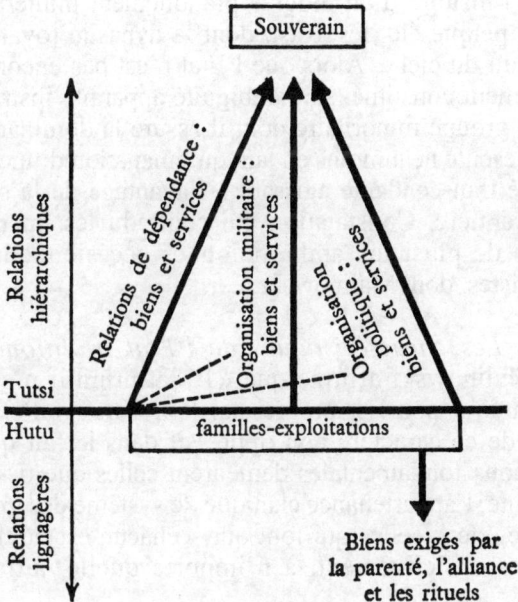

Emprise politique et économique au Ruanda ancien

Cette rationalité, opérant à l'avantage de la minorité gouvernante et dominante, est tellement incontestable que l'organisation politique a pu être interprétée comme « un système d'échange ». Le roi, les chefs et les notables doivent disposer de nombreuses richesses afin de pouvoir donner, et manifester ainsi leur supériorité[1]. Les Tutsi et les Hutu sont vus, et se voient d'une certaine manière, sous l'aspect de groupes essentiellement étrangers que le jeu des échanges *inégaux* associe. Une idéologie très construite exprime cette inégalité fondamentale et manifeste la domination subie comme fondée, à la fois, dans la nature et dans l'histoire, parce que résultant d'un décret divin. J. Vansina précise que, pour les historiographes de la Cour, « le passé du Ruanda était l'histoire d'un progrès pratiquement ininterrompu d'un peuple élu, les Tutsi, dont la dynastie royale descendait du ciel ». Alors que l'État n'est pas encore parfaitement constitué, son ambiguïté apparaît : instrument d'un groupe minoritaire dont il assure la domination, il se présente néanmoins en tant qu'émanation d'une rationalité transcendante agissant à l'avantage de la société tout entière. Constatation qui contredit les interprétations de plusieurs anthropologues occasionnellement politistes, dont Malinowski.

d) *Les caractéristiques de l'État traditionnel.* – B. Malinowski affirme que « l'État primitif n'est pas tyrannique pour ses propres sujets ». Il trouve l'explication de ce caractère non oppressif dans le fait que les relations fondamentales demeurent celles que tissent la parenté, l'appartenance clanique, le système des groupes d'âge, etc. ; celles qui font que « chacun est lié, réellement ou fictivement, à n'importe quelle autre per-

---

1. Étude de A. TROUBWORST portant sur le royaume voisin (et semblable) du Burundi : L'organisation politique en tant que système d'échange au Burundi, *Anthropologica*, III, 1, 1961.

sonne »[1]. La personnalisation des rapports sociaux et politiques opposerait ainsi l'État primitif à l'État bureaucratique, et aurait pour conséquence d'éliminer (ou de réduire) la coupure entre le pouvoir étatique et la société soumise à sa juridiction. Cette manière de voir est démentie par les faits – bien qu'elle souligne justement l'aspect personnel de l'autorité. Elle n'est partiellement vérifiée que dans la mesure où l'État se trouve au stade embryonnaire et ne s'est pas encore approprié la puissance de la société. Cette vision idyllique a pu néanmoins inciter certains auteurs à envisager l'État traditionnel sous la forme d'« une grande famille » englobant tout un peuple.

Max Gluckman, fondant son analyse sur les résultats de la recherche africaniste, a accentué des caractéristiques propres aux sociétés étatiques africaines, qu'il a estimées d'application plus large. Après avoir rappelé les limites de la technologie, la faible différenciation de l'économie dans nombre de cas, le rôle encore joué par la « solidarité mécanique », il met en évidence l'*instabilité* intrinsèque de ces États. Ils sont menacés de segmentation par la fragilité de leur assise territoriale, plus que par le type de pouvoir dont ils sont l'instrument. Leur vulnérabilité physique, peut-on dire, contraste avec la capacité de résistance de l'organisation politique qu'ils impliquent. Où trouver l'explication de cette contradiction apparente ? Gluckman invoque l'absence de clivages et de conflits entre les intérêts économiques des gouvernants et des gouvernés : l'affrontement des « classes » n'opère pas encore et le système de pouvoir et d'autorité n'est pas fondamentalement contesté. Les conflits se réduisent à ceux qui sont inhérents à ce système, c'est-à-dire aux luttes pour le pouvoir et aux compétitions pour l'accession aux charges. Gluckman

1. B. MALINOWSKI, *Freedom and Civilization*, 1947, p. 266 et 253.

complète sa théorie en précisant que « les États africains portent en eux-mêmes un processus de rébellion constante, mais non de révolution ». Leurs structures ne sont pas remises en cause, mais seulement les détenteurs du pouvoir et de l'autorité. La rébellion conduit alors à des sécessions ou à des changements de titulaires, et peut même être institutionnalisée, en tant que facteur de renforcement de l'organisation politique, dans le cadre d'un rituel périodique[1]. Les dynamismes internes de l'État traditionnel sont ainsi reconnus sous la forme de l'instabilité affectant l'extension du territoire politique, des rivalités pour le pouvoir et des rébellions dépourvues d'efficacité révolutionnaire ; tandis que les forces de modification dépendent davantage des conditions externes que de la contestation agissant à l'intérieur du système. Cette interprétation ne livre qu'une vérité partielle, car elle sous-estime la contrainte étatique qui, à l'inverse, évoquera pour G. P. Murdock un type de « despotisme africain », tout autant qu'elle élude l'opposition entre groupes sociaux inégaux, entre gouvernants et gouvernés. L'étude des *mouvements sociaux*, dans les sociétés relevant de la démarche anthropologique, devra être entreprise afin de corriger les images fautives qui rendent encore compte de la nature des sociétés étatiques traditionnelles. L'évolution est d'ailleurs en cours. Ainsi, P. Lloyd, dans un récent essai théorique, souligne le caractère inéluctable du conflit et le recours nécessaire à la coercition qui définit *tout* État, et délimite les domaines d'expression du conflit : au sein de l'« élite politique », entre les sous-groupes qui la constituent, au sein de la société globale, entre la minorité privilégiée et les « masses » soumises à la domination de cette dernière. M. H. Fried, par ailleurs, reprend l'étude

---

1. Voir notamment Max GLUCKMAN, *Custom and Conflict in Africa*, Oxford, 1955, et *Order and Rebellion in Tribal Africa*, Londres, 1963.

systématique des corrélations entre stratification sociale et formes étatiques, pour finalement reconnaître tout pouvoir étatique comme l'instrument de l'inégalité[1].

On conçoit mal qu'il en soit autrement. L'État traditionnel ne peut être défini par un type (ou modèle) sociologique qui l'opposerait *radicalement* à l'État moderne. Dans la mesure où il est un État, il se conforme d'abord aux caractéristiques communes. Organe différencié, spécialisé et permanent de l'action politique et administrative, il requiert *un* appareil de gouvernement capable d'assurer la sécurité au-dedans et sur les frontières. Il s'applique à un territoire et organise l'espace politique de telle manière que cet aménagement corresponde à la hiérarchie du pouvoir et de l'autorité, et assure l'exécution des décisions fondamentales dans l'ensemble du pays soumis à sa juridiction. Moyen de domination, tenu par une minorité qui a le monopole de la décision politique, il se situe en tant que tel au-dessus de la société dont il doit néanmoins défendre les intérêts communs. En conséquence, l'organisation étatique traditionnelle est un système essentiellement dynamique, exigeant le recours permanent aux stratégies qui maintiennent sa suprématie et celle du groupe qui le contrôle. Les recherches anthropologiques nouvelles imposent de ne plus négliger (ou ignorer) ces aspects : l'État traditionnel permet effectivement à une minorité d'exercer une domination durable ; les luttes pour le pouvoir au sein de cette dernière – auxquelles on réduit souvent *la* politique en ces sociétés – contribuent plus à renforcer la domination exercée qu'à l'affaiblir. À l'occasion de ces compétitions, la classe politique « se durcit » et pousse vers le point maximal le pouvoir qu'elle détient en tant que groupe. C'est dans le type dit du « despotisme oriental »

1. M. H. FRIED, The Evolution of Social Stratification and the State, *in* S. DIAMOND (éd.), *Culture in History*, New York, 1960.

que ces caractéristiques présentent la plus forte accentuation.

L'État traditionnel possède également des traits distinctifs. Certains de ceux-ci ont déjà été envisagés ou
évoqués. L'État traditionnel concède, par nécessité, une
large place à l'empirisme ; il se crée à partir d'unités
politiques préexistantes qu'il ne peut abolir et sur lesquelles sont établies ses propres structures ; il parvient
mal à imposer la suprématie du centre politique et
conserve un caractère diffus qui le différencie de l'État
moderne centralisé ; il reste menacé par la segmentation
territoriale. Par ailleurs, cette forme d'organisation politique correspond généralement au type du *patrimonialisme* défini par Max Weber. Le souverain détient le
pouvoir en vertu d'attributs personnels (non sur la base
de critères extérieurs et formels) et en raison d'un mandat reçu du ciel, des dieux ou des ancêtres royaux, qui
lui permet d'agir au nom de la tradition considérée
comme inviolable et d'exiger une soumission dont la
rupture équivaut à un sacrilège. Le pouvoir et l'autorité
sont si fortement personnalisés que l'intérêt public,
propre à la fonction, se sépare difficilement de l'intérêt
privé de celui qui l'assume. L'appareil gouvernemental
et administratif recourt à des dignitaires, à des notables
tenus par le jeu des relations de dépendance personnelle, plus qu'à des fonctionnaires.

Les stratégies politiques apparaissent spécifiques de
ce type de pouvoir : elles mettent en cause les rapports
de parenté et d'alliance, les rapports de patron à client,
les diverses procédures permettant de multiplier les
dépendants, les moyens rituels donnant au pouvoir son
assise sacrée. En second lieu, les antagonismes politiques peuvent s'exprimer en opposant l'ordre lignager à
l'ordre hiérarchique instauré par l'État, ou en prenant
l'aspect d'un affrontement religieux ou magique. Enfin,
la relation au sacré reste toujours apparente, car c'est en

s'y référant que l'État traditionnel définit sa légitimité, élabore ses symboles les plus révérés, exprime une part de l'idéologie qui le caractérise. D'une certaine manière, sa rationalité théorique trouve son expression dans la religion dominante, comme sa rationalité pratique trouve la sienne dans le groupe (ou protoclasse) qui a le monopole du pouvoir.

3. HYPOTHÈSES SUR L'ORIGINE DE L'ÉTAT

La recherche anthropologique a eu l'ambition d'élucider les origines des institutions premières et primitives, elle n'y a jamais renoncé totalement. Le problème de la genèse de l'État est l'un de ceux qui, par les élaborations théoriques qu'ils suscitent périodiquement, jalonnent l'histoire de la discipline. Il est considéré par les fondateurs et continue à orienter certains des travaux récents. L'inventaire des théories résultant de ces études paraît néanmoins décevant, bien qu'il aide à préciser diverses caractéristiques de l'État primitif, et à révéler les ambiguïtés affectant la définition du pouvoir étatique. L'intérêt scientifique de ces entreprises théoriques est nul dès l'instant où l'on admet – comme le suggère W. Koppers – que « l'État bien compris remonte déjà aux temps les plus reculés de l'humanité ». Il devient davantage apparent dans le cas des interprétations, les plus nombreuses, qui lient le processus de formation du pouvoir étatique au fait de la *conquête*, envisagée comme créatrice de différenciation, d'inégalité et de domination. F. Oppenheimer, dans *Der Staat* (1907), définit tous les États connus par le fait de la domination d'une classe sur l'autre à des fins d'exploitation économique. Il associe la formation du « système de classes », et la constitution conséquente d'un pouvoir étatique, à une intervention *extérieure* : la subjugation d'un groupe (autochtone) par un autre (étranger et conquérant). Ce point de vue est accepté, avec des nuances et des variations, par plusieurs anthropologues, dont certains manifestent pourtant une réelle exigence de rigueur théorique. R. Linton, par exemple, dans *The Study of Man* (1936), envisage essentiellement deux moyens de construction des États : l'association volontaire et la domination imposée en raison d'une puissance supérieure. Cette deuxième possibilité lui paraît être la plus fréquemment réalisée : « Les États peuvent venir à l'existence soit par la fédération volontaire de deux ou plusieurs tribus, soit par la subjugation de groupes faibles, par des groupes plus puissants, entraînant la perte de leur autonomie politique... Les États de conquête sont beaucoup plus nombreux que les confédérations »[1]. Dans une introduction moderne à l'anthropologie publiée en 1953, R. Beals et H. Hoijer considèrent encore, avec moins de réserves, que le droit exclusif de recourir légitimement à la force et à la coercition – par lequel le pouvoir gouvernemental est défini – « apparaît seulement avec l'État de conquête » *(An Introduction to Anthropology)*. Dans le même sens, S. Nadel, au cours des considérations théoriques qui accompagnent son étude du système politique des Nupe (Nigeria), retient le facteur de la conquête comme un des facteurs qui paraissent nécessaires à la formation du pouvoir étatique[2].

Ce mode d'interprétation est aussi lié à une longue lignée d'auteurs travaillant en dehors de la discipline anthropologique : parmi lesquels F. Oppenheimer déjà évoqué, L. Gumplowicz *(Grundriss der Soziologie,* 1905) et Max Weber qui, définissant le politique par le fait de la domination, valorise la conquête extérieure comme constitutive de cette relation. A. Rüstow, dans

---

1. R. LINTON, *op. cit.*, p. 240 *sq.*
2. S. F. NADEL, *A Black Byzantium*, Londres, 1942, p. 69-70.

un ouvrage plus récent, adhère toujours à la théorie du
développement exogène des stratifications sociales
complexes et d'un pouvoir politique qualifié, en l'occurrence, de *féodal*[1]. Malgré la résistance de cette « explication » – qui a pu être hissée par H. E. Barnes à la
dignité de « théorie sociologiquement distinctive de
l'origine de l'État » –, des critiques ont très tôt révélé ses
limites. W. MacLeod, à partir de matériaux concernant
les Amérindiens septentrionaux, signale le développement essentiellement endogène de certaines hiérarchies
sociales et du pouvoir politique qu'elles conditionnent[2].
Toutefois, c'est R. Lowie qui, parmi les premiers anthropologues, formule la plus nette contestation. Il fait
remarquer que les conditions internes suffisent « pour
créer des classes héréditaires ou approximativement
héréditaires » et, au-delà, l'État primitif, et observe que
les deux facteurs principaux – la différenciation inégalitaire et la conquête – « ne sont pas nécessairement
incompatibles » (*The Origin of the State*, 1924). En voulant manifester les caractéristiques internes favorables à
la formation du pouvoir étatique, il passe cependant à
une position extrême et reconnaît ce dernier à l'état
potentiel dans un grand nombre de sociétés humaines. Il
affirme : « À une époque très ancienne et dans un milieu
très primitif, il n'était pas nécessaire de rompre les liens
de la parenté pour fonder un État politique. En effet, en
même temps que la famille et le clan, il a existé pendant
un nombre de siècles incalculable des associations, tels
les "clubs" masculins, les classes d'âge ou les organisations secrètes, indépendantes de la parenté, évoluant
pour ainsi dire dans une sphère toute différente de celle
du groupe de parenté et capables de revêtir facilement

1. A. RÜSTOW, *Ortsbestimmung der Gegenwart*, Zurich, 2 vol.,
1950-1952.
2. W. C. MACLEOD, *The Origin of the State...*, Philadelphie, 1924,
p. 12, 39.

un caractère politique, si elles ne le présentent pas dès leur apparition »[1]. En bref, Lowie retient essentiellement deux conditions internes propices à la constitution de l'État primitif : l'existence de rapports sociaux extérieurs à la parenté, dont certains mettent en cause le principe de « contiguïté locale » ; l'existence de groupes – dits « associations » – qui sont porteurs d'inégalité, sur la base de la différenciation sexuelle, de l'âge ou de l'initiation. La difficulté reste cependant entière : ces caractéristiques sont générales et toutes les sociétés qui les possèdent présentent des formes d'organisation politique très diverses. Lowie doit donc faire appel à des facteurs moins largement répartis et provocateurs du processus de centralisation du pouvoir. Les uns sont d'ordre interne : la valorisation des associations militaires, même si elle n'a qu'un caractère saisonnier comme dans le cas des Indiens Cheyennes ; la prédominance des hiérarchies instaurées selon le rang, comme dans les sociétés polynésiennes ; la présence de personnages fortement sacralisés qui fondent une autocratie en attachant à leur entreprise « le halo du surnaturel ». Les autres sont d'ordre externe : l'intervention d'étrangers qui s'établissent et fournissent aux chefs locaux un supplément de puissance, comme à Fiji ; la conquête qui provoque une extension de l'unité politique et crée une domination, comme dans le cas de plusieurs des royaumes et Empires africains. R. Lowie envisage ainsi plusieurs voies acheminant vers le pouvoir centralisé, tout en négligeant _les conditions économiques_ créatrices des rapports sociaux qui rendent celui-ci nécessaire. Par ailleurs, sa définition très large de l'État le conduit à reconnaître un pouvoir étatique (en germe) dès l'instant où « l'usage potentiel et permanent de la contrainte physique » a été « sanctionné par la communauté ». Cette

1. R. LOWIE, _Primitive Society_, 1921, p. 380.

interprétation, trop extensive, ne permet pas, finalement, de déterminer avec rigueur les processus constitutifs des États traditionnels les plus achevés[1].

À la faveur des recherches anthropologiques plus récentes, le rôle relatif de la conquête dans l'ensemble de ces processus a été réévalué. M. Fried suggère de différencier nettement les États *primaires* des États *secondaires* ou dérivés. Les premiers sont ceux qui ont pu se former, à la faveur d'un développement interne ou régional, sans qu'intervienne le stimulus d'autres formations étatiques préexistantes ; ce sont les moins nombreux : ceux de la vallée du Nil et de la Mésopotamie – foyers des plus anciennes sociétés à État –, ceux de la Chine, du Pérou et du Mexique. Les seconds résultent d'une « réponse » imposée par la présence d'un État voisin, véritable pôle de puissance qui finit par modifier les équilibres établis dans une zone plus ou moins étendue. Nombre de sociétés étatiques d'Asie, d'Europe et d'Afrique ont pu s'édifier selon ce mode – bien que par des procédés divers. Examinant le cas des royaumes et des Empires africains, H. Lewis identifie certains des procès ayant contribué, d'une manière induite, à leur constitution : 1) la conquête rapide ou insidieuse opérant au détriment d'unités politiques affaiblies (royaumes de la région interlacustre en Afrique orientale) ; 2) la guerre provoquant, par le jeu des victoires et des défaites, un nouveau découpage politique (Galla d'Éthiopie) ; 3) la sécession résultant de l'ambition des agents locaux du pouvoir central (Mossi) ou de la révolte contre le tribut (Dahomey) ; 4) la soumission volontaire à un pouvoir étranger estimé efficace (Shambala de Tanzanie)[2].

1. En dehors de l'ouvrage mentionné, se reporter à R. LOWIE, *Social Organization*, 1948, chap. 14.
2. H. S. LEWIS, The origins of African Kingdoms, in *Cahiers d'Études africaines*, 23, 1966.

Cette dernière démarche, par les deux modes de formation des États qu'elle distingue, est homologue de
celle que K. Wittfogel a appliquée à la « société de
conquête » en différenciant la conquête *primaire*, créatrice d'une stratification sociale avancée, et la conquête
secondaire, inductrice d'une différenciation plus poussée des sociétés stratifiées. Toutes deux posent indirectement le problème du développement endogène, sans
lequel les effets considérés ne pourraient intervenir à
partir de sociétés déjà stratifiées et détentrices d'un pouvoir fort. Toutes deux ont une même portée : elles manifestent l'importance et la complexité des influences
extérieures, tout en montrant les limites des théories fondant l'explication sur le seul fait de la conquête. L'incidence politique des facteurs externes, des relations
orientées vers le dehors, devient encore plus apparente si
l'on rappelle que tout pouvoir obéit à une double nécessité, l'une d'ordre interne, l'autre d'ordre externe. Une
variante des interprétations que l'on pourrait dire rela-
tionnelles, de la genèse des États primitifs, est proposée
par A. Southall. Il envisage l'*hétérogénéité* ethnique et
culturelle, dans un cadre régional, en tant que condition
propice à la réalisation de ce processus. L'interaction
d'ethnies diversifiées, à structures sociales contrastées,
les prédispose à s'ajuster dans une structure de domina-
tion/subordination au-delà de laquelle les formes du pouvoir étatique ont la possibilité de se constituer. Selon
Southall, deux circonstances sont favorables à cette évolution. L'un des groupes en présence possède *déjà* une
organisation politique efficace *à grande échelle* ; il dispose des moyens permettant d'aménager politiquement
un espace élargi et finit par imposer sa suprématie aux
micro-sociétés avec lesquelles il est en rapport. L'un des
groupes recèle des leaders de type *charismatique*, et
ceux-ci deviennent les chefs sollicités par les sociétés
voisines ou les « modèles » selon lesquels elles orga-

nisent le pouvoir interne en le subordonnant. Dans un cas, c'est la compétence à diriger un espace politique étendu, dans l'autre, c'est la qualité du leader qui rendent possible l'établissement d'une structure de domination. Le germe étatique serait alors formé.

Toutes ces théories se heurtent à une difficulté qu'elles tentent de briser à l'aide des mêmes armes : ne trouvant pas, au sein des sociétés préétatiques, des conditions suffisant à la formation de l'État, elles recherchent à l'extérieur les causes de l'écart différentiel qui permet d'instaurer les relations de domination.

Dans l'anthropologie implicite ou explicite que le marxisme a pu esquisser, c'est au contraire le processus interne de transformation qui se trouve mis en évidence – à savoir, le passage de la communauté primitive à une société où l'État devient le principal mécanisme d'intégration sociale, le principe unificateur. F. Engels, dans le célèbre ouvrage considérant « l'origine de la famille, de la propriété privée et de l'État », ne néglige pas la théorie de la conquête. Il explique par cette dernière, et par des caractéristiques démographiques, la genèse du pouvoir étatique chez les Germains, résultat direct « de la conquête de vastes territoires étrangers que le régime de la *gens* n'offre aucun moyen de dominer ». C'est à Athènes, toutefois, qu'il reconnaît « la forme la plus pure, la plus classique », sous laquelle l'État naît *directement*, à partir des antagonismes déjà présents dans la société à *gentes*. Il retient essentiellement cinq circonstances favorables au dépassement de la simple confédération de tribus : la création d'une administration centrale et d'un droit national ; la répartition des citoyens en trois « classes » ; l'action dissolvante de l'économie monétaire ; l'apparition de la propriété privée ; la substitution du lien territorial au lien de consanguinité. Au terme de processus complexes et convergents, l'État se constitue au-dessus des divisions de la société en

« classes » et au profit de celle d'entre elles qui possède la prépondérance et les moyens d'exploitation. Après avoir comparé la formation de l'État à Athènes, à Rome et chez les Germains, Engels tire des conclusions générales qui conservent une incontestable portée théorique, dont certains anthropologues politistes se sont inspirés, très souvent d'une manière inavouée. Elles se résument, pour l'essentiel, dans les trois propositions suivantes : l'État naît de la société ; il apparaît lorsque cette dernière « s'embarrasse dans une insoluble contradiction avec soi-même », et il a la charge « d'amortir le conflit en le maintenant dans les limites de l'ordre » ; il se définit comme « un pouvoir, issu de la société, mais qui veut se placer au-dessus d'elle et s'en dégage de plus en plus ».

Engels n'a pas, pour autant, levé toutes les difficultés, car il a finalement retenu une conception unilinéaire du développement social et politique, en éliminant les considérations antérieures relatives au mode de production asiatique et au despotisme oriental, et en négligeant la documentation anthropologique consacrée à certains États primitifs. Il considère, en fait, le mouvement de l'histoire occidentale comme typique du devenir des sociétés et des civilisations ; tout en reconnaissant que ce mouvement se décompose lui-même en des courants divers lorsqu'il conduit à la constitution des organisations étatiques. L'orientation donnée reste néanmoins fructueuse, elle incite à identifier les formes de transition – celles qui présentent encore des aspects de société communautaire *et* possèdent déjà des aspects de société à « classes » (ou protoclasses) et à pouvoir d'État institué. La tâche urgente, maintenant, est *la recherche des différents processus par lesquels l'inégalité s'établit, par lesquels les contradictions apparaissent au sein de la société* et imposent la formation d'un organisme différencié ayant pour fonction de les contenir. Dépendant actuellement des progrès acquis dans le domaine de l'anthropologie économique, et dans celui de la connaissance historique des sociétés soumises à l'interrogation des anthropologues, cette entreprise peut provoquer, au moins et pour un temps, le désintérêt à l'égard des considérations répétitives « expliquant » la genèse des pouvoirs étatiques.

CHAPITRE VII

Tradition et modernité

L'anthropologie politique, avant d'avoir atteint la maturité, doit affronter les épreuves auxquelles toute démarche anthropologique se trouve maintenant soumise. Les formes anciennes du pouvoir se dégradent ou se transforment, les gouvernements primitifs et les États traditionnels s'effacent sous la pression des nouveaux États modernes et de leurs administrations bureaucratiques – ou se convertissent. La mutation politique est commencée, dans la plupart des pays que l'on dit en voie de développement, et succède aux remaniements résultant de la domination coloniale ou de la dépendance. C'est une longue histoire politique, déterminée par le jeu des *relations externes*, que prolonge cette mutation dans de nombreux cas, dont l'Asie, ouverte ancienne-ment aux influences extérieures, ne fournit pas seule des exemples. En Polynésie, à Samoa, Tahiti et Hawaï, les « monarchies centralisées » résultent des entreprises et des conceptions européennes (XVIIIe siècle), puis dispa-raissent ou régressent sous la loi des colonisateurs. En Afrique noire, les entités politiques disposant d'un débouché sur les côtes occidentales – notamment dans la région du golfe de Guinée et dans la région congolaise – ont été affectées par leurs rapports séculaires avec les agents de l'Europe ; certaines d'entre elles y ont trouvé les conditions de leur renforcement, avant d'en subir les effets destructeurs. Ainsi, dans le royaume de Kongo qui établit des liens avec le Portugal à la fin du XVᵉ siècle, les représentants du souverain portugais à la capitale suggèrent une réforme institutionnelle, définie par un *régimento*, dès le début du XVIᵉ siècle.

Les modifications politiques les plus remarquables ne sont pas seulement le produit d'une mise en relation récente ; cependant, après avoir opéré au cours d'une longue période, en nombre de sociétés traditionnelles, elles changent aujourd'hui de nature en se manifestant avec une vigueur plus radicale et en se généralisant. Pour cette raison même, l'anthropologie politique ne peut plus ignorer les dynamismes et le mouvement historique qui transforment les systèmes d'institutions auxquels elle s'applique, et doit élaborer des modèles dynamiques capables de rendre compte du changement politique tout en identifiant les tendances modificatrices des structures et des organisations. Elle ne disparaît pas avec ce qu'il était convenu d'appeler, voici quelques années, les formes primitives du gouvernement, car elle reste en présence d'une grande diversité de sociétés politiques et de manifestations fort complexes du traditionalisme. Elle saisit des expériences multiples – et pour certaines d'entre elles inédites –, elle accroît et différencie ainsi les informations qui lui permettent de devenir la science comparative du politique et des modes de gouvernement.

1. AGENTS ET ASPECTS DU CHANGEMENT POLITIQUE

La transformation des systèmes politiques traditionnels, hors du continent européen et de l'Amérique blanche, est généralement rapportée à la colonisation moderne ou à sa variante atténuée, la dépendance. D. Apter considère le colonialisme comme « une force modernisante », comme « un modèle par lequel la modernisation a été universalisée » (*The Politics of Modernization*, 1965). La justesse de cette affirmation apparaît si l'on envisage les ruptures, les effets de déstructuration, les nouveaux modes d'organisation résultant de l'entreprise et de la contrainte coloniales. Cependant, à cette constatation générale doit se substituer une analyse plus poussée, une mise en évidence des *conséquences politiques immédiates* de la situation coloniale. Par référence à l'Afrique colonisée, où ces phénomènes apparaissent avec une sorte de grossissement, cinq caractéristiques principales peuvent être retenues.

a) *La dénaturation des unités politiques traditionnelles.* – Les frontières tracées selon les hasards de la colonisation ne coïncident pas, sauf exception, avec les frontières politiques établies au cours de l'histoire africaine, ou avec les ensembles définis par des affinités culturelles. L'ancien royaume de Kongo constitue, à cet égard, l'un des exemples les plus significatifs, puisque l'espace qu'il avait contrôlé et organisé durant plusieurs siècles a été tronçonné au moment des partages coloniaux, réparti entre les deux Congo modernes et l'Angola où se trouve sa capitale déchue. Et les souvenirs historiques contribuent surtout à entretenir aujourd'hui la nostalgie d'un retour à l'unité perdue.

b) *La dégradation par dépolitisation.* – Lorsque l'unité politique traditionnelle n'était pas détruite, en raison de son opposition à l'établissement des colonisateurs (cas de l'ancien royaume du Dahomey), elle n'en était pas moins réduite à une existence conditionnelle. La colonisation a transformé tout problème politique en un problème *technique* relevant de la compétence administrative. Elle a contenu toute manifestation de la vie collective ou toute initiative qui semblait limiter ou menacer son emprise, quels qu'aient été les formes de la société politique indigène et les régimes coloniaux qui organisèrent la domination. Dans le cadre de la situation coloniale, la vie politique réelle s'exprime en partie d'une manière clandestine, ou bien se manifeste à l'occasion d'un véritable transfert. Le *doublage* des autorités reconnues administrativement, par des autorités effectives, bien que cachées, dans lequel les administrateurs éclairés ont su reconnaître un obstacle à leur action, illustre le premier processus. Les réactions à signification politique opèrent également de façon *indirecte* et apparaissent là où elles peuvent s'exprimer, notamment dans des mouvements religieux nouveaux, des églises prophétiques et messianiques qui se multiplient après 1920, ou sous le couvert d'un traditionalisme et d'un néo-traditionalisme dépourvus d'apparences politiques. Le colonisé utilise souvent, avec une grande habileté stratégique, le décalage culturel qui le sépare du colonisateur.

c) *La rupture des systèmes traditionnels de limitation du pouvoir.* – Le rapport instauré entre le pouvoir et l'opinion publique, les mécanismes assurant le consentement des gouvernés, et notamment ceux qui mettent en jeu le sacré, sont perturbés par la seule existence des administrations coloniales. Les gouvernants n'agissent plus que sous contrôle et deviennent moins responsables à l'égard de leurs sujets, les porte-parole du peuple – homologues de ceux qui intercédaient auprès des chefs chez les Ashanti du Ghana – perdent leur fonction. Les souverains disposent d'un pouvoir plus arbitraire, bien que plus limité, et l'accord du pouvoir colonial importe plus que l'acquiescement des gouvernés. Ceux-ci, à l'inverse, peuvent tenter de faire appel à l'administration étrangère afin de s'opposer à certaines décisions des autorités traditionnelles. De part et d'autre, la relation est faussée et les obligations réciproques ne paraissent plus nettement définies.

Les transformations économiques, sociales et culturelles suscitées par la colonisation ont des conséquences indirectes de même nature. Dans son analyse de la situation politique en pays soga (Ouganda), L. Fallers met en évidence la chute de prestige affectant les chefs, due au caractère conditionnel de leur pouvoir et à l'affaiblissement de leur position économique. Il constate, à l'inverse, la distance sociale établie entre les chefs bureaucratisés – qui forment « une élite disposant d'une sous-culture particulière » – et les villageois : l'autocratisme, résultant du dysfonctionnement des instruments traditionnels qui s'opposaient aux abus de pouvoir, s'est renforcé à un point tel que l'administration coloniale doit constituer des « Conseils officiels » auprès des chefs des divers degrés (*Bantu Bureaucracy*, 1956). Cet exemple révèle combien peuvent être trompeuses les permanences formelles de l'organisation politique ancienne : seuls les chefs de rang inférieur, qui se trouvent à la tête des communautés villageoises, restent effectivement conformes au modèle traditionnel.

d) *L'incompatibilité des deux systèmes de pouvoir et d'autorité.* – Les anthropologues politistes qui se réclament de la sociologie de Max Weber voient, dans l'établissement du pouvoir colonial, l'origine d'un processus qui assure le passage de l'autorité de type « patrimonial » à l'autorité de type bureaucratique. Il est vrai que la situation coloniale impose la coexistence d'un système traditionnel, fortement sacralisé et régissant des relations de subordination directe qui ont un caractère *personnel*, et d'un système moderne, fondé sur la bureaucratie, qui instaure des rapports moins personnalisés. Bien que tous deux soient acceptés comme légitimes, par la force des choses, leur incompatibilité

partielle demeure. L. Fallers la manifeste, à propos des
Soga, lorsqu'il montre les déviations et les stratégies
auxquelles donne lieu la coexistence des deux systèmes,
traditionnel et moderne : ce qui est loyalisme dans l'un,
devient népotisme dans l'autre, en raison de l'interférence des relations personnelles et des vieilles solidarités ; par ailleurs, les sujets ont la possibilité de conduire
un « double jeu » en se référant à l'un ou l'autre de ces
systèmes selon les conjonctures et les intérêts en cause.
Au-delà de ces observations, Fallers révèle l'aspect
complexe et composite de l'organisation politico-
administrative qui fonctionne durant la période coloniale. Il met en évidence l'existence concurrente de trois
systèmes de gouvernement et d'administration : celui qui
résulte de la colonisation, et celui qui est régi par l'État
traditionnel, se trouvent en rapport d'incompatibilité
relative, tandis que leur reste sous-jacent celui qui est
associé aux agencements claniques et lignagers. Les
deux premiers coexistent de façon précaire, bien que
l'administration coloniale ait tenté de « rationaliser », au
sens webérien du terme, le mode de gouvernement traditionnel en le bureaucratisant et en provoquant une régle-
mentation précise des servitudes, des taxes et du tribut.
Le système clanique, le plus ancien, continue à opposer
aux forces de changement la plus forte résistance et
apparaît, selon Fallers, comme « un obstacle majeur »
dont la disparition conditionne le succès de toutes les
entreprises de modernisation.

e) *La désacralisation partielle du pouvoir.* – Toutes
les conséquences de la colonisation, à l'instant considérées, concourent à un affaiblissement du pouvoir et de
l'autorité dont étaient investis les détenteurs de charges
politiques. Une cause supplémentaire, et tout aussi déterminante, doit être envisagée. La désacralisation de la
royauté et de la chefferie, même si elle est inégalement

accentuée selon les cas, demeure toujours agissante. Le pouvoir du souverain et des chefs devient légitime plus par référence au gouvernement colonial, qui le contrôle et peut le contester, que par référence aux anciennes procédures rituelles qui se maintiennent néanmoins. Il n'apparaît plus comme ayant reçu la *seule* consécration des ancêtres, des divinités ou des forces nécessairement associées à toute fonction de domination. K. Busia, dans son étude de la situation du chef en Ashanti (Ghana), montre que la dégradation de l'adhésion religieuse traditionnelle coïncide avec la perte de pouvoir des autorités politiques [1]. Et l'événement révèle – comme au Ruanda en 1960 – que les rois paraissant encore divinisés peuvent être abattus.

La désacralisation du pouvoir, par un paradoxe trompeur, résulte aussi de l'intervention des religions importées et missionnaires qui rompent l'unité spirituelle dont les souverains ou les chefs étaient les symboles, et souvent les gardiens. Elles contribuent ainsi, par une action intervenant dans le même sens que le développement bureaucratique, à une *laïcisation* du domaine politique à laquelle les communautés paysannes de l'Afrique noire demeurent mal préparées. Ce processus aide à comprendre les initiatives qui ont provoqué la re-sacralisation du pouvoir à la faveur de mouvements religieux modernes faisant apparaître des chefs charismatiques.

Les caractéristiques définissant les incidences politiques *immédiates* de la colonisation moderne en Afrique se retrouvent en d'autres continents, jusque dans les pays mieux armés – en raison de leur histoire, de leur équipement culturel et de leurs techniques – pour résister à la contrainte coloniale. C'est ce que suggère P. Mus

1. K. A. BUSIA, *The Position of the Chief in the Modern Political System of Ashanti*, Londres, 1951.

dans une analyse sociologique de la première guerre du
Viêt-nam[1]. Il s'agit là d'une société politique entraînée à
subir les vicissitudes de l'histoire, façonnée « par la
conquête, la résistance, la conspiration, la révolte et les
dissensions à longueur de siècles ». P. Mus décrit avec
une extrême minutie la lutte insidieuse des deux systèmes de gouvernement et d'administration, l'un monarchique, l'autre colonial : dérobade des villages et des
chefs coutumiers qui s'abritent derrière des « hommes
peu représentatifs », résistance des conseils de notables
qui sont pourtant manipulés par le pouvoir colonial. Il
montre que la tutelle subie par le gouvernement traditionnel constitue une mise à l'épreuve qui conduit à dou-
ter de sa capacité à exprimer « la volonté céleste », en
tant que détenteur du « mandat du ciel », et laisse ainsi
libre cours aux initiatives concurrentes en ouvrant la possibilité de remaniements profonds. Par là même, P. Mus
souligne la désacralisation qui désoriente la paysannerie
et dénature la responsabilité des dirigeants : « aucune
religion d'État prenant à sa charge à la fois le sens de
l'Univers et le destin des hommes » n'encadre plus la
société paysanne ; la conception du monde, comme
l'administration, se laïcise ; les gouvernants n'assument
plus la responsabilité des calamités naturelles pour
« avoir perdu la note de l'accord avec l'Univers ». La vie
politique agissante – celle qui ne se satisfait pas de la
gestion condominiale établie par la colonisation – tend
alors à s'exprimer par des moyens nouveaux, qui ne sont
pas encore ceux de l'action politique moderne ; elle se
pratique sous le couvert des traditions et dans le cadre
des sectes politico-religieuses qui foisonnent en élabo-
rant de « véritables religions de remplacement » et en
suscitant, chez les adeptes, « une attitude militante ».
C'est donc bien, avec plus de profondeur historique et

1. P. Mus, *Viêt-nam. Sociologie d'une guerre*, Paris, 1952.

sur un arrière-plan culturel plus complexe, le même ensemble de processus qui apparaît ici, plus difficile à mettre en évidence que dans le cas des situations coloniales africaines. L'analyse comparative, portant sur d'autres sociétés dépendantes, parviendrait aux mêmes résultats.

Les tendances qui viennent d'être manifestées ont un caractère général, car elles expriment le sens du changement politique dans la plupart des sociétés colonisées. Cependant, les systèmes politiques traditionnels étant divers, il convient de s'interroger sur la possibilité qu'ils ont de présenter des réactions *différentielles* à l'épreuve de transformation que la colonisation provoque. La capacité d'adaptation des sociétés « sans État », et des sociétés « étatiques », aux systèmes d'administration importés, a souvent été considérée comme le critère servant de base à une telle analyse. Si l'on retient cette coupure – contestable dans la mesure où les deux ordres de sociétés politiques primitives ne sont pas radicalement séparés –, il semble que les sociétés du premier type soient plus facilement réceptives. Des arguments convergents justifient cette thèse, en même temps que certaines des évolutions récentes. Les sociétés « sans État » ne disposent pas d'une administration rudimentaire, comportant la mise en place d'une hiérarchie capable de s'opposer à la bureaucratie moderne, et sont par là même plus perméables à la bureaucratisation. Elles différencient généralement les rôles politiques et les rôles religieux, tandis que dans le cas des sociétés à pouvoir centralisé les statuts politiques et religieux sont souvent associés, ou confondus comme il advient avec la royauté divine. La désacralisation et la laïcisation bureaucratique n'ont pas, dans ces sociétés où le sacré conserve un large domaine réservé, les incidences ravageuses que redoutent les rois divins et leurs agents. Enfin, les valeurs égalitaires

y ayant la suprématie sur les valeurs hiérarchiques, qui
n'y sont pas pour autant ignorées, l'établissement
d'une administration affirmée égale pour tous ne va
pas à l'encontre de leur structure culturelle fondamentale[1].

Telles sont les données de l'analyse logique. Elles doivent être confirmées par l'évocation de faits empruntés
au domaine africain. La comparaison des Fang gabonais,
créateurs d'une anarchie ordonnée, et des Kongo, héritiers d'une longue tradition étatique, a manifesté leurs
réactions contrastées dans le cadre d'une même situation coloniale. Aux environs des années 40, les Fang
ont pris une initiative de reconstruction sociale qui les
conduisait à redonner une vigueur nouvelle au système
clanique, en rappelant précisément les appartenances
aux clans, en transformant les villages _et_ en instaurant
une bureaucratie démarquant de manière grossière les
hiérarchies et le système administratif colonial. Ils se
sont opposés à la domination colonialiste, tout en adhé-
rant à certains des moyens de la modernité introduits
par la colonisation. Les Kongo ont exprimé un double
refus et une double opposition. Très tôt, vers 1920, ils
ont marqué leur dissidence et tenté de recouvrer leur
autonomie. Leurs initiatives de reconstruction sociale
ont suivi une voie originale ; elles n'ont pas conduit à
une bureaucratie clanique, mais à la fondation d'églises
autochtones qui ont rétabli les liens sacrés fondamentaux, suscité une nouvelle forme de pouvoir indigène et
créé des mécanismes d'intégration sociale à nouveau opérants. Grâce à ces innovations religieuses, les
Kongo ont pu apparaître comme les initiateurs du mouvement nationaliste et peser, de tout le poids de ces

---

1. En 1959, le Rhodes-Livingstone Institute a réuni un colloque
consacré au thème suivant : _From tribal rule to modern government_. Se
reporter à R. APTHORPE, Political change, centralization and role différenciation, in _Civilisations_, 10, 2, 1960.

institutions efficaces, dans le jeu des forces politiques libérées par l'indépendance. Ils n'ont pas, à la manière des Fang, intégré le modèle de l'administration coloniale aux projets de remise en état de leur société, mais ont retrouvé une forme de réponse, à la crise résultant de la colonisation, qui s'était déjà imposée au cours de l'histoire du royaume kongo, notamment au début du XVIIIe siècle [1].

Les vicissitudes récentes, subies par certains des États traditionnels africains qui survivent encore, révèlent que leurs adaptations modernes doivent rester contenues dans d'étroites limites, au-delà desquelles le régime lui-même se trouve menacé. En ce sens, le type de l'« autocratie modernisante » *(modernizing autocracy)*, défini par D. Apter, risque de n'être illustré que par un nombre fort réduit de sociétés politiques actuelles (*The Political Kingdom in Uganda*, 1961). Au Ruanda, la contestation du pouvoir royal débouche, en novembre 1959, sur une révolte paysanne qui bouleverse tous les plans de « démocratisation progressive » et provoque l'établissement de la République en 1961. Au Buganda (Ouganda), l'incompatibilité du pouvoir traditionnel détenu par le souverain, dans le cadre du royaume, et du pouvoir moderne, instauré au niveau de l'État ougandais, se transforme en antagonisme ouvert, durant l'année 1966, à l'occasion d'une grave crise politique qui se termine par une brève guerre civile contraignant le roi à la fuite et à l'exil. Durant la même année, au Burundi, une tentative de modernisation du système monarchique, par le jeune prince héritier, échoue rapidement et favorise le coup d'État qui donne le pouvoir à un officier et entraîne un changement de régime. Les uns après les autres, les États traditionnels de la région interlacustre, en Afrique

---

1. À propos de cette comparaison, consulter G. BALANDIER, *Sociologie actuelle de l'Afrique noire*, 2e éd., Paris, 1963.

orientale, sont ébranlés ou frappés à mort ; le processus de modernisation opère finalement à leur détriment.

Les crises qui viennent d'être évoquées ne font pas seulement apparaître les conséquences politiques *immédiates* de la colonisation et de la décolonisation, elles manifestent aussi leurs incidences politiques *indirectes*. Au Ruanda, le rejet d'une monarchie établie depuis plusieurs siècles a été précédé d'un affrontement entre les deux grands groupes constitutifs et inégaux : la paysannerie majoritaire s'est opposée à l'aristocratie, en revendiquant d'abord la « décolonisation interne », puis en substituant la violence à la subordination. Une lutte des classes, de forme rudimentaire, a pu apparaître à la suite des transformations sociales et culturelles résultant de l'entreprise coloniale ; le refus du pouvoir traditionnel et de ses agents procède du refus de l'inégalité fondamentale caractérisant l'ancienne société ruandaise. Et cette double contestation a facilité, dans le cas de la paysannerie, l'adhésion au système moderne et bureaucratique de gouvernement.

C'est par la modification des stratifications sociales que le processus de modernisation, ouvert au moment de l'intrusion coloniale, affecte *indirectement* l'action politique et ses organisations. Il met en place les générateurs de classes sociales constituées hors du cadre étroit des ethnies. En Afrique noire, cinq couches sociales se sont généralement différenciées durant la période colonialiste. À la fois nettement distinctes – souvent dénommées – et ordonnées, elles classifient les agents du pouvoir colonial envisagé sous ses formes politique et économique, les agents de l'occidentalisation sous l'aspect des « élites lettrées », les planteurs riches, les commerçants et petits entrepreneurs, et enfin les travailleurs salariés, organisés (ou non) en groupements professionnels. « Des intérêts communs tendent à allier certaines de ces couches sociales et à provoquer, par réaction, la prise de conscience de celle d'entre elles qui se découvre la plus démunie – la dernière. Ainsi s'ébauchent les contours d'une bourgeoisie bureaucratique, d'une bourgeoisie économique et d'un prolétariat encore peu nombreux »[1]. La situation coloniale oriente cette dynamique d'une double manière : en freinant le processus de formation des classes sociales, et en provoquant, dès le moment où la revendication d'autonomie s'exprime et s'organise, un « front » d'opposition qui limite les antagonismes entre classes en voie de se faire. L'indépendance, une fois conquise, entraîne un dégel de la vie politique, car elle crée des conditions plus propices à la manifestation des classes et permet aux compétitions pour le pouvoir de s'exacerber. La situation ne s'est pas, pour autant, simplifiée. Elle reste caractérisée par un retard économique, et une dépendance de l'économie, qui tendent à contrarier la différenciation des classes sociales. De plus, les rapports de production (même les plus modernes) n'ont pas encore acquis, en Afrique noire, le rôle déterminant qu'ils ont eu et ont dans les sociétés dites occidentales. L'explication doit donc être recherchée à partir des données politiques : au plan des relations entretenues avec le nouveau pouvoir ; l'accès à celui-ci – et les luttes qu'il suscite – contribuent au renforcement de la seule classe bien constituée, la classe dirigeante. C'est la participation au pouvoir qui donne une emprise sur l'économie, beaucoup plus que l'inverse. À cet égard, le jeune État national a des incidences comparables à celles de l'État traditionnel, puisque la position par rapport à l'appareil étatique détermine encore le statut social, la forme de la relation à l'économie et la puissance matérielle.

1. G. BALANDIER, Problématique des classes sociales en Afrique noire, in *Cahiers internationaux de sociologie*, XXXVIII, 1965.

En Asie sud-orientale, des transformations semblables ont pu se produire. L'exemple de la Birmanie
– qui a connu la loi coloniale en perdant son indépendance et, en 1885, sa forme traditionnelle de gouvernement – est l'un des plus révélateurs. Les conséquences
politiques directes de la colonisation sont brutales : élimination de la royauté birmane et insertion du pays dans
le système administratif mis en place en Inde ; éviction
des Birmans, qui s'étaient imposés comme ethnie dominante, à l'avantage d'autres groupes ethniques et des
« minorités » ; désacralisation de la vie politique par
application du principe de séparation de l'Église et de
l'État ; dénaturation des unités politico-administratives
par modification de leurs limites et établissement d'une
administration coloniale ; dégradation des mécanismes
de conciliation et des instances de justice coutumière.
On retrouve ici, porté à son point extrême, le processus
déjà décrit. Les incidences politiques indirectes ne sont
pas moins évidentes. La Birmanie dut subir une double
colonisation : celle des Britanniques *et* celle de leurs
multiples agents importés des Indes qui ont retardé,
pour les Birmans, le moment de l'accès aux activités
modernes, qu'elles soient administratives ou économiques. Lors de l'indépendance, en 1948, seule une
petite fraction des fonctionnaires de haut rang était birmane. La période coloniale a cependant provoqué la
formation d'une nouvelle stratification sociale, pour une
part dissociée du cadre ethnique. Une couche sociale,
limitée dans son extension et surtout recrutée hors de
l'ancienne ethnie dominante, s'est formée en accédant à
l'administration et à l'armée. Le salariat autochtone
s'est constitué lentement, en concurrence avec une
main-d'œuvre introduite des Indes. Cependant, c'est
dans le secteur agricole que les modifications les plus
déterminantes ont opéré, car le colonisateur a bouleversé
le système des droits fonciers traditionnels : il a créé une

propriété foncière, favorisé les transferts fonciers et établi le droit d'hypothèque. Par ailleurs, en raison de l'inégal développement économique du pays, la rente différentielle a pu apparaître et se multiplier au profit de la région du delta. Une couche sociale réunissant les propriétaires fonciers, dont certains sont absentéistes, et les prêteurs d'argent, s'est progressivement élargie, à laquelle se rattache le groupe restreint des « entrepreneurs » autochtones.

Au moment de l'indépendance, l'unité résultant de l'opposition au colonisateur se brise. Les coupures et les antagonismes internes apparaissent en toute netteté : entre les ethnies inégalement ouvertes à la modernisation ; entre les pouvoirs traditionnels (dégradés, mais non abolis) et le pouvoir moderne ; entre les classes sociales en voie de formation. Des zones étendues échappent au contrôle du nouveau gouvernement ; les mécanismes politiques s'enrayent très vite ; l'administration fonctionne mal et les positions bureaucratiques sont utilisées à la recherche d'avantages économiques personnels. Dix ans après l'indépendance, en 1958, les militaires prennent le pouvoir pour une courte période de « remise en ordre ». Le système politique moderne n'a pas encore trouvé son point d'équilibre. La paysannerie, qui reste divisée par les appartenances ethniques, demeure réticente à l'égard d'un pouvoir lointain et mal compris. La classe ouvrière naissante et la bourgeoisie d'entreprise, numériquement faibles, cherchent à renforcer leurs pressions sur le pouvoir, tandis que la classe dirigeante précise davantage ses contours à l'occasion des luttes qu'il suscite. Les effets de la colonisation et de la décolonisation se sont cumulés : la première a trop dégradé les pouvoirs anciens pour qu'ils puissent se refaçonner sous un aspect moderniste ; la seconde n'a pas encore pu provoquer, au-delà des limites ethniques, et avec une intensité suffisante, les changements qui

feraient de la nouvelle stratification sociale le *seul* géné-
rateur de l'activité politique moderne [1].

Sans multiplier davantage les exemples, les analyses
de situations concrètes, il convient maintenant d'évaluer
les efforts visant à donner un traitement théorique au
problème des relations entre dynamique des stratifications sociales et dynamique de la modernisation politique. À cet égard, l'une des entreprises les plus récentes
est celle de D. Apter dans son ouvrage publié en 1965 :
The Politics of Modernization. Apter part de la constatation que l'incidence la plus directe de la modernisation
est l'émergence de nouveaux rôles sociaux : aux rôles
reconnus traditionnels s'ajoutent les rôles dits « adap-
tifs », conçus par une transformation partielle de certains
des premiers, et ceux dits « novateurs » ; ces trois types
de rôles sont en rapport d'incompatibilité plus ou moins
accentuée. Par ailleurs, D. Apter retient trois formes de
stratification sociale qui coexistent fréquemment dans
les sociétés en cours de modernisation : le système des
castes (entendu au sens large, car il est reconnu dans les
sociétés à races et cultures *séparées*), le système des
classes et le système des hiérarchies statutaires au sein
duquel la compétition des individus s'exprime avec
vigueur. Les trois types de rôles se retrouvent dans chacun de ces systèmes de stratification, et les conflits
peuvent intervenir entre les rôles au sein d'une même
catégorie de la stratification sociale, entre rôles homologues d'une catégorie à une autre, enfin entre les
groupes constitués selon ces trois catégories. Ces conflits
expriment des intérêts divergents et des oppositions
entre valeurs. Dès l'instant où ils croissent en intensité,
leur résolution est recherchée au plan politique, soit dans
le cadre d'un régime réglementant la compétition entre

---

1. Se reporter à la bibliographie spécifique (p. 540) et au chapitre
consacré à la Birmanie (p. 432-470), dans l'ouvrage de E. HAGEN, *On
the Theory of Social Change*, Londres, 1964.

les divers rôles, soit dans le cadre d'un régime opérant par élimination et provoquant une réorganisation totale et drastique de la société.

Selon la terminologie élaborée par D. Apter, la première solution caractérise le système dit de conciliation *(reconciliation system)* ; la seconde, le système dit de mobilisation *(mobilization system)*. Dans ce dernier cas, l'économie est soumise à l'appareil d'État, le parti unique devient l'instrument de la modernisation, les rôles sociaux et la stratification sociale sont l'objet d'une politique de transformation radicale ; la Chine, engagée dans des révolutions successives depuis 1949 – la « révolution culturelle » étant la plus contraignante –, illustre ce type de façon extrême. Dans le système dit de conciliation, bien que la diversité des rôles et des modes de stratification soit maintenue, l'élargissement du « secteur moderne » est provoqué par le moyen de l'action politique, de l'économie et de l'éducation. Les groupes restent en compétition ouverte et les variations de la stratification sociale résultent de leurs pressions respectives sur le pouvoir. Le système est ainsi menacé par la corruption, qui permet de constituer des « clientèles », par la stagnation ou l'instabilité politique. Proches de ce type, plus que du précédent, se trouvent les systèmes de l'autocratie modernisante *(modernizing autocracy)* – dont l'oligarchie militaire constitue la forme la plus souvent réalisée[1].

L'analyse de D. Apter, surtout appliquée aux situations de transition qui succèdent à la situation coloniale, semble vulnérable dans la mesure où elle n'envisage pas suffisamment les effets récurrents du colonialisme, et où elle recourt à des modèles simplificateurs. Elle n'examine pas non plus, de manière systématique, la

1. D. Apter, *The Politics of Modernization*, Chicago, 1965, chap. 1, 2 et 4.

dynamique des rapports entre tradition et modernité, à la faveur de laquelle certaines analogies se manifestent pourtant. Dans les sociétés traditionnelles, où les déterminismes économiques sont de faible intensité, les hiérarchies et les rôles sociaux obéissent d'abord à d'autres facteurs, notamment politiques et religieux ; c'est généralement au plan politique que s'opère leur ajustement plus ou moins précaire. Dans les sociétés en voie de modernisation, la prépondérance du politique reste accentuée ; et cela pour deux raisons apparentes : l'armature politico-administrative est mise en place, à l'échelle nationale, bien avant que l'économie moderne ait pu s'édifier, et elle constitue le principal instrument de liaison entre des couches et des groupes sociaux multiples. Cette similitude de situation explique, en partie, la possibilité de transférer certains « modèles politiques » des secteurs traditionnels vers les secteurs modernes. Elle révèle aussi – comme le souligne D. Apter – que l'appareil politique peut, au cours du processus de modernisation, continuer à déterminer les formes principales de la stratification sociale qui demeurent en rapport de réciprocité avec le système de gouvernement auquel elles sont liées.

2. DYNAMIQUE DU TRADITIONALISME ET DE LA MODERNITÉ

Des recherches récentes remettent en cause les caractéristiques communément attribuées aux systèmes traditionnels et au traditionalisme. Elles relèvent, pour la plupart, de l'anthropologie politique plus à même de refuser d'identifier la tradition au « fixisme », et de s'attacher au repérage des « aspects dynamiques » de la société traditionnelle. Bien que des processus puissent y jouer le rôle de frein au changement, et que l'innovation doive y opérer en se rattachant à des formes existantes et à des valeurs établies, cette société n'est pas condamnée à être emprisonnée dans le passé.

La notion de traditionalisme reste imprécise. Elle est vue comme *continuité*, alors que la modernité est rupture. Elle est, le plus souvent, définie par la conformité à des normes *immémoriales*, celles que le mythe ou l'idéologie dominante affirme et justifie, celles que la tradition transmet par tout un ensemble de procédures. Cette définition n'a pas d'efficacité scientifique. En fait, la notion ne peut être déterminée avec plus de rigueur que si l'on différencie les diverses manifestations *actuelles* du traditionalisme. La première de ces expressions – et la plus conforme à l'usage courant du terme – correspond à un *traditionalisme fondamental*, celui qui tente d'assurer la sauvegarde des valeurs, des agencements sociaux et culturels les plus cautionnés par le passé. Dans la société indienne, la pérennité du système des castes et de l'idéologie qui l'exprime, malgré les relations ambiguës et multiformes qui le lient à la modernité, est révélatrice de cette force de conservation ; en effet, si des modifications opèrent au sein du système, celui-ci ne change pas globalement, car c'est toute l'armature sociale de l'Inde rurale qui se trouverait alors soumise à l'épreuve des agents de transformation[1]. Le *traditionalisme formel* coexiste généralement avec la figure précédente. Il se définit par le maintien d'institutions, de cadres sociaux ou culturels, dont le contenu s'est modifié ; de l'héritage passé, seuls certains moyens sont conservés – les fonctions et les buts ont changé. L'étude des villes africaines, issues de l'établissement des colonisations au sud du Sahara, a révélé le transfert de modèles traditionnels, en milieu urbain, afin d'instaurer un ordre minimal dans

---

1. Voir la récente étude de L. DUMONT, *Homo Hierarchicus. Essai sur le système des castes*, Paris, 1966.

une société nouvelle en formation. Durant la période de domination coloniale, le *traditionalisme de résistance* a servi d'écran protecteur ou de camouflage permettant de dissimuler les réactions de refus ; le caractère essentiellement différent de la culture dominée lui donne, aux yeux du colonisateur, un aspect insolite et peu compréhensible ; les traditions, modifiées ou rendues à la vie, abritent les manifestations d'opposition et les initiatives visant à rompre les liens de dépendance. C'est au plan religieux que ce processus a le plus souvent opéré : la représentation traditionnelle du sacré a masqué les expressions politiques modernes. Au-delà de la période coloniale, un nouveau phénomène apparaît que l'on peut qualifier de *pseudo-traditionalisme*. En ce cas, la tradition manipulée devient le moyen de donner un sens aux réalités nouvelles, ou d'exprimer une revendication en marquant une dissidence à l'égard des responsables modernistes.

Cette forme du traditionalisme requiert une analyse plus poussée et une illustration. Une récente étude de J. Favret, consacrée à deux mouvements ruraux algériens postérieurs à l'indépendance, propose un exemple significatif à cet égard[1]. Les paysans des Aurès, héritiers d'une « tradition anti-étatique », connaissent un état d'insurrection – *siba* – qui a fréquemment exprimé le refus de soumission au pouvoir central de leurs communautés « segmentaires ». Leurs revendications envers le gouvernement indépendant opèrent en quelque sorte à l'inverse : elles protestent contre la sous-administration et la trop lente diffusion, dans leur région, des instruments et des signes de la modernité. Ils réactivent à cette fin des mécanismes politiques traditionnels. En voulant contraindre les autorités à une action qui permettrait de

---

1. J. Favret, Le traditionalisme par excès de modernité, in *Archiv. Europ. Socio.*, VIII, 1967.

réduire l'écart entre leur exigence de progrès, et les moyens dont ils disposent, ils s'insurgent « par excès de modernité ». Des hameaux font sécession en brisant leur relation à l'administration, et des personnalités dissidentes – identifiées aux combattants de la foi, aux *mujahidin* – recourent à la violence « pour attirer l'attention de l'État » par le seul moyen dont elles ont le contrôle. Le traditionalisme, en ce cas, renaît pour satisfaire des fins contraires à la tradition. En Kabylie, où des maquis et des pouvoirs locaux s'organisent durant les mois qui suivent l'indépendance, la situation est fort différente ; le pseudo-traditionalisme y accomplit une fonction que l'on peut dire *sémantique*, puisqu'il permet de donner un sens aux formes politiques nouvelles. En l'occurrence, ce qui est en jeu ne vise pas seulement à satisfaire le particularisme kabyle et l'esprit démocratique berbère. Les paysans, encore incapables de concevoir leur mode d'appartenance à un État estimé abstrait et sans traditions historiques, suscitent la renaissance de rapports politiques anciens. Ils les utilisent afin de mieux comprendre leur relation au pouvoir moderne et de faire pression sur ce dernier ; leurs élites politiques ont ainsi la possibilité d'organiser l'insurrection et d'infléchir les décisions du gouvernement algérien. Le traditionalisme ne révèle pas, en la circonstance, la survie de groupes primordiaux, mais il leur confère « une existence réactionnelle » ; ils ont moins de signification en eux-mêmes que par référence à la situation créée après la récente indépendance.

Cette typologie simplifiée ne suffit pas à rendre compte de la dynamique du traditionalisme et de la modernité. Un processus général doit être envisagé : les structures politiques résultant de la mise en place des « États nouveaux » ne peuvent être interprétées, durant la période de transition, qu'*en recourant à l'ancien langage*. Elles ne bénéficient ni d'une compréhension ni d'une adhésion immédiates de la part des paysanneries

traditionnelles. Cette situation, qui explique la réactuali-
sation de groupes, de comportements et de symboles
politiques en cours d'effacement, tend à multiplier les
incompatibilités entre les facteurs de particularisme
(raciaux, ethniques, régionaux, culturels, religieux) et
les facteurs unitaires conditionnant la construction
nationale, le fonctionnement de l'État et l'expansion de
la civilisation « moderniste ». L'actualité proche ou présente en manifeste les conséquences au sein de la plupart des nations pauvres et en voie de développement.

Un exemple. L'Indonésie cumule les diversités régionales – accentuées par son caractère insulaire et la suprématie de Java –, les variations religieuses, culturelles
et ethniques. Bien que la politique postcoloniale ait
tenté d'équilibrer les différentes forces, notamment en
exaltant la « solidarité révolutionnaire », les idéologies
qui se sont élaborées ont toutes présenté un caractère
syncrétique, même celle des communistes indonésiens
qui a allié un marxisme simplifié et des thèmes culturels
traditionnels. L'équilibre n'a pu être maintenu : à partir
de 1957, les rébellions régionales se sont multipliées
et le pouvoir nouveau s'est progressivement dégradé.
C. Geertz interprète ce processus comme une véritable
réaction en chaîne. Chaque étape, dans le sens de la
modernité, a provoqué un renforcement des particularismes qui ont soumis le pouvoir à une pression croissante et multiplié les preuves de sa faiblesse. Chaque
manifestation de cette impuissance a accru l'instabilité
et induit des expériences institutionnelles et idéologiques fréquemment renouvelées [1]. Deux mouvements
contraires ont ainsi opéré en synchronie : d'une part, une
reprise d'initiative politique dans le cadre régional,
appuyée sur les apports de la tradition ; d'autre part, une

---

1. C. GEERTZ, The Integrative Revolution, *in* C. GEERTZ (éd.), *Old
Societies and New States*, New York, 1963.

perte progressive du contrôle des affaires communes qui a discrédité le gouvernement central et suscité l'inflation en matière d'organisations, d'idéologies et de symboles modernistes. Le point de rupture a été atteint en 1965 et a permis la prise du pouvoir par les militaires. Les affrontements politiques s'expriment dans une large mesure, mais non exclusivement, *par* le débat du traditionnel et du moderne ; ce dernier apparaît surtout comme leur moyen, et non comme leur cause principale.

À l'échelle des nations de taille continentale (l'Union indienne) ou du continent dont le découpage en nations résulte surtout des partages coloniaux (l'Afrique), ce débat s'impose avec une force qui évoque, pour les paysanneries, le jeu de la fatalité. On a pu dire, de l'Inde, qu'elle est « un labyrinthe de structures sociales et culturelles », qu'elle cumule tous les « conflits primordiaux » déterminés par l'incompatibilité des multiples rapports sociaux traditionnels (réactivés) et des rapports nouveaux provoqués par les transformations économiques et politiques. En Afrique noire, les discordances sont également apparentes, d'autant plus que l'instabilité des régimes politiques contraste avec la permanence du recours aux modèles traditionnels en milieu villageois. Les nations nègres sont en voie de se faire, et non encore constituées. L'intégration des ethnies demeure souvent précaire, si bien que la dislocation des grands ensembles – tels le Congo-Kinshasa et la Nigeria – reste une menace constante. Il résulte de cette situation que les partis et leurs tendances, les mouvements, même qualifiés de révolutionnaires, expriment le poids relatif des groupes ethniques autant que la pluralité des options concernant les structures de la nation et de son économie. Un tel état de fait n'a guère été modifié par le système du parti unique : l'élimination de la confrontation n'a pas aboli l'obligation de répartir le pouvoir selon les catégories ethniques, religieuses ou régionales.

L'indépendance a provoqué une nouvelle dynamique de la tradition, selon une double orientation. D'une part, elle a libéré les forces contenues durant la période coloniale, comme le font apparaître plusieurs des crises survenues au cours des dernières années qui manifestent la résurgence des antagonismes tribaux et/ou religieux. D'autre part, l'activité politique moderne n'a pu s'organiser et s'exprimer qu'en recourant à une véritable *traduction* ; les modèles et les symboles traditionnels redeviennent les moyens de communication, et d'explication, auxquels recourent les responsables s'adressant aux paysans noirs. Un de ces faits de permanence semble encore plus essentiel. Les conceptions anciennes concernant le pouvoir n'ont pas toutes été effacées, surtout dans les régions où ont surgi, à divers moments de l'histoire, des États vigoureux. Ainsi, au Congo, l'image du président apparaît, d'une certaine manière, comme le reflet de la figure du souverain traditionnel – celle du roi de Kongo notamment. Le chef doit manifester sa puissance, s'emparer littéralement du trône, et tenir le pouvoir avec force dans l'intérêt de la collectivité. Dans cette perspective, les luttes récentes pour le contrôle de l'appareil d'État ne sont qu'une version actuelle des « guerres de succession » et le pouvoir militaire reste reconnu comme le mieux « armé. » Au personnage du chef *fort* est associé le personnage du chef *justicier*, respecté au nom de la sagesse qu'il détient, capable d'être le recours suprême pouvant imposer le respect du droit et faire prévaloir la conciliation. Une troisième figure est associée aux deux précédentes dans la représentation de la royauté : celle du chef *charismatique*, disposant d'une relation privilégiée avec le peuple, le pays, le système des forces qui régissent la fécondité et la prospérité. Le pouvoir est encore conçu sous ce triple aspect de la puissance, de l'arbitrage et du sacré. Le Congo moderne n'a pu parvenir, depuis 1960, à réunir en une seule personne

ces trois figures du chef ; selon les conceptions traditionnelles, il faudrait trouver là certaines raisons de sa faiblesse actuelle.

Les recherches conduites au nom de l'anthropologie
politique commencent seulement à considérer les
diverses modalités du rapport de la tradition à la modernité. Elles ne peuvent plus se satisfaire d'appréciations
générales ou approximatives et doivent, en conséquence,
déterminer des unités et des niveaux d'enquête où l'analyse serait susceptible d'atteindre une efficacité scientifique croissante.

a) *La communauté villageoise.* – Elle constitue une
société en réduction, aux frontières précises, où se
saisit avec netteté l'affrontement du traditionnel et du
moderne, du sacral et de l'historique. C'est à l'intérieur de ses limites que des transformations radicales
s'accomplissent, non sans résistance et sans malentendu,
et, en ce sens, les enquêtes qui les concernent sont les
plus chargées d'enseignement. G. Althabe a consacré
une étude, fondée sur des observations minutieuses et
patientes, aux villages de l'ethnie Betsimisaraka, établie
dans la région côtière orientale de Madagascar. Son analyse manifeste notamment le difficile ajustement du pouvoir villageois au système d'administration instauré par
le nouvel État malgache [1]. Au sein de ces communautés,
une coupure apparaît entre le domaine de la vie interne
– dominé par la tradition en son état présent – et le
domaine de la vie externe, aménageant les multiples
relations maintenant établies avec « le dehors » – où
s'imposent les agents et les forces de la modernité. Ce
dualisme s'exprime d'une manière toute matérielle dans
l'aménagement de l'espace villageois. Les champs où se

1. G. ALTHABE, *Communautés villageoises de la côte orientale
malgache*, Paris, 1969. Préface de G. BALANDIER.

cultive le riz de montagne, situés à distance des habita-
tions, constituent le lieu où s'est repliée la tradition ; les
pratiques qu'ils requièrent, et la symbolique qu'ils sup-
portent, sont conformes aux exigences traditionnelles
que connote encore le terme qui les désigne *(tavy)*.
L'agglomération villageoise, fixée sur la route, ouverte
aux représentants de l'administration et aux échanges
extérieurs, recélant des objets et des symboles importés,
est devenue le front d'attaque du modernisme. La
répartition dualiste s'exprime également dans les pratiques qui régissent la vie de la communauté et dans le
règlement des différends qui la perturbent. S'il s'agit
d'affaires internes, les hiérarchies anciennes sont évoquées et respectées, tandis que les réunions de discussion
(et de décision) se conforment aux principes traditionnels. S'il s'agit d'affaires externes, et notamment des
rapports avec les représentants du pouvoir étatique, les
règles de fonctionnement sont fort différentes ; les
réunions ne révèlent pas les rapports sociaux fondamentaux et ne sont plus l'occasion permettant à la communauté d'exhiber l'ordre qui la définit. Dans un cas, les
relations sociales tentent de conserver leur richesse et
leur efficacité symbolique ; dans l'autre, elles ont un
aspect improvisé et s'établissent en fait selon des
modèles estimés étrangers – hérités du colonisateur – et,
pour cette raison, partiellement récusés. Les facteurs de
modernité restent considérés, pour la plupart, comme
extérieurs à la société villageoise.

Bien qu'en apparence le paysan betsimisaraka semble
vivre sur deux registres, une étude plus poussée montre
que la réalité est moins simple. Une institution nouvelle,
empruntée à des groupes voisins, et adaptée, s'est largement diffusée au cours des dernières années ; il s'agit
d'un rituel associé à la crise de possession par des esprits
identifiés et hiérarchisés : le *tromba*. On ne peut limiter
sa signification au domaine religieux, car le rapport au

sacré cautionne, en ce cas, le nouvel ordre social et culturel qui s'ébauche. Ce rituel, évoquant une expérimentation communautaire, présente un caractère syncrétique dans la mesure où il assure la combinaison d'éléments et symboles modernes, d'éléments et symboles traditionnels. Dans le même temps, il exprime une double négation : il récuse certains aspects traditionnels – ceux qui paraissent les plus dénaturés –, en concurrençant le culte des ancêtres, sous sa forme ancienne, et les techniques de divination ; il rejette les moyens du modernisme qui sont reconnus étrangers, en se manifestant comme un contre-christianisme et en fondant de nouveaux rapports de dépendance et d'autorité. Le *tromba* offre un champ privilégié à l'observation et à l'analyse. Il révèle que l'homme des sociétés dites dualistes n'organise pas son existence en se situant alternativement face à deux secteurs séparés, et régis l'un par la tradition, l'autre par la modernité. Il permet de saisir, à partir de l'expérience vécue, la dialectique qui opère entre un système traditionnel (dégradé) et un système moderne (imposé de l'extérieur) ; elle fait surgir un troisième type de système socio-culturel, instable, dont l'origine est liée à l'affrontement des deux premiers. L'interprétation de ces phénomènes va à l'encontre des théories banales du dualisme sociologique. La communauté villageoise, en raison de sa dimension, constitue l'unité où s'appréhende le mieux cette dynamique complexe, où se repèrent à l'état naissant les structures nouvelles, où les incidences de l'action politique moderne se manifestent de la manière la plus immédiate.

Les travaux des anthropologues, dans toute leur extension géographique, montrent que cette affirmation est d'application générale lorsqu'il s'agit d'analyser les effets des forces modernisantes sur l'ordre traditionnel. Les nombreuses études consacrées aux villages indiens sont les plus révélatrices, et notamment au plan de l'anthropologie politique. Elles mettent en évidence « les changements récents introduits par l'insertion du village dans un ensemble économique et politique qui agit puissamment sur lui », la multiplication des causes de friction qui exacerbe les rapports d'hostilité entre « factions », la perte d'efficacité du « panchayat » – assemblée détentrice d'autorité et à fonction d'arbitrage[1]. Toutes ces recherches suggèrent, de par l'ordre de complexité auquel elles renvoient, la vanité des généralisations prématurées et banalisantes. La mise en garde est encore plus impérative lorsque l'étude s'applique aux sociétés soumises à un remaniement révolutionnaire – comme c'est le cas dans les campagnes chinoises. En effet, la tradition ne peut être totalement éliminée et certains de ses éléments subsistent en changeant d'aspect : la ruse du traditionalisme devient alors plus difficilement décelable[2].

Les communautés villageoises sont les *unités de recherche* les plus pertinentes, car elles constituent le champ d'affrontement de la tradition et de la modernité. Il reste à considérer les *moyens* auxquels cette dernière recourt en matière politique : ses instruments, ses argumentations et ses justifications. Le parti politique doit être envisagé en tant que facteur de modernisation, tandis que doivent être précisés la fonction des idéologies et le passage du mythe, orienté vers le passé, à l'idéologie moderne, annonciatrice d'un à-venir.

b) *Le parti politique, instrument « modernisant ».* – Dans les sociétés traditionnelles en cours de transformation, le parti accomplit des fonctions multiples : il défi-

1. Voir les indications et les suggestions bibliographiques de L. Dumont, *op. cit.*, sections 74, 75 et 84.
2. Les « documents » rassemblés par Jan Myrdal, et consacrés à un village du Chensi, le suggèrent : J. Myrdal, *Un village de la Chine populaire*, Paris, 1964.

nit l'État naissant ou renaissant, oriente l'économie nationale, organise la suprématie du politique et contribue au remaniement des structures sociales. Cette participation au changement est d'autant plus active que le régime du parti unique ou du « mouvement national », généralisé au cours des années qui ont suivi les indépendances, est largement prédominant. Le parti politique est le premier des moyens de modernisation en raison de son origine liée à l'initiative des élites modernistes, de son organisation qui lui permet d'avoir avec les communautés une relation plus directe que l'administration, et enfin en raison de ses fonctions et de ses buts, puisqu'il se veut, et est en divers domaines, l'entrepreneur du développement. Ces aspects sont accentués dans le cas des partis ou mouvements unitaires résultant « du désir de changer la communauté, de restructurer les relations sociales et d'engendrer une nouvelle forme de conscience et d'éthique » ; D. Apter, en proposant cette définition, caractérise ainsi le « système de mobilisation » qui organise la modification drastique de la société[1].

La dynamique de la tradition et de la modernité n'est cependant jamais exclue du domaine où opère le parti politique, et la première ne se réduit pas à l'état de simple obstacle au progrès de la seconde. Le parti se constitue souvent à partir de « groupes intermédiaires », visant des fins modernes en recourant à des formes et à des symboles traditionnels : associations tribales, mouvements culturels, églises syncrétiques. En Nigeria occidentale, où sont établis les Yorouba, une association fondée en 1945 et honorant l'ancêtre fondateur *(Oduduwa)*, en promouvant les valeurs et la culture yorouba, a stimulé la reprise d'initiative politique et donné son assise au parti nommé : « Action Group ». En Côte d'Ivoire, le

---

1. D. APTER, *The Politics of Modernization*, Chicago, 1965, chap. 6.

« Rassemblement démocratique africain » est né d'une association de planteurs – donc de paysans modernistes – et a utilisé comme relais les sociétés d'initiation – notamment la plus répandue, celle du *Poro* – pour faciliter son implantation. Dans les deux Congo, les mouvements religieux nés du syncrétisme, de la volonté de restaurer l'ordre dans le domaine du sacré, et les associations culturelles, ont constitué le premier support de la vie politique moderne.

La tradition, qui a affecté les partis au moment de leur naissance, continue à être agissante au niveau de leurs structures et de leurs moyens d'expression. Les partis veulent construire un cadre unitaire au-delà des particularismes, assurer la diffusion d'idées nouvelles, attribuer un rôle prépondérant à leurs agents de la modernité, mais leur insertion en milieu paysan leur impose de faire des concessions à l'ordre ancien. Ils doivent établir des alliances locales avec les notables traditionnels, les autorités religieuses, les responsables des diverses organisations semi-modernistes. En Indonésie, un terme spécifique (*aliran* = cours d'eau) désigne les divers courants sociaux qu'il importe ainsi de canaliser. Les partis, bien qu'ils utilisent les instruments les plus évocateurs de la modernité – les divers moyens d'information et de persuasion, l'appareil bureaucratique –, sont contraints d'adapter leur langage et leur symbolique au milieu traditionnel sur lequel ils veulent agir. Ils sont condamnés à l'ambiguïté culturelle durant la période initiale, et souvent au-delà. En récupérant des symboles anciens et efficaces, ils organisent le cérémonial de la vie politique (y incorporant parfois des éléments rituels) afin de la sacraliser, ils donnent à leur leader un double visage ou lui construisent une personnalité héroïque (au besoin, en le situant dans la descendance des héros populaires), ils recourent enfin à des moyens traditionnels pour forcer l'adhésion et fonder l'autorité de leurs agents. Leurs doctrines et leurs idéologies sont largement syncrétiques. M. Halpern a souligné, à propos de certains pays musulmans, le mélange de traditions pourtant contraires : la philosophie marxiste est présentée comme la réplique, dans le monde moderne et au plan des réalités matérielles, de la philosophie traditionnelle issue de l'Islam ; toutes deux sont envisagées comme ayant provoqué, chacune à leur niveau, l'avènement d'un nouvel ordre[1]. L'étude critique de divers socialismes spécifiques des pays en voie de développement – et notamment du « socialisme africain » – les manifeste également en tant que syncrétismes. Omniprésente, la tradition impose, à l'entreprise modernisante du parti politique, des limites que les options les plus radicales ne parviennent pas à réduire sans le secours du temps.

c) *L'idéologie, expression de la modernité.* – La fonction politique des idéologies est stimulée durant les périodes révolutionnaires, et durant les phases de modification profonde des sociétés et de leurs cultures. Dans le cas de certaines sociétés traditionnelles en mutation, comme celles de l'Afrique noire, cette fonction est d'autant plus manifeste que l'idéologie politique paraît avec l'époque moderne, sur les ruines des mythes cautionnant l'ordre ancien.

Les idéologies associées aux projets de construction (ou reconstruction) nationale, aux entreprises de développement économique et de modernisation présentent certaines caractéristiques communes. Elles sont marquées par les réactions à la situation de dépendance : la condamnation de l'exploitation et de l'oppression, l'exaltation de l'indépendance en sont les thèmes majeurs, d'autant plus agissants qu'ils contribuent à expliquer le retard

1. M. HALPERN, *The Politics of Social Change in the Middle East and North Africa*, Princeton, 1963.

technique et économique. Dans la mesure où elles sont
déterminées par la nécessité de faire prévaloir l'unité de
la nation sur les particularismes de divers ordres, les
thèmes et les symboles unitaires y prédominent : la personnalité du chef national est sacralisée (il peut être identifié à un sauveur) et la nation elle-même devient l'objet
d'une véritable religion politique. Ces idéologies, par
ailleurs, doivent contribuer à une conversion psycholo-
gique que l'on a pu qualifier de *new deal des émotions*.
Elles sont présentées sous deux versions : l'une, élaborée,
est destinée aux élites politiques et intellectuelles, à la
diffusion extérieure ; l'autre, simplifiée, est adaptée, par
un recours aux « paroles » de la tradition, aux paysanneries et aux couches sociales les moins marquées par
l'éducation moderne. Enfin, ces idéologies sont largement inspirées par les philosophies sociales et les doctrines politiques élaborées au dehors. C'est le cas pour la
pensée socialiste et le marxisme, pour certaines formula-
tions du nationalisme. Cette « importation » confère souvent à l'idéologie un caractère *syncrétique*, apparent dans
la définition de la plupart des socialismes spécifiques.
Elle est également à l'origine d'une contradiction difficile à dépasser : ce sont des instruments intellectuels
étrangers qui façonnent la pensée politique moderne,
mais ils sont mis au service d'un développement « natio-
nalitaire » et souvent d'une défense de la spécificité.
J. Berque, situant « les Arabes d'hier à demain », a interprété cet effort « pour s'ajuster aux autres en restant fidèle
à soi », cette « exigence contradictoire » qui fait que la
revendication de modernité n'est pas négation totale de la
tradition[1].

Les idéologies modernisantes se caractérisent aussi
par leur instabilité, par leur mouvement propre, corrélatif

1. J. BERQUE, *Les Arabes d'hier à demain*, Paris, 1960, chap. I,
XII et XIII.

des transformations réalisées et des modifications de la conscience politique. Elles varient dans la mesure où elles se rapportent à des sociétés, et à des civilisations, soumises au changement rapide et ne restent significatives que pour une période de temps relativement courte. D. Apter a tenté de déterminer le cycle de leur formation, la séquence de leurs variations[1]. Au départ, l'idéologie est diffuse et allie des « images multiples » et, dans une large mesure, contradictoires, puis, sous la pression de la nécessité et des événements, elle se construit et se charge d'apports nouveaux, dès que ses destinataires deviennent réceptifs aux thèmes et symboles extérieurs aux configurations traditionnelles. À son point le plus haut – correspondant au moment de son efficacité maximale –, l'idéologie prend un aspect utopique et millénariste : elle exalte la société à venir et confère à l'entreprise collective une efficacité immédiate et une signification historique universelle – par exemple, la mission de réaliser la seule révolution authentique. Au terme du processus, l'idéologie se dégrade ; les militants sont devenus des gestionnaires et l'épreuve des faits (la force des choses) conduit au réalisme pratique, à l'élaboration d'un système idéologique fortement marqué par le pragmatisme.

Ces idéologies de la modernisation ne s'imposent pas encore par une nouveauté radicale : elles sont trop mobiles et trop circonstancielles. Leur analyse paraît décevante et souvent répétitive. Elles constituent néanmoins, pour l'anthropologie politique, un domaine d'investigation riche de problèmes mal élucidés, dans la mesure où elles permettent de saisir l'articulation à la tradition et l'homologie qu'elles présentent avec les mythes régissant cette dernière. Les pays africains fournissent à cet égard les exemples les plus révélateurs. Dès l'instant où les mouvements nationaux y prennent

1. D. APTER, *op. cit.*, p. 314-327.

forme, l'idéologie politique se construit, trouvant son appui sur les thèmes mythiques de révolte ou de résistance apparus au cours de la période coloniale. À l'origine, l'initiative appartient à une minorité intellectuelle, soucieuse de promouvoir une libération culturelle en même temps qu'une libération politique. L'idéologie la plus représentative de cette phase est la « théorie de la négritude », élaborée par des Africains d'expression française, puis mise en forme philosophique par J.-P. Sartre. En marge, il convient de situer l'œuvre idéologique des essayistes qui veulent conférer à l'histoire africaine une efficacité militante. Ils traitent le passé de manière à assurer la réhabilitation des civilisations et des peuples nègres. Ils renversent la relation de dépendance et transforment les civilisations reconnues en débitrices de la civilisation africaine méconnue. Les idéologies essentiellement politiques – les plus récentes – possèdent un aspect *messianique*, sorte de réplique théorique aux messianismes populaires qui ont exprimé les premières réactions organisées de refus du colonialisme. Ainsi, les fondateurs du socialisme africain ont non seulement le souci de procéder à une adaptation estimée nécessaire, mais aussi la certitude de contribuer au salut du socialisme, en l'enrichissant de valeurs fécondantes [1].

Tel est le chemin qui a pu conduire du mythe traditionnel, comportant une part d'idéologie, aux idéologies et doctrines politiques modernes recélant encore une part du mythe. Ce cheminement, ce passage du mythe à implications idéologiques aux systèmes de pensée modernes à implications mythiques, fait rencontrer *le* problème qui se pose à toutes les vieilles sociétés en mutation. Ce problème, c'est celui de la dialectique permanente entre tradition et révolution.

---

1. G. BALANDIER, Les mythes politiques de colonisation et de décolonisation en Afrique, in *Cahiers internationaux de sociologie*, XXXIII, 1962.

CONCLUSION

Perspectives
de l'anthropologie politique

L'anthropologie politique se développe au moment
même où la démarche anthropologique est remise en
cause : les objets auxquels celle-ci s'applique principalement – les sociétés archaïques ou traditionnelles –
subissent des modifications radicales ; les méthodes et les
théories qui définissaient cette entreprise depuis l'avant-
guerre sont soumises à une évaluation critique, généra-
trice de renouvellement. L'anthropologie politique apparaît ainsi comme une configuration nouvelle esquissée à
l'intérieur d'un champ scientifique bouleversé. Max
Gluckman et Fred Eggan considèrent qu'elle est « vir-
tuellement fondée » lorsque l'ouvrage collectif, intitulé
African Political Systems, paraît en 1940 ; depuis cette
date, elle a suscité des recherches de terrain nombreuses
et stimulé la réflexion théorique. Deux publications collectives manifestent sa vigueur et l'exigence de rigueur
qui l'animent ; l'une, à partir d'un problème particulier,
celui du pouvoir et des stratégies qu'il implique : *Political Systems and the Distribution of Power*[1] ; l'autre, à
partir d'un regroupement de textes qui révèle certaines
des orientations dominantes : *Political Anthropology*[2].

1. A.S.A. Monographs 2, Londres, 1965.
2. Ouvrage publié sous la direction de M. SWARTZ, V. TURNER et
A. TUDEN, Chicago, 1966.

Cette spécialisation tardive de l'anthropologie, néanmoins, se présente davantage comme un projet en cours de réalisation que comme un domaine déjà constitué. Elle a d'abord subi les incidences d'une situation ambiguë ; elle resta marginale tant que la recherche anthropologique maintint le fait politique en dehors de ses préoccupations majeures – le considérant pratiquement sous l'aspect d'un système de relations dérivé, dont l'expression *première* est sociale ou/et religieuse ; elle s'est élaborée en dehors des disciplines politistes plus anciennes – les récusant sous la forme de la philosophie politique ou de la science politique qui demeura longtemps confinée dans son « provincialisme occidental ». Son propre devenir la conduit cependant à occuper une position centrale, celle qui permet d'appréhender le politique dans sa diversité et de créer les conditions d'une étude comparative élargie. Et ce mouvement lui impose de se rapprocher des disciplines parentes. Les travaux publiés au cours des quinze dernières années manifestent les influences externes : en premier lieu, celle de Max Weber, prépondérante dans le cas des chercheurs américains ou britanniques ; ensuite, celle des spécialistes actuels de la science politique, et notamment de D. Easton, auteur d'une étude publiée en 1953 sous le titre : *The Political System*.

Ces rapprochements provoquent la confrontation et la critique. D. Easton reproche aux anthropologues politistes de s'attacher à un objet mal déterminé, de ne pas avoir nettement différencié les aspects, les structures et les conduites politiques des autres manifestations de la vie sociale. Ils auraient ainsi négligé de saisir le politique dans son essence et sa spécificité. La remarque est en partie fondée, mais il paraît utile de rappeler que les sociétés envisagées ne présentent pas toujours une organisation politique distincte et que les politicologues eux-mêmes n'ont pas encore clairement défini l'ordre du politique. Easton observe, par ailleurs, que l'anthropologie politique opère sans avoir résolu les problèmes conceptuels fondamentaux et sans avoir fixé ses orientations théoriques principales[1]. Les recherches accomplies au cours des dernières années réduisent la portée de cette critique, en dehors du fait que les risques théoriques pris par les précurseurs de la discipline ont incité à la prudence. On ne peut reprocher à un savoir scientifique qui se constitue sa vulnérabilité. Un élément positif, au moins, reste incontestable : l'anthropologie politique a contraint au *décentrement*, car elle a universalisé la réflexion – l'étendant jusqu'aux bandes pygmées et amérindiennes à pouvoir minimal –, et a brisé la fascination que l'État a longtemps exercée sur les théoriciens politistes. Ce privilège est estimé si déterminant que C. N. Parkinson – politicologue reconnu et connu – recommande de confier aux anthropologues l'étude comparative des systèmes et des théories politiques.

Il serait puéril de s'en tenir à cette suggestion flatteuse. Un inventaire plus circonstancié devient nécessaire. L'anthropologie politique, par la pratique scientifique qu'elle régit et les résultats acquis, exerce une influence sur la discipline mère à partir de laquelle elle s'est formée. Sa simple existence lui confère *une efficacité critique* à l'égard de cette dernière. Elle contribue à modifier les images communes qui caractérisent les sociétés considérées par les anthropologues. Celles-ci ne peuvent plus être vues comme des sociétés unanimistes – à consensus obtenu mécaniquement – et comme des systèmes équilibrés, peu affectés par les effets de l'entropie. L'étude des aspects politiques conduit à saisir chacune de ces sociétés dans sa vie même, dans ses actes et ses problèmes, au-delà des apparences qu'elle exhibe et

---

1. D. EASTON, Political Anthropology, *in* B. SIEGEL (éd.), *Biennial Review of Anthropology*, Stanford, 1959, p. 210-247.

des théories qu'elle induit. Les agencements sociaux se
révèlent approximatifs, la compétition toujours agissante, la contestation (directe ou insidieuse) jamais abo-
lie. L'anthropologie politique, parce qu'elle opère sur
une réalité essentiellement dynamique, requiert de
prendre en considération la dynamique interne des sociétés dites traditionnelles ; elle impose de compléter l'analyse logique des positions par l'analyse logique des
oppositions – plus, elle manifeste un rapport nécessaire
entre ces deux démarches. Il est, à ce propos, remarquable que des termes tels que « stratégie » et « manipulation » soient de plus en plus fréquemment utilisés.
L'argument est mineur. Les conséquences que tire
Edmund Leach d'une étude exemplaire d'anthropologie
politique sont plus démonstratives[1]. À partir du cas des
Kachin de Birmanie, il souligne les dynamismes mis en
œuvre dans les systèmes réels et l'instabilité de ces derniers ; il révèle clairement la multiplicité des modèles
auxquels les Kachin se reportent selon les circonstances
– si bien que leur appareil conceptuel permet d'exprimer
des aspirations opposées et d'affirmer des légitimités
contradictoires ; il montre que l'équilibre est dans le
modèle (celui que la société se donne ou celui que
l'anthropologue construit), non dans les faits. Leach
manifeste, à son tour, que le dynamisme est *inhérent à la
structure* et qu'il ne s'exprime pas seulement par le changement, par le devenir ; point de vue sur la réalité sociale
que nous avons formulé voici près d'une quinzaine
d'années, en tentant de préciser ses implications théoriques et méthodologiques. Les anthropologues politistes
adhèrent, en nombre croissant, à cette interprétation.
Max Gluckman s'en est récemment rapproché : il recourt
à la notion d'« équilibre oscillant », pour interpréter la
dynamique de certains États traditionnels africains, et

1. *Political Systems of Highland Burma*, nouv. éd., Londres, 1964.

nuance ainsi une conception restée jusqu'alors trop statique[1].

L'anthropologie politique renouvelle le vieux débat concernant le rapport des sociétés traditionnelles (ou archaïques) à l'histoire. Et cela, pour une raison principale déjà évoquée : le champ politique est celui sur lequel l'histoire imprime sa marque avec force. Si les sociétés dites segmentaires sont dans l'histoire par leur mouvement de composition et décomposition successives, par les modifications de leurs systèmes religieux, par leur ouverture (libre ou contrainte) à des apports extérieurs, les sociétés étatiques y sont présentes d'une autre manière – en toute plénitude. Elles s'inscrivent dans un temps historique plus riche, plus chargé d'événements déterminants, et elles révèlent une prise de conscience plus vive des possibilités d'agir sur la réalité sociale. L'État naît de l'événement, conduit une politique créatrice d'événements, accentue les inégalités génératrices de déséquilibre et de devenir. Dès l'instant où il est présent, la démarche anthropologique ne peut plus éviter une rencontre avec l'histoire. Elle ne peut plus faire comme si le temps historique des sociétés traditionnelles était proche de l'état zéro : un temps de la simple répétition. Ce sont les anthropologues attachés à l'étude des systèmes étatiques qui ont le plus contribué à cette reconnaissance de l'histoire, et à la mise en évidence de l'utilisation politique des données de l'histoire idéologique. Qu'il s'agisse, dans le domaine africaniste, des travaux consacrés au Nupe (Nadel), au Buganda (Apter et Fallers), au Ruanda ancien (Vansina), au Kongo (Balandier) ou aux royaumes Nguni de l'Afrique méridionale (Gluckman). À travers ces recherches, une nouvelle théorie anthropologique

1. M. GLUCKMAN, *Politics, Law and Ritual in Tribal Society*, Oxford, 1965.

– plus *dynamiste* – trouve son cheminement. Il est révélateur que le dernier ouvrage de Luc de Heusch, relatif au Ruanda, à sa situation dans la configuration historique et culturelle où s'inscrivent les États de la région orientale interlacustre, se présente sous le signe de l'« analyse structurale et historique ». Le second mouvement de la démarche corrige le premier dans ses insuffisances et ses déviations [1].

On doit aussi constater que l'anthropologie politique incite à considérer, d'une manière plus critique, les systèmes d'idéologies par lesquels les sociétés traditionnelles s'expliquent et justifient leur ordre spécifique. Déjà, Malinowski se représentait le mythe à l'image d'une charte qui régit la pratique sociale – et aide ainsi au maintien des modes existants de distribution du pouvoir, de la propriété et du privilège. Selon cette interprétation, le mythe contribue à entretenir la conformité ; son efficacité agit dans le sens du pouvoir établi, soit pour le protéger contre les menaces potentielles, soit pour fonder les rituels périodiques assurant son renforcement. Les interprétations plus récentes, résultant de recherches nouvelles, accentuent souvent les significations politiques du mythe. Elles explicitent les éléments de théorie politique qu'il récèle : J. Beattie a mis au point cette méthode de lecture – et démontré son rendement scientifique – en l'appliquant au cas des Nyoro de l'Ouganda. Elles manifestent l'idéologie, favorable aux tenants du pouvoir et aux aristocraties, que le mythe et certaines autres « traditions » impliquent : J. Vansina, à propos du Ruanda ancien, observe que ces dernières sont toutes déformées dans le même sens (favorable à la « caste » dominante) et que la déformation s'amplifie avec le temps. L'idéologie se dévoile lorsque l'ordre inégalitaire

1. L. de Heusch, *Le Rwanda et la civilisation interlacustre*, Bruxelles, 1966.

paraît solidement établi ; ses utilisateurs ne pensent plus être contraints à la ruse.

Edmund Leach propose une interprétation générale des mythes qui permet de repérer leurs significations et fonctions politiques parmi celles dont ils sont investis. Les mythes, selon lui, intègrent les contradictions que l'homme doit affronter : depuis les plus existentielles jusqu'à celles qui résultent de la pratique sociale ; leur fonction est d'assurer la médiation de ces contradictions et de les rendre supportables. Cette fin n'est atteinte que par le regroupement de récits mythiques présentant des similitudes et des différences, et non par le recours à des mythes isolés ; la confusion des versions ne contribue nullement à résoudre la contradiction, mais elle sert à la *masquer*. Leach, qui avait déjà élaboré ce mode d'élucidation des mythes en étudiant les systèmes politiques kachin, l'a récemment appliqué au problème que pose la légitimité du pouvoir de Salomon. Il montre que le texte biblique est contradictoire, mais agencé de telle façon que Salomon reste toujours héritier légitime du pouvoir. La souveraineté conquise est justifiée : elle accomplit la promesse divine faite aux israélites[1].

L'anthropologie politique exerce une fonction critique plus étendue. Elle accuse certaines des difficultés inhérentes aux théories dominantes et à la méthodologie des anthropologues ; elle s'y heurte et les révèle. L'inspiration fonctionnaliste, qui a orienté une première série des recherches consacrées aux gouvernements primitifs, conduisait à des voies sans issue. Elle a incité à détecter les principes de fonctionnement des systèmes

---

1. E. LEACH, The Legitimacy of Salomon, Some Structural Aspects of Old Testament History, in *Arch. Europ. de Sociologie*, 7, 1, 1966. D. SPERBER a manifesté la portée de cette analyse dans un article intitulé : Edmund Leach et les anthropologues, in *Cahiers internationaux de sociologie*, XLIII, 1967.

politiques, sans bien déterminer ce que sont ces derniers et en conférant à la notion qui les désigne une valeur absolue maintenant contestée. Elle a suggéré de définir les fonctions du politique – ce à quoi il sert : fonder et/ou maintenir l'ordre social, assurer la sécurité –, mais sa nature même n'a pas été élucidée. Et nombre de travaux ont pu être consacrés à un objet mal identifié. Les auteurs de *African Political Systems* n'échappent pas à cette critique, bien que leur ouvrage ait toujours la qualité de référence révérée. Les analyses fonctionnalistes ont aussi manqué de reconnaître le champ politique dans toute son extension – le limitant généralement aux relations *internes* que le pouvoir ordonne – et dans sa spécificité – le considérant sous l'aspect d'un système de rapports bien articulés, comparable aux systèmes organiques ou mécaniques. Les recherches théoriques récentes le présentent comme porteur d'éléments faiblement intégrés, ouvert aux tensions et aux antagonismes, affecté par les stratégies des individus ou des groupes et le jeu des contestations. Son caractère essentiellement dynamique, comme celui de tout « champ social », est maintenant mieux reconnu. Enfin, le fonctionnalisme a refusé l'histoire et la prise en considération des incidences du temps, car elles font perdre aux systèmes sociaux leurs apparences de stabilité et d'équilibre ; A. L. Kroeber a vigoureusement attaqué sur ce front, sans avoir obtenu une victoire définitive. Or, les processus politiques sont inscrits dans le temps : l'affirmation est tautologique, elle n'en est pas moins restée largement méconnue. Les exigences nouvelles conduisent à en retenir toutes les implications. Les directeurs de l'ouvrage collectif *Political Anthropology* rappellent que le « temps historique » (et non le « temps structural ») est l'une des dimensions définissant le champ politique. Ils proposent, en conséquence, une « méthode d'analyse diachronique » associée à une interprétation de l'action politique en tant que « développement » – ou séquence comportant des phases différenciées[1].

L'effet critique opère également dans le domaine des travaux d'inspiration structuraliste ; et non seulement dans la mesure où ils abolissent l'histoire, où ils réduisent le jeu de la dynamique interne. La démarche est plus appropriée à l'analyse des idéologies qu'à l'examen des structures politiques réelles auxquelles elles se trouvent liées. Fixant ce qui est dynamique par essence, elle appréhende mal les systèmes de relations complexes et instables. Elle reste appliquée à des systèmes d'extension limitée et isolés – conditions inverses de celles auxquelles l'anthropologie politique doit satisfaire. Ces remarques ont déjà été précisées. Il convient plutôt de rappeler que les recherches structuralistes n'ont pu proposer de solution sur le terrain qui est par excellence le leur : celui de la formalisation, de l'élaboration des modèles adéquats, de la construction des types. Elles n'ont pas équipé les anthropologues politistes de typologies nouvelles à meilleur rendement scientifique. Elles ne les ont pas munis (et pour cause) des modèles complexes qui permettraient de traiter formellement les phénomènes politiques sans les réduire et les dénaturer. Ces derniers, en raison de leur aspect synthétique ou totalisant et de leur dynamisme, font obstacle à une entreprise de cette nature ; ils ne sont pas réductibles aux structures formelles jusqu'à maintenant utilisées par les sciences sociales. Cette constatation a incité certains des politicologues – notamment G. Almond et D. Apter – à exprimer le besoin de modèles différents, dits « de développement » ou dynamiques. C'est un souhait vague, néanmoins révélateur des impossibilités présentes. La situation théorique d'Edmund Leach, structuraliste tempéré, dont la recherche reste en partie orientée vers l'élucidation des phénomènes

1. Introduction de *Political Anthropology*, p. 8, 31 *sq.*

politiques traditionnels, est encore plus significative.
C'est dans les domaines *extérieurs* au politique et où
l'aspect de « langage » est apparent, les rapports de la
parenté et les mythes, que Leach manifeste pleinement
son adhésion à la méthode de l'analyse structurale.

L'anthropologie politique modifie incontestablement
les perspectives de l'anthropologie sociale : elle commence à bouleverser le paysage théorique, à transformer
les configurations familières. Elle impose une conception plus dynamiste, plus favorable à la considération de
l'histoire, plus consciente des stratégies dont toute
société (même archaïque) est porteuse. En 1957, dans
une étude consacrée aux « factions » opérant au sein des
sociétés indiennes, R. Firth annonçait le passage nécessaire de l'« analyse structurale conventionnelle » à une
recherche visant l'interprétation rigoureuse des « phénomènes dynamiques ». Depuis cette date, le glissement a
progressé. Nous avions déjà tenté de contribuer au renversement de tendance : dès 1955, en publiant *Sociologie
actuelle de l'Afrique noire*. La démarche y restait cependant suggérée plus qu'explicitée. C'est l'examen des
systèmes politiques africains qui nous a imposé de clarifier ses composantes théoriques et méthodologiques.
Pour les mêmes raisons qui viennent d'être énoncées au
cours de cette conclusion : « Le secteur politique est un
de ceux qui portent le plus les marques de l'histoire, un
de ceux où se saisissent le mieux les incompatibilités, les
contradictions et tensions inhérentes à toute société. En
ce sens, un tel niveau de la réalité sociale a une importance stratégique pour une sociologie et une anthropologie qui se voudraient ouvertes à l'histoire, respectueuses
du dynamisme des structures et tendues vers la saisie des
phénomènes sociaux totaux »[1]. Les responsables et les

1. G. BALANDIER, Réflexions sur le fait politique : le cas des sociétés africaines, in *Cahiers internationaux de sociologie*, XXXVII, 1964.

collaborateurs de *Political Anthropology* se situent dans une semblable perspective. Ils invoquent Hegel (et la dialectique), Marx (et la théorie de la contradiction et des antagonismes), Simmel (et le conflit social), bien qu'ils se réfèrent principalement, par habitude, à Talcott Parsons. Ils choisissent le « champ politique » plutôt que le système politique, le processus plutôt que la structure – afin de mieux ajuster leur analyse à l'ordre de réalité envisagé. Ils rejettent l'interprétation paresseuse qui condamne les sociétés traditionnelles (ou archaïques) aux seuls changements répétitifs : ceux qui aboutissent au rétablissement cyclique du *statu quo ante*. Ils centrent leurs études sur la dynamique du pouvoir, les formes et les moyens du choix et de la décision politiques, l'expression et la résolution du conflit, la compétition et le jeu des « factions ». Ils mesurent l'importance du défi que les anthropologues ne peuvent plus éluder : parvenir à décrire et interpréter les « champs sociaux » en tenant compte de « leur pleine complexité et de leur profondeur temporelle » [1]. Les alibis de la rigueur dénaturante sont récusés. L'anthropologie politique a fini par acquérir une vertu corrosive.

Les autres disciplines attachées à la construction de la science politique en attendent, à leur tour, une attaque salutaire. Elle les aide à *dépayser* et *éprouver* le savoir qu'elles ont constitué. Des convergences s'ébauchent : les politicologues reconnaissent – tel G. A. Almond – l'obligation où ils se trouvent « de se tourner vers la théorie sociologique et anthropologique » [2] ; les artisans de l'anthropologie politique, pour leur part, tentent d'effacer la coupure qui les sépare de leurs « parents ». Cette rencontre a pour effet la remise en cause des concepts et des catégories habituellement utilisés. Ainsi,

1. *Op. cit.*, p. 3-4.
2. Introduction de *The Politics of the Developing Areas*, sous la direction de G. A. ALMOND et J. COLEMAN, Princeton, 1960.

M. G. Smith – à partir d'une étude consacrée au «gouvernement» des Haoussa de la Nigeria et de ses exigences théoriques – s'impose de définir à nouveau les notions fondamentales : pouvoir/autorité, action politique/action administrative, légitimité/légalité, système politique/gouvernement, etc. Il veut leur donner une portée générale, les rendre applicables aux sociétés politiques les plus diverses. Il pousse l'exigence de généralisation, au moment de l'analyse diachronique, jusqu'au point où elle lui fait apparaître certaines «lois de changement structurel». Son entreprise, fort ambitieuse, tend à l'élaboration d'une théorie unifiée du champ politique.

La coalition des efforts résulte effectivement de la recherche des conditions propices à une étude *comparative* moins arbitraire. Pour E. Shils, cette dernière doit au moins répondre à deux exigences : utiliser des catégories qui soient pertinentes pour toutes les formes d'État, toutes les sociétés et toutes les époques ; disposer d'un «schème analytique» qui soit doté de propriétés telles que «des sociétés différentes puissent être systématiquement comparées»[1]. C'est une tentative de définition des moyens ; rien de plus. G. A. Almond essaie de déterminer les systèmes politiques – étant entendu que ceux-ci se retrouvent jusque dans les sociétés les plus «primitives» – par des caractéristiques communes. Elles sont au nombre de quatre et constituent les termes d'une comparaison estimée scientifiquement fondée : existence d'une structure plus ou moins spécialisée ; accomplissement des mêmes fonctions au sein des systèmes ; aspect multifonctionnel de la structure politique ; caractère «mixte» – «au sens culturel» – des divers systèmes. La démarche conjugue plusieurs tendances théoriques et son syncrétisme la

1. E. SHILS, On the Comparative Study of the New States, in C. GEERTZ (éd.), *Old Societies and New States*, New York, 1963.

rend vulnérable. Elle présente surtout l'inconvénient, à ce niveau de généralité, de s'organiser à partir de propriétés qui ne s'appliquent pas exclusivement aux phénomènes politiques. Le danger reste constant d'établir l'analyse comparative sur un plan où, apparemment justifiée, elle s'est vidée d'une partie de sa substance. Swartz, Turner et Tuden, dans *Political Anthropology*, retiennent le champ politique et le processus politique (qualifiés à l'aide de concepts d'usage général) comme unités d'application de la recherche comparative. Ils s'en tiennent prudemment aux suggestions et aux premiers essais de vérification.

Les progrès ultérieurs exigent une meilleure connaissance de la nature et de l'essence du politique. Ce qui justifie et impose le dialogue entre les disciplines concernées. Ce qui requiert l'effacement des réticences à l'égard de la philosophie politique, et une contribution à son renouvellement. Les anthropologues politistes ont largement collaboré aux entreprises critiques qui dissocient la théorie politique et la théorie de l'État. Ils ont rompu le charme. Ils ont aussi révélé certains des détours que la politique emprunte dans ses cheminements ; elle est présente dans les sociétés les plus démunies, comme elle reste agissante dans les situations les plus défavorables à sa manifestation. Toutes les affirmations contraires – même revêtues du masque de la science – ne changeront rien à cela : les sociétés humaines produisent toutes du politique et sont toutes perméables au fluide historique. Pour les mêmes raisons.

BIBLIOGRAPHIE COMPLÉMENTAIRE [1]

ALMOND (G. A.) et COLEMAN (J. S.) (éd.), *The Politics of the Developing Areas*, Princeton, 1960.

APTER (D. E.), *The Politics of Modernization*, Chicago, 1965.

AUGÉ (M.), *Pouvoirs de vie, pouvoirs de mort. Introduction à une anthropologie de la répression*, Paris, Flammarion, 1977.

BAILEY (F. G.), *Stratagems and Spoils, A Social Anthropology of Politics*, Oxford, 1969 (trad. franç. : *Les Règles du jeu politique*, Paris, PUF, 1971).

BALANDIER (G.), *Sens et puissance. Les dynamiques sociales*, Paris, PUF, 1971.

—, (éd.), Les relations de dépendance personnelle en Afrique noire, numéro spécial des *Cahiers d'Études africaines*, vol. 9, n° 35, 1969.

BANTON (M.) (éd.), *Political Systems and the Distribution of Power* (Association of Social Anthropologists, ASA Monograph 2), Londres, 1965.

BARTH (F.), *Political Leadership among the Swat Pathans*, Londres, 1969.

BASTIDE (R.), *Formes élémentaires de la stratification sociale*, Paris, Centre de documentation universitaire, 1965.

BOHANNAN (L.), *A Genealogical Charter, in Africa*, Londres, vol. 22, n° 4, 1952.

1. Bibliographie remise à jour par M. Aghassian.

242 *Anthropologie politique*

BOHANNAN (L. et P.), *The Tiv of Central Nigeria* (International African Institute, Ethnographic Survey of Africa), Londres, 1953.

CLASTRES (P.), *La Société contre l'État. Recherches d'anthropologie politique*, Paris, Éditions de Minuit, 1974.

COHEN (A.), *Two-Dimensional Man. An Essay on the Anthropology of Power and Symbolism in Complex Society*, Londres, 1974.

COHEN (R.) et MIDDLETON (J.) (éd.), *Comparative Political Systems, Studies in the Politics of the Pre-industrial Societies*, New York, 1967 [Recueil de textes].

CUNNISON (I.), *The Luapula Peoples of Northern Rhodesia : Custom and History in Tribal Politics*, Manchester, 1959.

DUMONT (L.), *Homo Hierarchicus. Essai sur le système des castes*, Paris, Gallimard, 1966.

EASTON (D.), Political Anthropology, *in* B. SIEGEL (éd.), *Biennial Review of Anthropology*, Stanford, 1959.

EVANS-PRITCHARD (E. E.), *The Nuer*, Oxford, 1940 [trad. franç. : Paris, Gallimard, 1968].

—, *Essays in Social Anthropology*, Londres, 1962 [trad. franç. : *Les Anthropologues face à l'histoire et à la religion*, Paris, PUF, 1974].

FALLERS (L.), Political Sociology and the Anthropological Study of African Politics, *in Archives européennes de Sociologie*, vol. 4, nº 2, 1963.

FORTES (M.), *The Dynamics of Clanship among the Tallensi*, Londres, 1945.

—, *Œdipus and Job in West African Religion*, Cambridge, 1959 [trad. franç. : Paris, Mame, coll. Repères, 1974].

— et EVANS-PRITCHARD (E. E.) (éd.), *African Political Systems*, Londres, 1940 [trad. franç. : Paris, PUF, 1964].

FRIED (M. H.), The Classification of Corporate Unilineal Descent Groups, in *Journal of the Royal Anthropological Institute*, vol. 87, nº 1, 1957.

GEERTZ (C.) (éd.), *Old Societies and New States*, New York, 1963.

GLUCKMAN (M.), *Order and Rebellion in Tribal Africa*, Londres, 1963.

—, *Politics, Lato and Ritual in Tribal Society*, Oxford, 1965.

GOODY (J.), *Technology, Tradition and the State in Africa*, Londres, 1971.

— (éd.), *Succession to High Office*, Cambridge, 1966.

GUIART (J.), *Structure de la chefferie en Mélanésie du Sud*, Paris, 1963.

HEUSCH (L. de), *Essais sur le symbolisme de l'inceste royal en Afrique*, Bruxelles, 1958.

— *et al.*, *Le Pouvoir et le Sacré* (Annales du Centre d'étude des religions, 1), Bruxelles, 1962.

LAPIERRE (J.-W.), *Vivre sans État? Essai sur le pouvoir politique et l'innovation sociale*, Paris, Le Seuil, 1977.

LEACH (E. R.), *Political Systems of Highland Burma*, Londres, 1954 [trad. franç. : Paris, Maspero, 1972].

LEMARCHAND (R.) (éd.), *African Kingships in Perspective; Political Change in Monarchical Settings*, Londres, 1977.

LEMIEUX (V.), L'anthropologie politique et l'étude des relations de pouvoir, in *L'Homme*, vol. 7, n° 4, 1967.

LEWIS (I. M.), *A Pastoral Democracy, a Study of Pastoralism and Politics among the Northern Somali of the Horn of Africa*, Londres, 1961.

LOMBARD (J.), *Autorités traditionnelles et pouvoirs européens en Afrique noire*, Paris, A. Colin, 1967.

LOWIE (R. H.), *The Origin of the State*, New York, 1927.

MAIR (L.), *Primitive Government* (Pelican Books), Harmondsworth, 1962.

MAQUET (J.), *Pouvoir et société en Afrique*, Paris, Hachette, 1971.

MÉTRAUX (A.), *Les Incas*, Paris, Le Seuil, 1962.

MIDDLETON (J.), *Lugbara Religion : Ritual and Authority among an East African People*, Londres, 1960.

— et TAIT (D.) (éd.), *Tribes without Rulers, Studies in African Segmentary Systems*, Londres, 1958.

NADEL (S. F.), *A Black Byzantium : the Kingdom of the Nupe of Nigeria*, Londres, 1942 [trad. franç. : Paris, Maspero, 1971].

PAULME (D.) (éd.), *Classes et associations d'âge en Afrique de l'Ouest*, Paris, Plon, 1971.

RICHARDS (A.), Keeping the King Divine, in *Proceedings of the Royal Anthropological Institute*, 1968.

SAHLINS (M. D.), *Social Stratification in Polynesia*, Seattle, 1958.

SCHAPERA (I.), *Government and Politics in Tribal Societies*, Londres, 1956.

SMITH (M. G.), On Segmentary Lineage Systems, in *Journal of the Royal Anthropological Institute*, vol. 86, n° 2, 1956.

—, *Government in Zazzau, 1800-1950*, Londres, 1960.

SOUTHALL (A. W.), *Alur Society, a Study in Processes and Types of Domination*, Cambridge, 1954.

STEVENSON (R. F.), *Population and Political Systems in Tropical Africa*, New York, 1968.

SWARTZ (M. J.) (éd.), *Local-level Politics : Social and Cultural Perspectives*, Chicago, 1968.

SWARTZ (M. J.), TURNER (V. W.) et TUDEN (A.) (éd.), *Political Anthropology*, Chicago, 1966.

UBEROI (J. P. S.), *Politics of the Kula Ring, an Analysis of the Findings of Bronislaw Malinowski*, Manchester, 1962.

VAN VELSEN (J.), *The Politics of Kindship, a Study of Social Manipulation among the Lakeside Tonga of Nyasaland*, Manchester, 1964.

WITTFOGEL (K. A.), *Oriental Despotism, a Comparative Study of Total Power*, New Haven, 1957 [trad. franç. : Paris, Éditions de Minuit, 1964].

INDEX[1]

1. Les termes vernaculaires et les noms de peuples sont en *italique*.

I

H

J

K

O

OPPENHEIMER (F.), 11, 183-184.
Ouolof, 102, 108.

P

parenté, 59 *sq.* ; – à plaisanterie,
112 ; relations de –, 74, 83,
123 ; structures de la –, 12,
37.
PARETO (V.), 14, 20.
PARKINSON (C. N.), 2, 6, 8, 25,
229.
PARSONS (T.), 237.
parti, 215, 220 *sq.*
patrimonialisme, 7, 53, 182, 197.
PERROT (C.-H.), 140.
POCOCK (D. F.), 7.
POLIN (R.), 25.
politique (identification du –), 5,
12, 17, 26 *sq.*, 29, 40 ; exotisme –, 3, 6, 94 ; pensée –, 1,
8, 25 ; phénomène –, 1, 25,
36, 40, 50, 55-56, 149, 156,
235 ; spécialisation –, 1-2.
potlatch, 39, 85.
POUILLON (J.), 18, 36-37.
pouvoir, 36, 40 ; abus de –, 46,
144, 197 ; adhésion au –,
46 *sq.* ; ambiguïté du –, 44-
45, 72, 122 *sq.*, 126 ; compétitions pour le –, 21, 41, 66,
68, 71, 83, 122, 179, 183-184,
204 ; danger du –, 123 ; désacralisation du –, 198 *sq.* ;
fonctions conservatrices du –,
42 ; légitimité du –, 40,
45 *sq.*, 119, 122, 233 ; limites

au –, 45 *sq.*, 77 *sq.* ; sacralité
du –, 44, 119 *sq.*
PROUDHON (P.-J.), 155, 157.
Pygmées, 26, 90, 229.

R

RADCLIFFE-BROWN (A. R.), 16,
27-28, 30, 32, 49.
rang, 72-73, 77, 85, 97, 100-101,
106-107, 111, 140 ; hiérarchie
de –, 88-89, 113, 135, 186.
rébellion, 180 ; formes de la –,
111 ; théorie de la –, 21, 32.
réciprocité (structures de –), 59.
REDFIELD (R.), 28.
relation (de dépendance), 83,
115 *sq.*, 226 ; – de clientèle,
113, 115, 117.
REVEL (J.-F.), v.
RICHARDS (A.), 143.
RICŒUR (P.), 2.
rituels, 21, 39, 42, 48, 68, 73, 77,
79, 81, 90, 94, 97, 111, 119,
123, 127, 136, 141, 144-145,
218, 222 ; – de deuil, 134 ;
– de rébellion, 48, 137 *sq.* ;
– d'initiation, 133 ; – d'inversion, 137 *sq.* ; – hiérarchie
rituelle, 73 ; – politiques, 86,
232.
roi, 127 *sq.*, 144, 178, 182, 199,
203 ; investiture du –, 119,
136 *sq.* ; – Kongo, 136, 216 ;
– Mossi, 127 ; – Nyoro, 123 ;
pouvoirs supérieurs du –, 119.
rôle, 105, 201, 208, 222 ; – adap-
tatif, 208 ; conflits de –, 208 ;
– novateurs, 208.
ROSCOE (J.), 60.

TABLE DES MATIÈRES

VILLEY Michel, *Le droit et les droits de l'homme*
VOGEL Louis, *L'Université, une chance pour la France*

Économie

BENAMOUZIG Daniel, CUSIN François, *Économie et sociologie*
BERNSTEIN Peter Lewyn, *Des idées capitales*
CARMOY Hervé de, *L'Euramérique*
DEMEULENAERE Pierre, *Homo œconomicus*
DENIS Henri, *Histoire de la pensée économique*
ELBAUM Mireille, *Économie politique de la protection sociale*
ESNAULT Bernard, HOARAU Christian, *Comptabilité financière*
ETNER François, *Microéconomie*
FLOUZAT Denise, *Japon, éternelle renaissance*
HAYEK Friedrich August, *Droit, législation et liberté*
— *La route de la servitude*
HIRSCHMAN Albert Otto, *Les passions et les intérêts*
NIVEAU Maurice, CROZET Yves, *Histoire des faits économiques contemporains*
OGER Brigitte, LEFRANCQ Stéphane, *Lire les états financiers*
PALIER Bruno, *Gouverner la sécurité sociale*
SEN Amartya, *Éthique et économie*
VELTZ Pierre, *Mondialisation, villes et territoires*

Histoire/Géographie/Arts

AUBOYER Jeannine, AYMARD André, *L'Orient et la Grèce antique*
— *Rome et son Empire*
BARBICHE Bernard, *Les institutions de la monarchie française à l'époque moderne*
BARJOT Dominique, CHALINE Jean-Pierre, ENCREVÉ, André, *La France au*
XIXᵉ siècle, 1814-1914
BÉLY Lucien, *La France moderne, 1498-1789*
BRAUDEL Fernand, LABROUSSE Ernest, *Histoire économique et sociale de la France*
(4 vol.)
CHAUNU Pierre, *Histoire de l'Amérique latine*
CHAPOUTOT Johann, *Le nazisme et l'Antiquité*
CHARLE Christophe, VERGER Jacques, *Histoire des universités*
CONTAMINE Philippe, CORVISIER André, *Histoire militaire de la France* (4 vol.)
EINAUDI Jean-Luc, *Un rêve algérien*
GANDHI, *Autobiographie ou mes expériences de vérité*
GAUVARD Claude, *La France au Moyen Âge du Vᵉ au XVᵉ siècle*
GRIMAL Pierre, *La mythologie grecque*
HAUSER Arnold, *Histoire sociale de l'art et de la littérature*
JOUANNA Arlette, *La France du XVIᵉ siècle*
KASPI André, DURPAIRE François, HARTER Hélène, LHERM Adrien, *La civilisation*
américaine
LACROIX Jean-Michel, *Histoire des États-Unis*
LE GLAY Marcel, LE BOHEC Yann, VOISIN Jean-Louis, *Histoire romaine*
LE GOFF Jacques, *Marchands et banquiers du Moyen Âge*
LEBECQ Stéphane, *Histoire des îles Britanniques*
LEROI-GOURHAN André, *Les religions de la préhistoire*
MALSON Lucien, BELLEST Christian, *Le jazz*
MARX William, *Les arrière-gardes au XXᵉ siècle*
MATARD-BONUCCI Marie-Anne, *L'Italie fasciste et la persécution des juifs*
MIOSSEC Jean-Marie, *Géohistoire de la régionalisation en France*

MOUSNIER Roland, *Les XVIe et XVIIe siècles*
— *Les institutions de la France sous la monarchie absolue*
ORRIEUX Claude, SCHMITT PANTEL Pauline, *Histoire grecque*
PHAN Bernard, *Chronologie de la mondialisation*
POUMARÈDE Géraud, *Pour en finir avec la Croisade*
RÉMOND René, *Histoire des États-Unis*
SALA-MOLINS Louis, *Le Code Noir ou le calvaire de Canaan*
SCHŒLCHER Victor, *Esclavage et colonisation*
SIRINELLI Jean-François, *Génération intellectuelle. Khâgneux et Normaliens dans l'entre-deux-guerres*
SOBOUL Albert, *La Révolution française*
TULARD Jean, *La France de la Révolution et de l'Empire*
VAN YPERSELE Laurence, *Questions d'histoire contemporaine*
VERGER Jacques, *Les universités au Moyen Âge*
WERTH Nicolas, *Histoire de l'Union soviétique*

Littérature

ALAIN, *Stendhal et autres textes*
ANDREAS-SALOMÉ Lou, *Ma vie*
AUROUX Sylvain, *La question de l'origine des langues*, suivi de *L'historicité des sciences*
BELLEMIN-NOËL Jean, *Psychanalyse et littérature*
BONY Alain, BAUDOIN Millet, WILKINSON Robin, *Versions et thèmes anglais*
CARON Jean, *Précis de psycholinguistique*
COUDERC Christophe, *Le théâtre espagnol du Siècle d'Or (1580-1680)*
DELEUZE Gilles, *Proust et les signes*
DURAND Gilbert, *L'imagination symbolique*
ECO Umberto, *Sémiotique et philosophie du langage*
FREDOUILLE Jean-Claude, ZEHNACKER Hubert, *Littérature latine*
GÉNETIOT Alain, *Le classicisme*
HAMON Philippe, *Texte et idéologie*
HAMSUN Knut, *Faim*
HENAULT Anne, *Les enjeux de la sémiotique*
JARRETY Michel, *La poésie française du Moyen Âge au XXe siècle*
JULLIEN François, *La valeur allusive*
LARTHOMAS Pierre, *Le langage dramatique*
MARTIN Robert, *Comprendre la linguistique*
MEYER Michel, *Le comique et le tragique*
MIQUEL André, *La littérature arabe*
MOLINIÉ Georges, *La stylistique*
MONNERET Philippe, *Exercices de linguistique*
MONTAIGNE Michel Eyquem de, *Les Essais. Livres I à III*
MOURA Jean-Marc, *Littératures francophones et théorie postcoloniale*
PRIGENT Michel, *Le héros et l'État dans la tragédie de Pierre Corneille*
REBOUL Olivier, *Introduction à la rhétorique*
RIEGEL Martin, PELLAT Jean-Christophe, RIOUL René, *Grammaire méthodique du français*
ROMILLY Jacqueline de, *La tragédie grecque*
— *Précis de littérature grecque*
SAÏD Suzanne, TRÉDÉ Monique, LE BOULLUEC Alain, *Histoire de la littérature grecque*
SENGHOR Léopold Sédar, *Anthologie de la nouvelle poésie nègre et malgache de langue française*
SOLER Patrice, LABRE Chantal, *Études littéraires*
SOUILLER Didier, FIX Florence, HUMBERT-MOUGIN Sylvie, ZARAGOVA Georges, *Études théâtrales*

SOUTET Olivier, *Linguistique*
VIALA Alain, *Lettre à Rousseau sur l'intérêt littéraire*
— *Le théâtre en France*
WALTER Henriette, FEUILLARD Colette, *Pour une linguistique des langues*
ZINK Gaston, *Phonétique historique du français*
ZINK Michel, *Littérature française du Moyen Âge*
ZWEIG Stefan, *Montaigne*

Philosophie

ALAIN, *Propos sur les Beaux-Arts*
— *Propos sur des philosophes*
ALQUIÉ Ferdinand, *Le désir d'éternité*
ALTHUSSER Louis, *Montesquieu, la politique et l'histoire*
ALTHUSSER Louis, *Lire Le Capital*
ARKOUN Mohammed, *La pensée arabe*
ASSOUN Paul-Laurent, *Freud et Nietzsche*
— *Freud, La philosophie et les philosophes*
— *L'École de Francfort*
AUBENQUE Pierre, *Le problème de l'être chez Aristote*
— *La prudence chez Aristote*
AUROUX Sylvain, DESCHAMPS Jacques, KOULOUGHLI Djamel, *La philosophie du langage*
BACHELARD Gaston, *La dialectique de la durée*
— *La flamme d'une chandelle*
— *La philosophie du non*
— *La poétique de l'espace*
— *La poétique de la rêverie*
— *Le droit de rêver*
— *Le matérialisme rationnel*
— *Le nouvel esprit scientifique*
— *Le rationalisme appliqué*
BALIBAR Étienne, *Droit de cité*
BEAUFRET Jean, *Parménide. Le Poème*
BERGSON Henri, *L'évolution créatrice*
— *Durée et simultanéité*
— *Écrits philosophiques*
— *Essai sur les données immédiates de la conscience*
— *Introduction à la métaphysique*
— *L'âme et le corps*
— *L'énergie spirituelle*
— *L'intuition philosophique*
— *La conscience et la vie*
— *La pensée et le mouvant*
— *La perception du changement*
— *La philosophie de Claude Bernard*
— *La vie et l'œuvre de Ravaisson*
— *Le rêve suivi de Fantômes des vivants*
— *Le rire*
— *Les deux sources de la morale et de la religion*
— *Matière et mémoire*
— *Sur le pragmatisme de William James*
— *Le cerveau et la pensée*
— *Le possible et le réel*
— *Le souvenir du présent et la fausse reconnaissance*
BINOCHE Bertrand, CLERO Jean-Pierre, *Bentham contre les droits de l'homme*
BLANCHÉ Robert, *L'axiomatique*
BLONDEL Maurice, *L'action, 1893*
BODÉÜS Richard, GAUTHIER-MUZELLEC Marie-Hélène, JAULIN Annick, WOLFF Francis, *La philosophie d'Aristote*

BOUTANG Pierre, *Ontologie du secret*
BRAHAMI Frédéric, *Introduction au Traité de la nature humaine de David Hume*
BRÉHIER Émile, *Histoire de la philosophie*
BRISSON Luc, FRONTEROTTA Francesco, *Lire Platon*
BRISSON Luc, MASSÉ Arnaud, THERME Anne-Laure, *Lire les présocratiques*
BRISSON Luc, PRADEAU Jean-François, *Les Lois de Platon*
BRONNER Gérald, GÉHIN Étienne, *L'inquiétant principe de précaution*
CANGUILHEM Georges, *Le normal et le pathologique*
CANGHILEM Georges, *Du développement à l'évolution au XIX⁰ siècle*
CANTO-SPERBER Monique, *Éthiques grecques*
CAUQUELIN Anne, *L'invention du paysage*
    — *À l'angle des mondes possibles*
CHOULET Philippe, FOLSCHEID Dominique, WUNENBURGER Jean-Jacques,
    Méthodologie philosophique
CLAVIER Paul, LEQUAN Mai, RAULET Gérard, TOSEL André, BOURIAU
    Christophe, *La philosophie de Kant*
COBAST Éric, ROBERT Richard, *Culture générale* (2 vol.)
COMTE Auguste, *Premiers cours de philosophie positive*
COMTE-SPONVILLE André, *Traité du désespoir et de la béatitude*
CONCHE Marcel, *Essais sur Homère*
    — *Présence de la nature*
DAGOGNET François, *Le corps*
DAVID-MÉNARD Monique, *Les constructions de l'universel. Psychanalyse, philosophie*
DELEUZE Gilles, *Nietzsche et la philosophie*
    — *La philosophie critique de Kant*
    — *Le bergsonisme*
DERRIDA Jacques, *La voix et le phénomène*
DESANTI Jean-Toussaint, *Introduction à l'histoire de la philosophie*
    — *Une pensée captive*
DESCARTES René, *La Recherche de la Vérité par la lumière naturelle*
    — *Méditations métaphysiques*
DESCOMBES Vincent, *Le platonisme*
DIAMOND Cora, *L'importance d'être humain*
DUMÉNIL Gérard, LÖWY Michael, RENAULT Emmanuel, *Lire Marx*
DURKHEIM Émile, *L'éducation morale*
ELLUL Jacques, *Islam et judéo-christianisme*
FERRY Luc, RENAUT Alain, *Philosophie politique*
FESTUGIÈRE André-Jean, *Épicure et ses dieux*
FOCILLON Henri, *Vie des formes*
GOURINAT Jean-Baptiste, BARNES Jonathan, *Lire les stoïciens*
GROTIUS Hugo, *Le droit de la guerre et de la paix*
GUITTON Jean, *Justification du temps*
GUSDORF Georges, *La parole*
HEGEL Georg Wilhelm Friedrich, *Principes de la philosophie du droit*
    — *Le magnétisme animal*
HEIDEGGER Martin, *Qu'appelle-t-on penser ?*
HENRY Michel, *La barbarie*
    — *Voir l'invisible. Sur Kandinsky*
JACCARD Roland, *La tentation nihiliste suivi de Le cimetière de la morale*
JANKÉLÉVITCH Vladimir, *Henri Bergson*
    — *Philosophie première*
JAQUET Chantal, *L'unité du corps et de l'esprit*
JURANVILLE Alain, *Lacan et la philosophie*
KAMBOUCHNER Denis, *Les Méditations métaphysiques de Descartes*
KANT Emmanuel, *Critique de la raison pratique*
    — *Critique de la raison pure*
KEARNEY Richard, O'LEARY Joseph Stephen, *Heidegger et la question de Dieu*
KERVÉGAN Jean-François, *Hegel, Carl Schmitt*
LABRUSSE-RIOU Catherine, *Écrits de bioéthique*

Psychologie/Psychanalyse

— Leçons d'introduction à la psychanalyse
— Le malaise dans la culture
— Le moi et le ça
— Le Président Schreber
— Métapsychologie
— Nouvelle suite des leçons d'introduction à la psychanalyse
— Psychologie des masses et analyse du moi
— Totem et tabou
— Trois essais sur la théorie sexuelle
— Un souvenir d'enfance de Léonard de Vinci

GESELL Arnold, ILG Frances L., *Le jeune enfant dans la civilisation moderne*

GREEN André, *Le discours vivant*
— *Le complexe de castration*

GROSSKURTH Phyllis, *Melanie Klein : son monde et son œuvre*

HOUDÉ Olivier, *10 leçons de psychologie et pédagogie*

IONESCU Serban, *Traité de résilience assistée*

JACCARD Roland, *L'exil intérieur*

JONES Ernest, *La vie et l'œuvre de Sigmund Freud* (3 vol.)

KAPSAMBELIS Vassilis, *Manuel de psychiatrie clinique et psychopathologique de l'adulte*

KLEIN Melanie, *La psychanalyse des enfants*

KLEIN Melanie, HEIMANN Paula, ISAACS Susan, RIVIÈRE Joan, *Développements de la psychanalyse*

LAGACHE Daniel, *La jalousie amoureuse*

LAPLANCHE Jean, *Entre séduction et inspiration : l'homme*
— *Problématiques I*
— *Problématiques II*
— *Problématiques III*
— *Problématiques VI*
— *Sexual. La sexualité élargie au sens freudien*
— *Nouveaux fondements pour la psychanalyse*
— *La révolution copernicienne inachevée*
— *Vie et mort en psychanalyse*

LE BON Gustave, *Psychologie des foules*

LEBOVICI Serge, DIATKINE René, SOULÉ Michel, *Nouveau traité de psychiatrie de l'enfant et de l'adolescent* (4 vol.)

LEBOVICI Serge, SOULÉ Michel, *La connaissance de l'enfant par la psychanalyse*

MARTY Pierre, M'Uzan Michel de, CHRISTIAN David, *L'investigation psychosomatique*

MIJOLLA-MELLOR Sophie de, *La mort donnée. Essai de psychanalyse sur le meurtre et la guerre*
— *Traité de la sublimation*

MILLER Alice, *Le drame de l'enfant doué*

MOSCOVICI Serge, *Psychologie sociale*

PAROT Françoise, RICHELLE Marc, *Introduction à la psychologie*

PIAGET Jean, INHELDER Bärbel, *La psychologie de l'enfant*

POLITZER Georges, *Critique des fondements de la psychologie*

QUINODOZ Jean-Michel, *La solitude apprivoisée*

RIME Bernard, *Le partage social des émotions*

ROSOLATO Guy, *Le sacrifice*

ROUSSILLON René, *Paradoxes et situations limites de la psychanalyse*
— *Agonie, clivage et symbolisation*

SCHAEFFER Jacqueline, *Le refus du féminin*

SCHULTZ Johannes Heinrich, *Le training autogène*

SIMON Janine, DIATKINE René, *La psychanalyse précoce*

SUZUKI Teitaro Daisetz, FROMM Erich, MARTINO Richard de, *Bouddhisme Zen et psychanalyse*

TOUBIANA Éric-Pierre, *Addictologie clinique*

WALLON Henri, *Les origines de la pensée chez l'enfant*
— *Les origines du caractère chez l'enfant*

WEIL-BARAIS Annick, *L'homme cognitif*

WIDLÖCHER Daniel, *Le psychodrame chez l'enfant*
— *Traité de psychopathologie*
— *Métapsychologie du sens*
ZAZZO René, *Les jumeaux, le couple et la personne*

Religions

ARVON Henri, *Le bouddhisme*
BENOIT XVI, *La théologie de l'Histoire de saint Bonaventure*
FEBVRE Lucien, *Martin Luther, un destin*
GISEL Pierre, *La théologie*
GORCEIX Bernard, *La bible des Rose-Croix*
HALBWACHS Maurice, *La topographie légendaire des évangiles en Terre sainte*
NAUDON Paul, *La franc-maçonnerie*
RENOU Louis, *L'hindouisme*
REVUE DIOGÈNE, *Chamanismes*
SOURDEL Dominique, *L'islam médiéval*

Sociologie/Ethnologie/Éducation

ALAIN, *Propos sur l'éducation,* suivis de *Pédagogie enfantine*
ALTER Norbert, *L'innovation ordinaire*
— *Sociologie du monde du travail*
ALTET Marguerite, *Les pédagogies de l'apprentissage*
ARON Raymond, *La sociologie allemande contemporaine*
— *Les sociétés modernes*
BALANDIER Georges, *Anthropologie politique*
— *Sens et puissance*
BARLUET Sophie, *Édition de sciences humaines et sociales : le cœur en danger*
BERTHELOT Jean-Michel, *Les vertus de l'incertitude*
— *Épistémologie des sciences sociales*
BOUDON Raymond, *Croire et savoir. Penser le politique, le moral et le religieux*
— *Études sur les sociologues classiques (2 vol.)*
— *Effets pervers et ordre social*
— *Essais sur la théorie générale de la rationalité*
— *La place du désordre*
— *La rationalité*
BOUHDIBA Abdelwahab, *La sexualité en Islam*
BOURDIEU Pierre, *Sociologie de l'Algérie*
BRONNER Gérald, Keucheyan Razmig, *La théorie sociale contemporaine*
CHAMPY Florent, *La sociologie des professions*
CHAUVEL Louis, *Le destin des générations*
CHEBEL Malek, *L'imaginaire arabo-musulman*
DAMON Julien, *Questions sociales et questions urbaines*
— *Éliminer la pauvreté*
DUJARIER Marie-Anne, *L'idéal au travail*
DURAND Marc, *L'enfant et le sport*
DURKHEIM Émile, *Éducation et sociologie*
— *De la division du travail social*
— *La science sociale et l'action*
— *Leçons de sociologie*
— *Le socialisme*
— *Le suicide*
— *Les règles de la méthode sociologique*
DURKHEIM Émile, KARSENTI Bruno, *Sociologie et philosophie*
DUVIGNAUD Jean, *Sociologie du théâtre*
ERNER Guillaume, *Expliquer l'antisémitisme*

Cet ouvrage a été composé par IGS-CP (16)

Achevé d'imprimer en août 2013
sur les presses de Normandie Roto Impression s.a.s.
61250 Lonrai
N° d'impression : 133063

Imprimé en France